조판 발행일 | 2025년 12월 10일
지은이 | 신현미, 창의콘텐츠연구소
발행인 | 최용섭
책임편집 | 이준우
기획진행 | 김미경

㈜해람북스 주소 | 서울시 용산구 한남대로 11길 12, 6층
문의전화 | 02-6337-5419
팩스 | 02-6337-5429
홈페이지 | https://class.edupartner.co.kr

발행처 | (주)미래엔에듀파트너
출판등록번호 | 제2020-000101호

ISBN 979-11-6571-247-1 (13000)

이 책은 저작권법에 따라 보호받는 저작물이므로 무단전재와 무단복제를 금지하며,
이 책 내용의 전부 또는 일부를 이용하려면 반드시 저작권자와 (주)미래엔에듀파트너의 서면동의를 받아야 합니다.

※ 잘못된 책은 바꾸어 드립니다.
※ 책 가격은 뒷면에 있습니다.

이 책의 구성

예제 파일과 완성 파일을 제공합니다.

오늘 배운 내용을 통해 어떤 작품을 만들 수 있는지 확인할 수 있습니다.

이번 시간에 사용할 핵심 기능들이 무엇인지 파악할 수 있습니다.

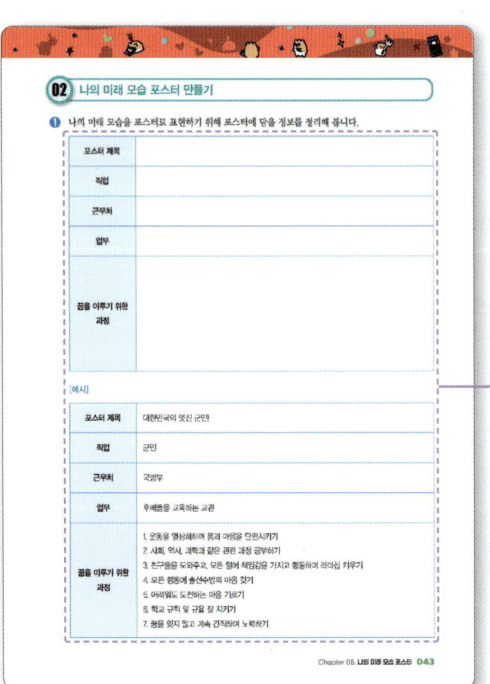

만들어 볼 작품의 내용을 정리하고 스케치해 보며 어떻게 디자인할지 스스로 기획할 수 있습니다.

학습 내용을 차근 차근 따라하며 캔바와 캡컷 활용 방법을 학습할 수 있습니다.

디자인 & 영상 제작 시 알아두어야 할 내용이나 관련 정보, 주의할 점 등을 확인할 수 있습니다.

따라하며 배우기 과정을 통해 학습한 내용을 활용하여 작품을 만들어 보며 학습 내용을 완벽히 습득할 수 있습니다.

문제를 해결하는 데 필요한 힌트를 제공합니다.

이 책의 목차

01 커스텀 바탕화면 만들기 ······ 006

02 움직이는 스마트폰 잠금화면 ······ 017

03 나를 표현하는 SNS 이모티콘 만들기 ······ 025

04 AI로 이미지 추출하기 ······ 034

05 나의 미래 모습 포스터 ······ 040

06 나의 Q&A 영상 만들기 ······ 049

07 전교회장 선거 홍보 브로슈어 만들기 ······ 058

08 꿈자람 발표회 포스터 만들기 ······ 068

09 향수 광고 이미지 만들기 ······ 078

10 게임 홍보 PPT 만들기 ······ 086

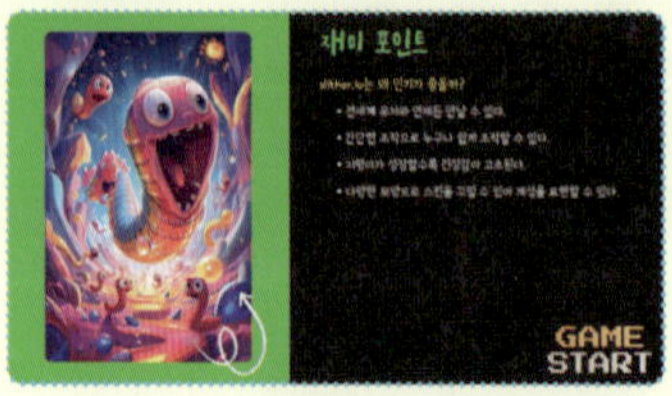

11 뮤직 카드 만들기 ······ 095

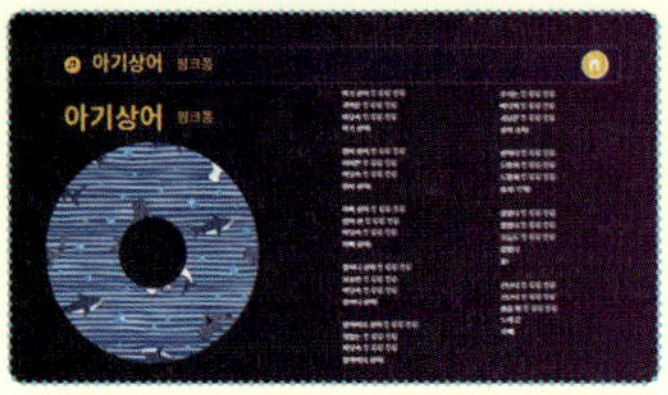

12 냥이 소개 웹사이트 만들기 ······ 104

13 모바일 초대장 만들기 ········ 112
14 내 마음 속 네온 톡 만들기 ········ 120
15 포도알 칭찬 스티커 프로그램 만들기 ········ 128
16 슬기로운 등교 생활 브이로그 ········ 135
17 게임 크리에이터 인터뷰하기 ········ 144
18 대왕 돈가스 광고 만들기 ········ 154
19 AI 역사 인물 소개 영상 ········ 162
20 10년 뒤 나에게 쓰는 편지 ········ 172
21 편의점 꿀조합 메뉴 랭킹 ········ 181
22 굿즈 언박싱 영상 만들기 ········ 188
23 웹툰으로 애니메이션 만들기 ········ 197
24 우리 학교를 소개합니다! ········ 206

 커스텀 바탕화면 만들기

▶ 예제 파일 : 없음　▶ 완성 파일 : 01강 완성.png

오늘의 학습목표

- 만들고 싶은 바탕화면의 스타일과 종류별로 아이콘 그룹을 정리할 수 있습니다.
- 템플릿과 요소를 이용하여 바탕화면을 꾸밀 수 있습니다.
- 텍스트를 삽입하여 아이콘 그룹 이름을 꾸밀 수 있습니다.
- 완성한 커스텀 바탕화면을 적용하고 아이콘을 종류별로 정리할 수 있습니다.

 핵심 POINT

- ▶ **디자인** : 캔바에서 제공하는 다양한 디자인 템플릿을 사용할 수 있습니다.
- ▶ **요소** : 도형, 그래픽, 스티커, 사진 등 다양한 개체를 추가할 수 있습니다.
- ▶ **텍스트** : 다양한 디자인의 텍스트 상자를 추가하거나 직접 텍스트를 입력할 수 있습니다.
- ▶ **속성** : 개체 및 텍스트 속성을 설정할 수 있습니다.

01 바탕화면 디자인하기

① 본인 자리의 컴퓨터 바탕화면을 확인하고 바탕화면에 반드시 있어야 할 아이콘들을 그룹으로 모아 그룹 이름을 정한 후 본인의 취향에 맞게 바탕화면을 디자인해 봅니다.

02 커스텀 바탕화면 만들기

1. 크롬( ) 브라우저를 실행하고 캔바 사이트('https://www.canva.com')에 접속한 후 [로그인]을 클릭하여 로그인합니다.

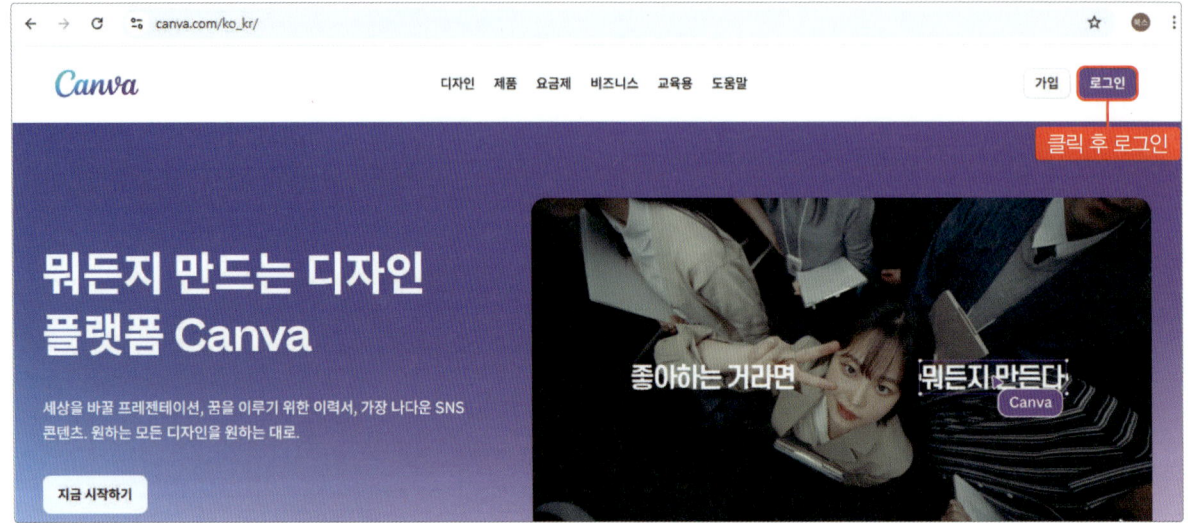

2. [더 보기]를 클릭하여 [디자인 만들기] 창이 나타나면 [사무실 및 비즈니스] 카테고리에서 '바탕 화면 배경'을 클릭합니다.

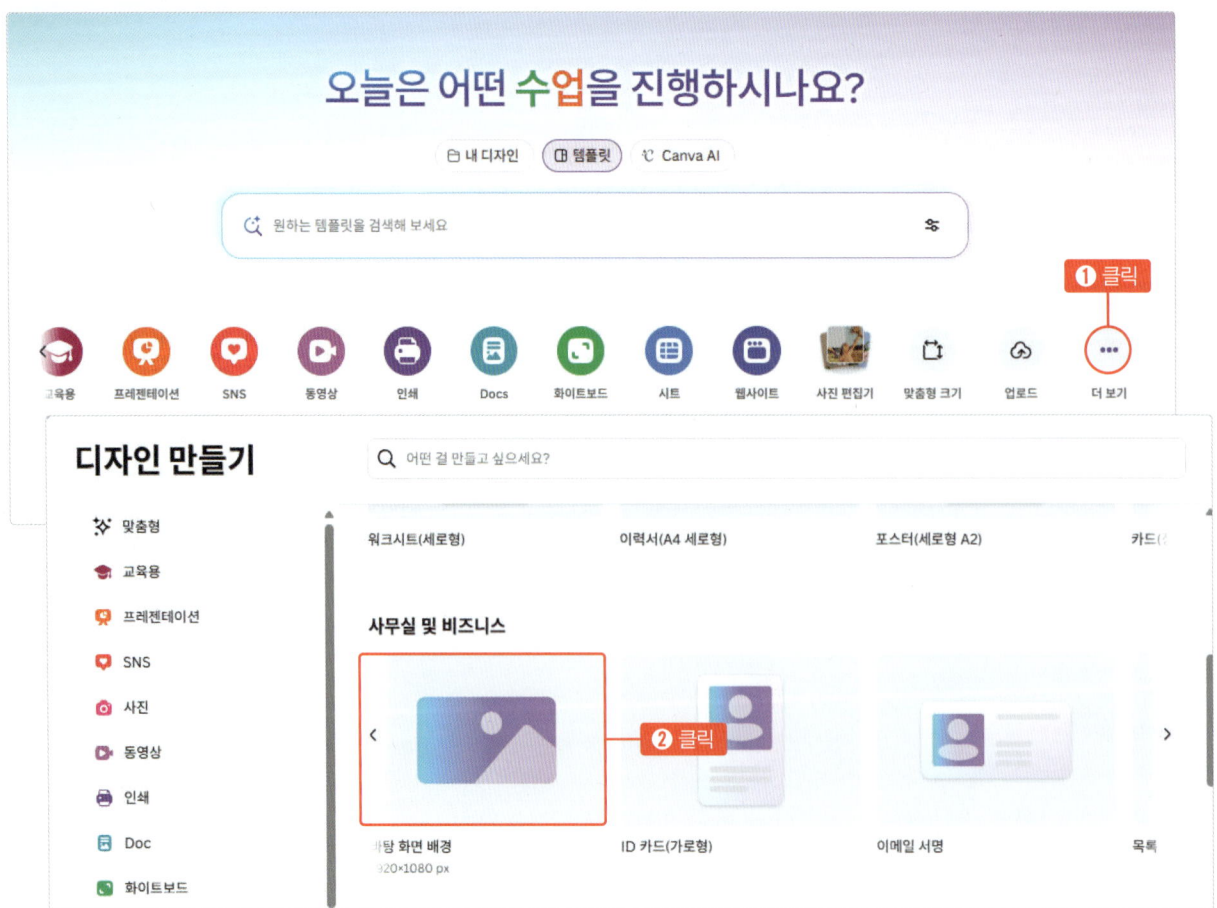

❸ 캔바의 편집 화면 구성을 확인합니다.

❶ 상단 메뉴
- **파일** : 파일을 저장하거나 새로운 디자인 만들기 등을 설정할 수 있습니다.
- **크기 조정** : 작업 중인 디자인의 크기를 변경할 수 있습니다.
- **공유** : 완성된 디자인을 다른 사용자와 함께 확인하거나 편집할 수 있습니다.

❷ 도구 상자
- **디자인** : 다양한 디자인 템플릿과 스타일이 모여 있습니다.
- **요소** : 디자인을 위해 필요한 개체(도형, 스티커, 사진, 오디오 등)가 모여 있습니다.
- **텍스트** : 텍스트를 추가하거나 템플릿을 사용하여 텍스트를 꾸밀 수 있습니다.
- **브랜드 센터** : 기업 로고, 브랜드 색상, 글꼴 등을 미리 등록하여 사용할 수 있습니다.
- **업로드 항목** : 외부 파일(이미지, 비디오, 오디오 등)을 직접 업로드하여 사용할 수 있습니다.
- **도구** : 직접 그림을 그리거나 글자를 쓸 수 있습니다.
- **프로젝트** : 내가 만든 디자인, 업로드한 파일, 즐겨찾기한 템플릿 등을 관리할 수 있습니다.

❸ 옵션 영역
각 도구의 옵션이 표시되는 창으로 도구마다 다양한 옵션을 선택하거나 설정할 수 있습니다.

❹ 작업 영역
텍스트, 이미지, 도형 등의 모든 개체를 자유롭게 배치하고 수정하며 디자인할 수 있는 작업 페이지입니다.

❺ 페이지 썸네일
페이지 하단에 페이지 썸네일을 표시하거나 숨길 수 있습니다.

④ [디자인] 탭-[템플릿]을 클릭하여 바탕화면의 배경으로 사용할 이미지를 선택합니다.

검색창에 원하는 이미지의 내용을 설명하면 설명에 맞는 이미지가 검색돼요.

⑤ 페이지에 이미지가 추가되면 Ctrl + A 키를 눌러 개체를 모두 선택한 후 [그룹화]에서 [잠금(🔒)]을 클릭합니다.

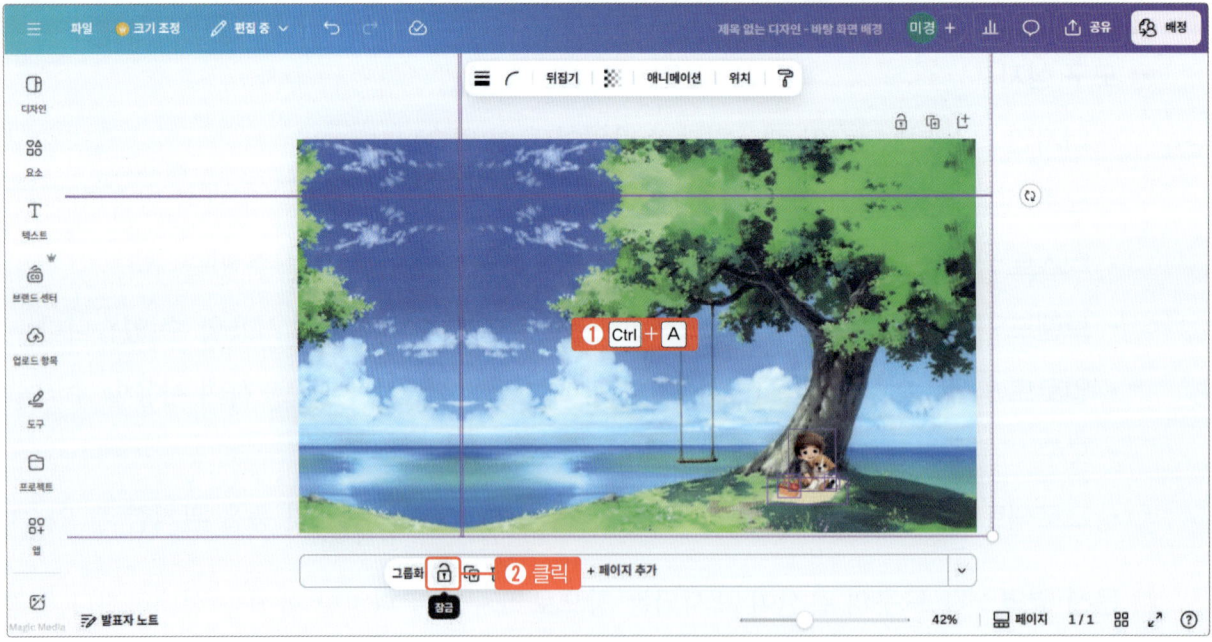

- 이미지 중 불필요한 개체는 삭제한 후 잠금을 설정해요.
- 커스텀 바탕화면을 만들 때 바탕화면의 개체가 선택되지 않도록 잠금을 설정해요.

❻ [요소] 탭-[도형]-[기본 도형]에서 '둥근 사각형' 도형을 선택합니다.

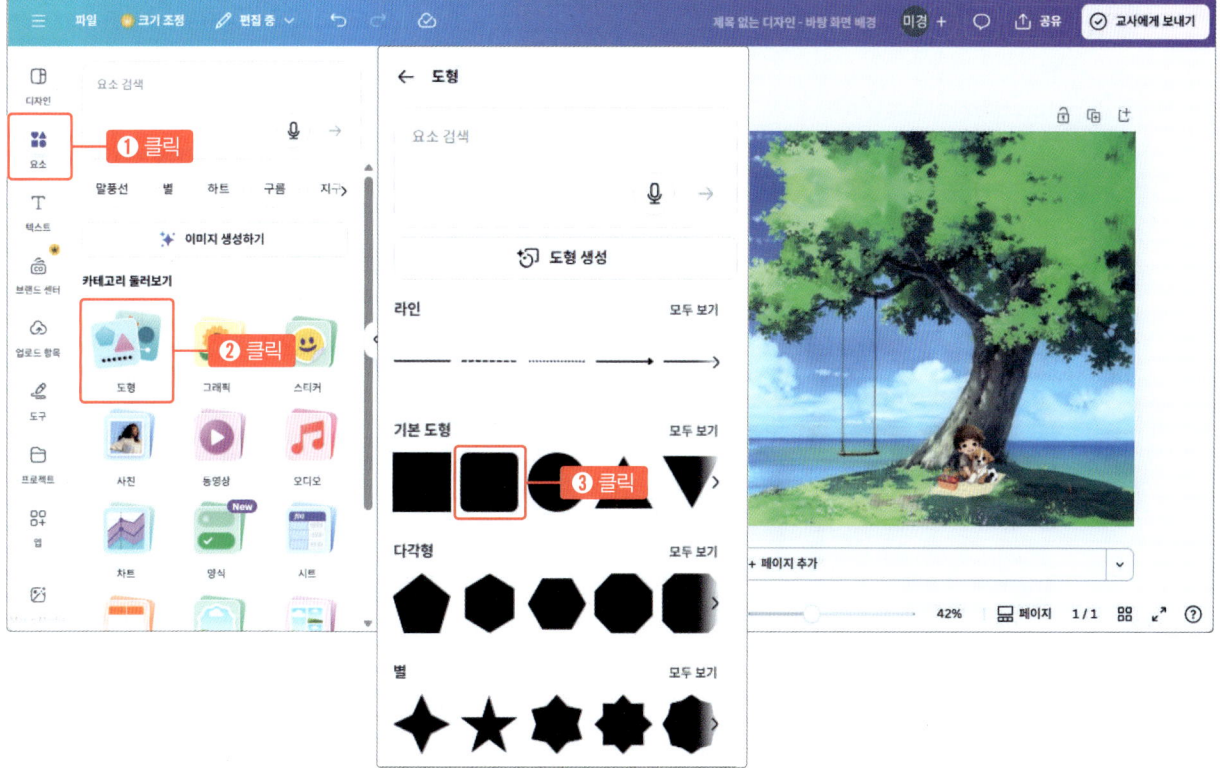

❼ 아이콘을 정리할 위치로 도형을 이동시키고 크기 조절점을 드래그하여 크기를 조절합니다.

❽ [편집 요소] 창에서 [색상(●)]을 클릭하고 옵션 창이 나타나면 [기본 단색]-[하얀색]을 클릭합니다.

❾ [편집 요소] 창에서 [투명도(▦)]를 클릭하고 투명도 값을 '60'으로 조절합니다.

> **디자인 팁**
> 선택한 바탕화면 이미지가 복잡한 이미지라면 아이콘이 잘 보이지 않을 수도 있기 때문에 도형의 불투명도를 '100'으로 설정하는 것이 좋아요.

⑩ [텍스트] 탭–[글꼴 조합]에서 원하는 글꼴 조합을 선택하고 그림과 같이 크기와 위치를 조절합니다.

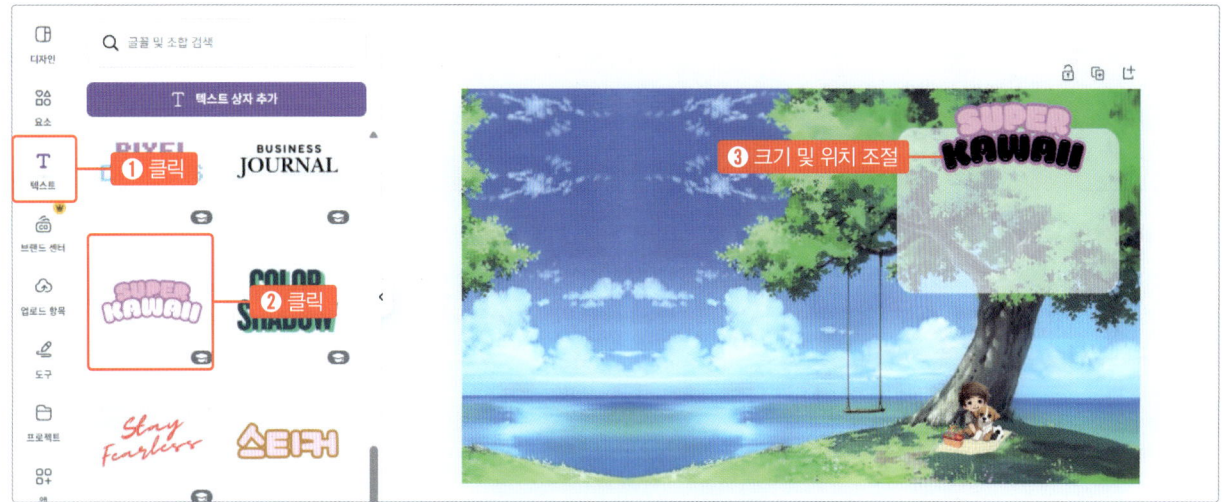

⑪ 추가된 텍스트 상자를 더블클릭하여 아이콘 그룹의 이름('문서 작성')을 입력한 후 불필요한 글자는 삭제합니다.

⑫ 텍스트 상자를 선택한 후 [편집 요소] 창에서 글꼴, 텍스트 색상, 테두리 색상 등의 서식을 적용합니다.

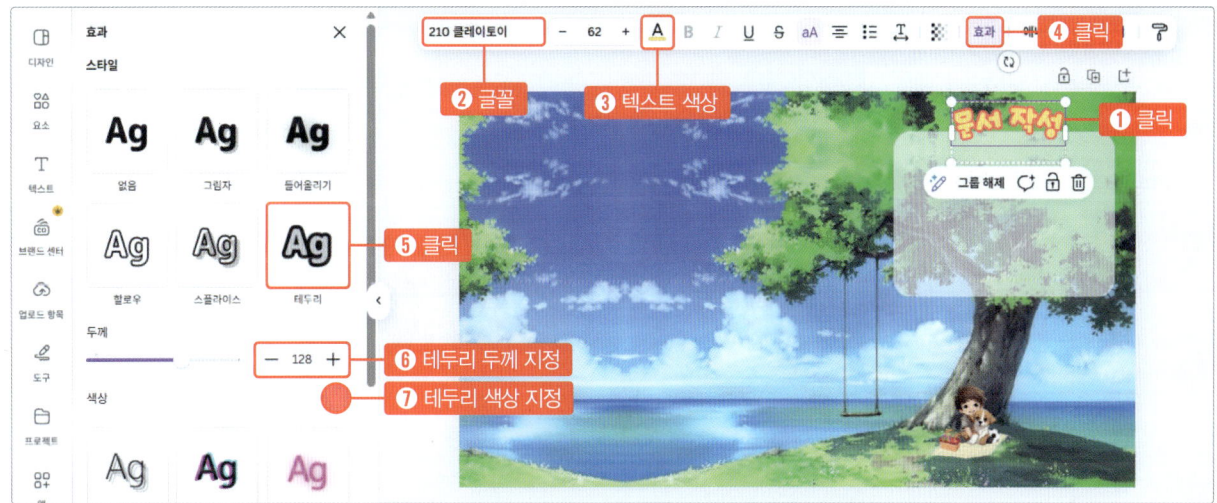

Chapter 01. 커스텀 바탕화면 만들기 **013**

⑬ [요소] 탭-[그래픽]을 클릭하고 검색창에 아이콘 그룹과 어울리는 개체를 검색하여 바탕화면을 꾸며봅니다.

디자인 팁

도형을 선택하고 [편집 요소] 창에서 [스트로크 스타일(≡)]을 변경하면 도형에 테두리를 적용할 수 있어요.

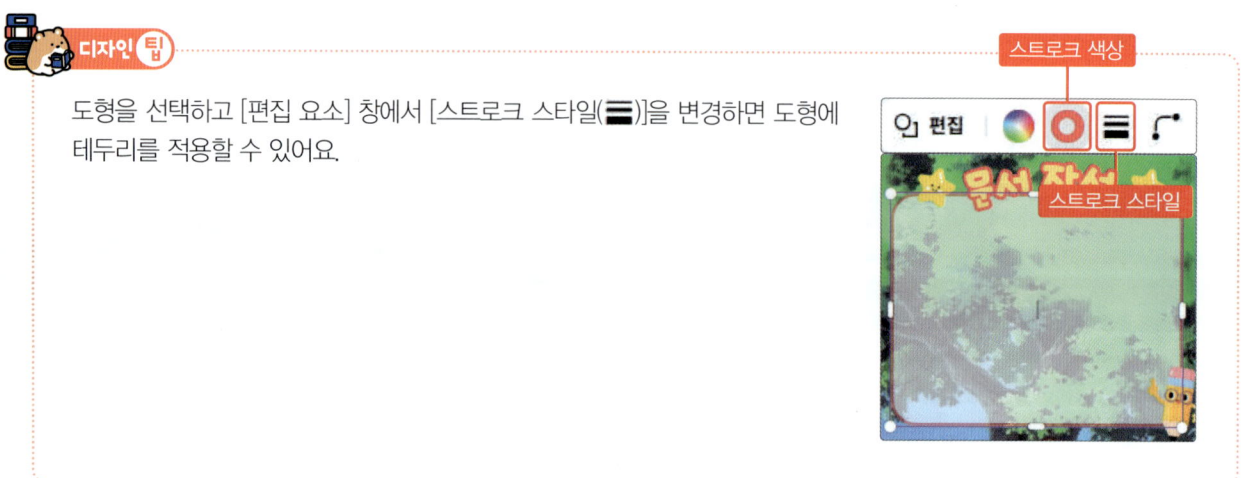

⑭ 앞서 배운 방법으로 아이콘 그룹을 여러 개 추가한 후 자유롭게 꾸미고 상단 메뉴에서 [파일]-[다운로드]를 클릭하여 저장합니다.

03 바탕화면 설정하기

① 바탕화면에서 마우스 오른쪽 버튼을 클릭한 후 [개인 설정]을 클릭하고 [배경]-[사진 찾아보기]를 클릭하여 앞서 다운로드 받은 커스텀 바탕화면 이미지를 불러옵니다.

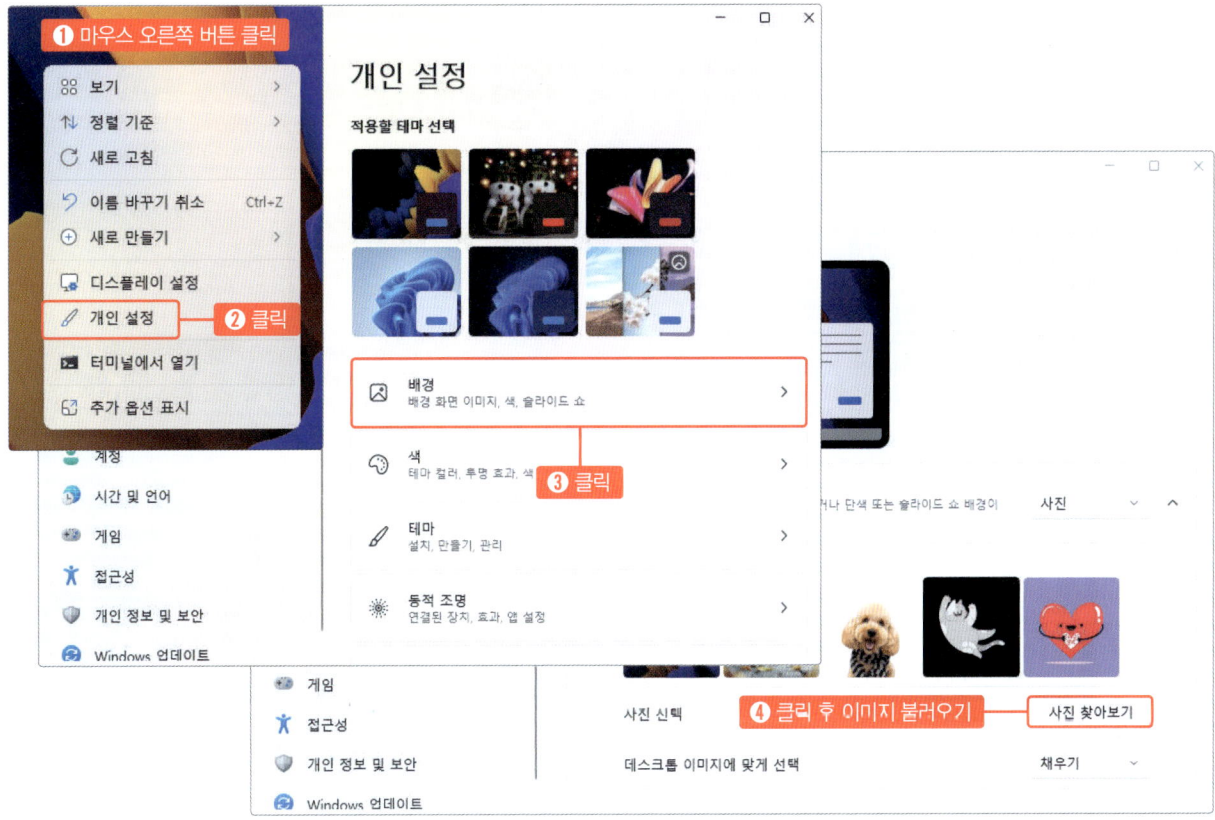

② 바탕화면이 적용되면 바탕화면의 아이콘들을 그룹별로 정리해 봅니다.

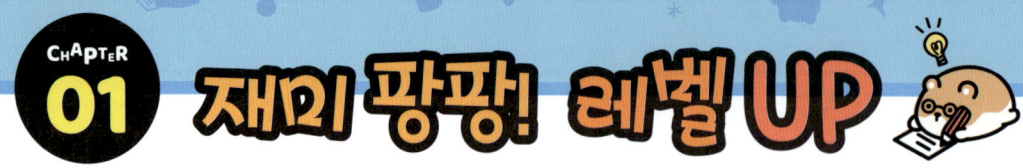

CHAPTER 01 재미 팡팡! 레벨 UP

▶ 예제 파일 : 없음 ▶ 완성 파일 : 01강 미션 완성1.png, 01강 미션 완성2.png

1 겨울을 테마로 커스텀 바탕화면을 만들어 컴퓨터 바탕화면에 적용해 봅니다.

2 올해 목표를 담은 커스텀 바탕화면을 만들어 컴퓨터 바탕화면에 적용해 봅니다.

CHAPTER 02 움직이는 스마트폰 잠금화면

▶ 예제 파일 : 없음　　▶ 완성 파일 : 02강 완성.gif

오늘의 학습목표

- 페이지에 원하는 동영상을 추가할 수 있습니다.
- 영상의 배경을 제거할 수 있습니다.
- 영상에 애니메이션 효과를 적용할 수 있습니다.
- 완성한 영상을 움직이는 이미지 파일로 저장할 수 있습니다.

핵심 POINT

- ▶ **배경 제거** : 이미지 또는 동영상의 배경을 제거할 수 있습니다.
- ▶ **애니메이션** : 이미지, 동영상, 페이지에 다양한 애니메이션 효과를 적용할 수 있습니다.
- ▶ **gif 파일** : 동영상을 움직이는 이미지 파일로 저장할 수 있습니다.

01 영상 추가하고 배경 제거하기

① 크롬( ) 브라우저를 실행하고 캔바 사이트('https://www.canva.com')에 접속한 후 [로그인]을 클릭하여 로그인합니다.

② 스마트폰 잠금화면을 만들기 위해 [동영상]을 클릭하고 [디자인 만들기] 창이 나타나면 [모바일 동영상]을 클릭합니다.

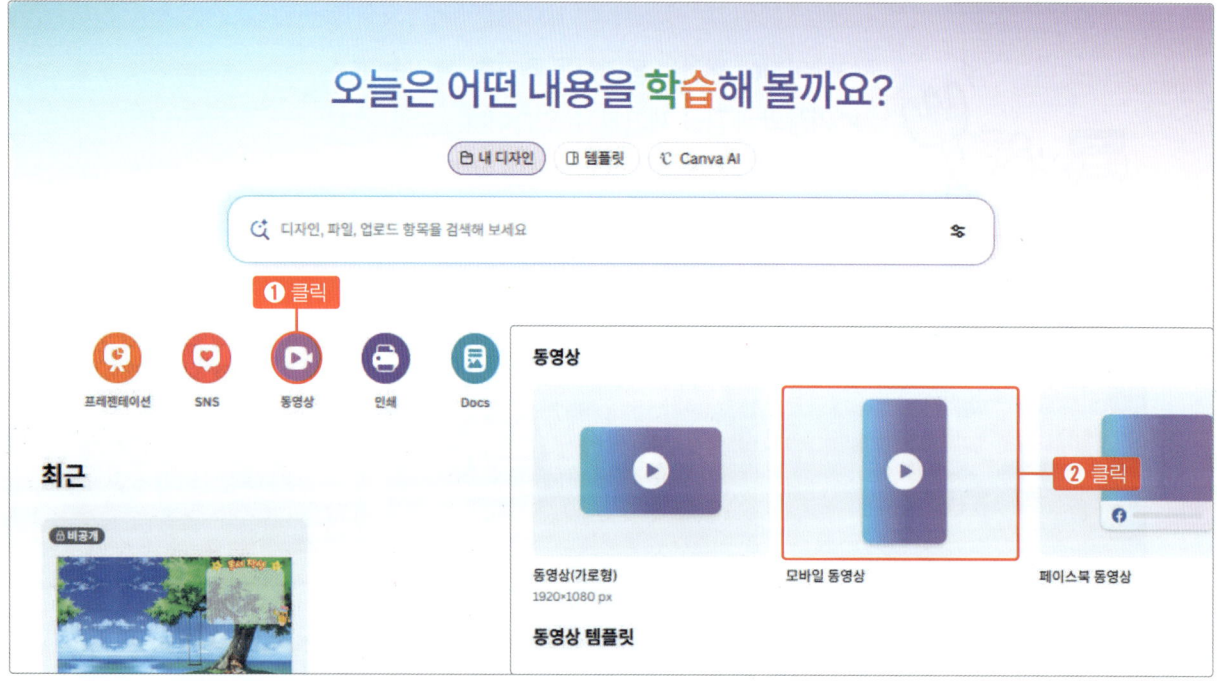

③ [요소] 탭-[동영상]을 클릭한 후 검색창에 '무대'를 검색하여 원하는 영상을 페이지에 추가합니다.

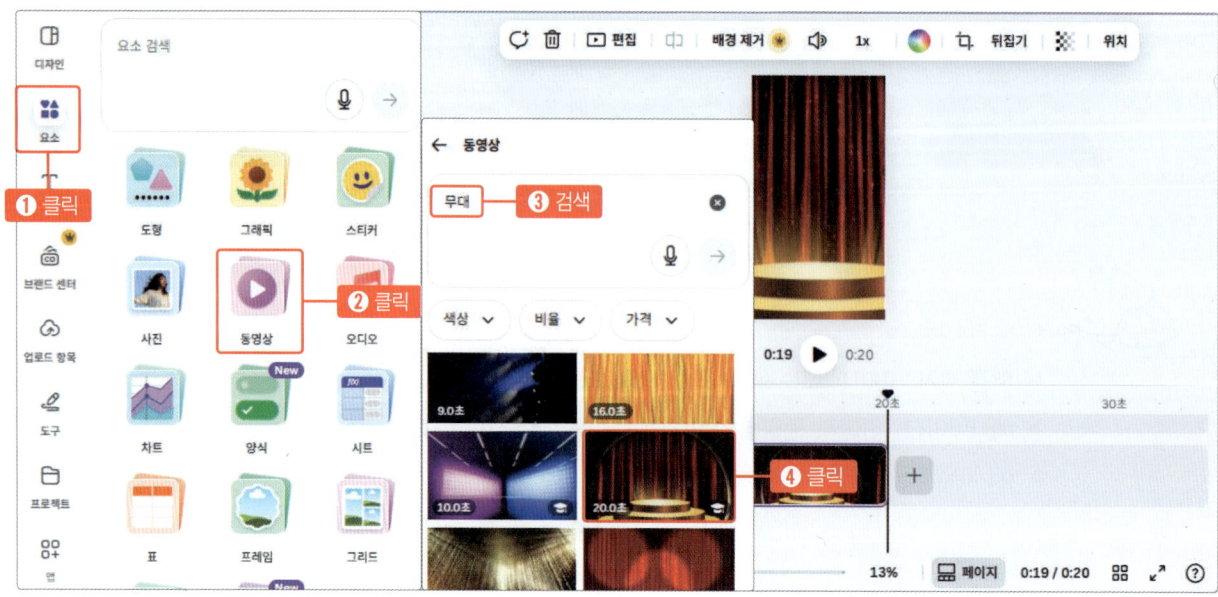

④ 타임라인을 시작 위치로 이동시키고 검색창에 '선글라스 고양이'를 검색하여 앞서 추가한 '무대' 영상 위쪽 트랙으로 드래그합니다.

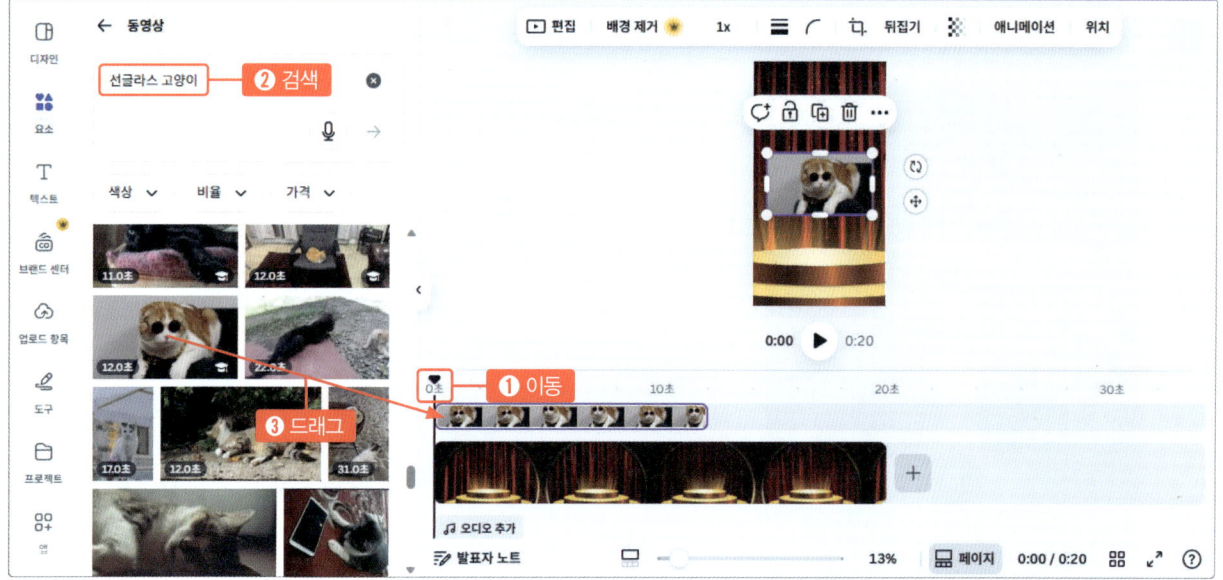

잠금화면으로 설정하고 싶은 개체를 검색하여 원하는 영상을 추가해도 좋아요.

⑤ '선글라스 고양이' 영상이 선택된 상태에서 [편집 요소] 창의 [배경 제거]를 클릭합니다.

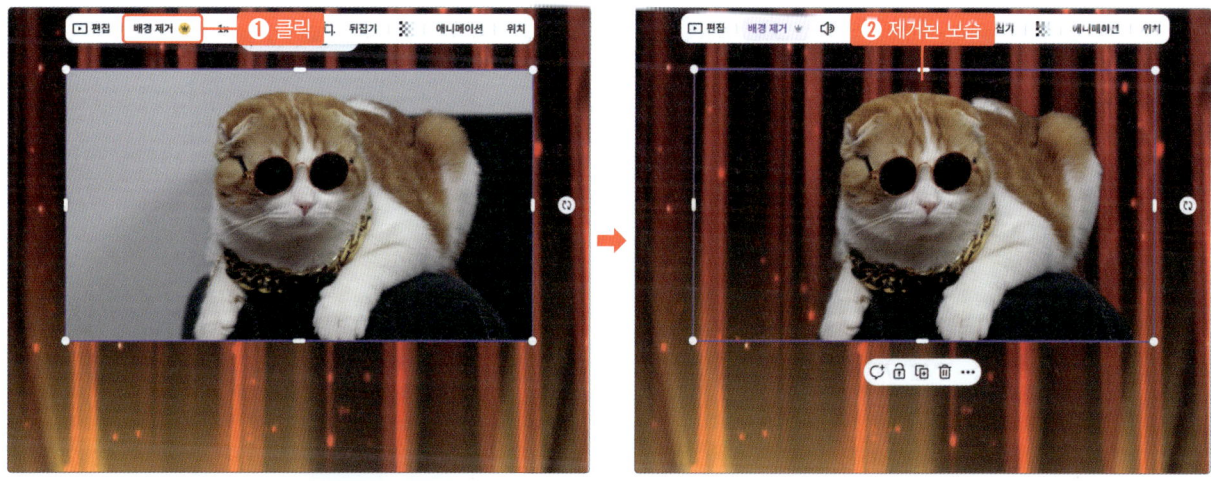

선글라스를 낀 고양이가 무대에서 움직이는 영상을 만들기 위해 '선글라스 고양이' 영상의 배경을 제거하여 투명하게 만들어요.

02 영상에 애니메이션 적용하기

① '선글라스 고양이' 영상의 크기 조절점을 드래그하여 크기를 조절하고 위치를 조절합니다.

크기 및 위치 조절

② [편집 요소] 창에서 [애니메이션]을 클릭한 후 [추가 효과]-[펄스]를 선택하고 강도를 조절합니다.

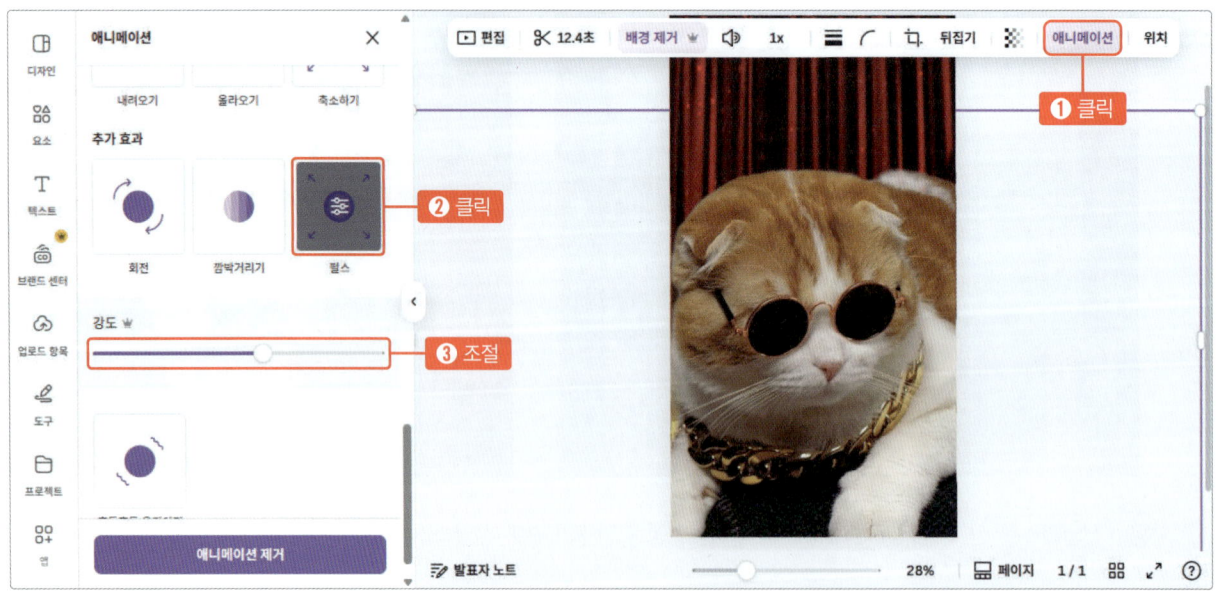

[애니메이션] 옵션 창에서 다양한 애니메이션 효과를 확인해 보고 원하는 애니메이션 효과를 선택해요.

03 영상에 텍스트 추가하기

① 타임라인을 시작 위치로 이동시키고 [텍스트] 탭-[글꼴 조합]에서 원하는 글꼴 조합을 선택하여 페이지에 추가한 후 크기와 위치를 조절합니다.

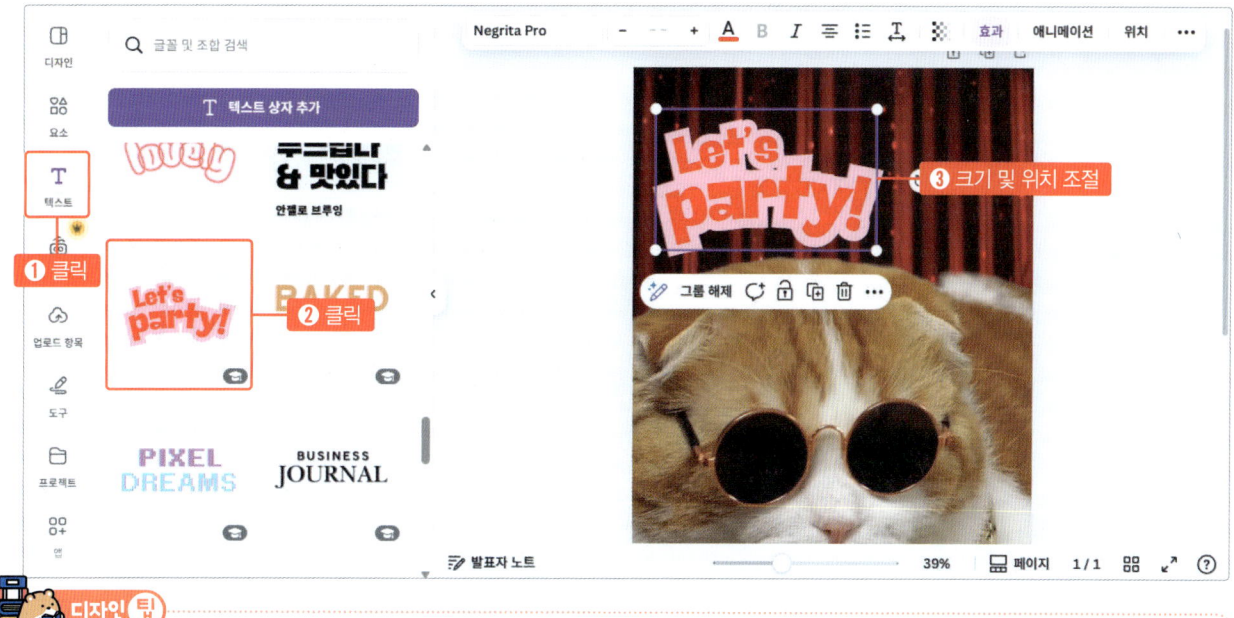

디자인 팁

글꼴 조합 텍스트의 내용이 영상과 어울리지 않는다면, 텍스트 상자를 더블클릭하여 텍스트의 내용을 변경하고 [편집 요소] 창에서 글꼴, 텍스트 색상 등의 텍스트 서식을 변경해 보세요.

② 텍스트 상자가 선택된 상태에서 [편집 요소] 창에서 [애니메이션]을 클릭하고 [추가 효과]-[펄스]를 선택한 후 강도를 조절합니다.

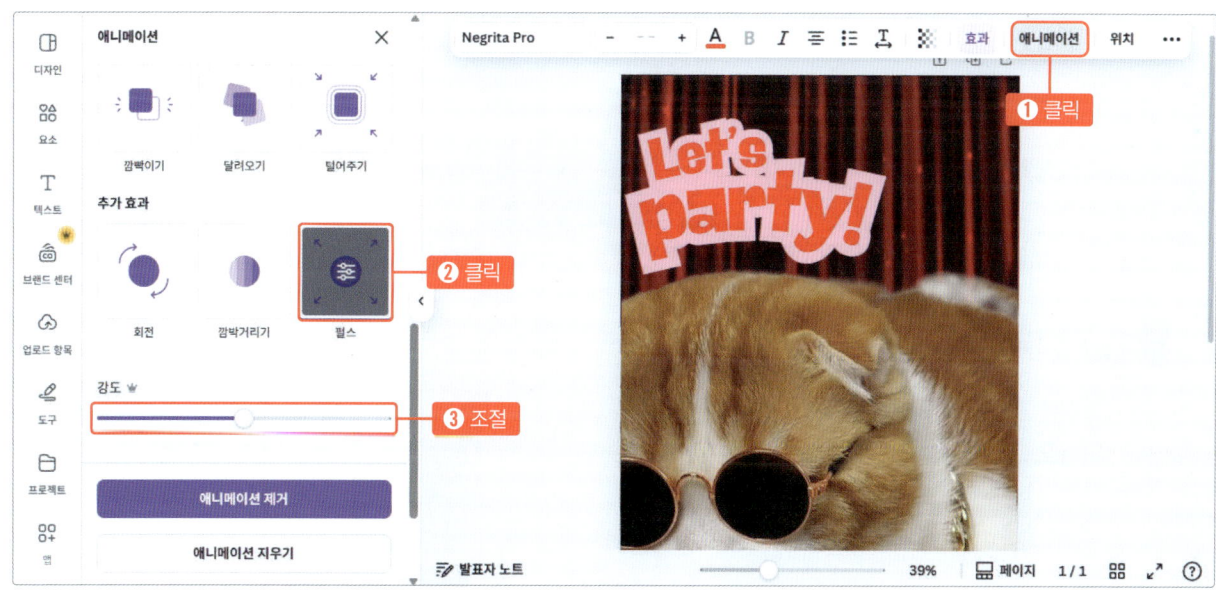

강도가 커지면 '펄스' 효과가 빠르게 진행되고 작아지면 '펄스' 효과가 느리게 진행돼요.

Chapter 02. 움직이는 스마트폰 잠금화면 **021**

❸ [요소] 탭-[스티커]를 클릭하고 영상에 어울리는 스티커 개체를 선택하여 페이지에 추가한 후 [편집 요소] 창-[애니메이션]을 클릭하여 자유롭게 애니메이션을 적용합니다.

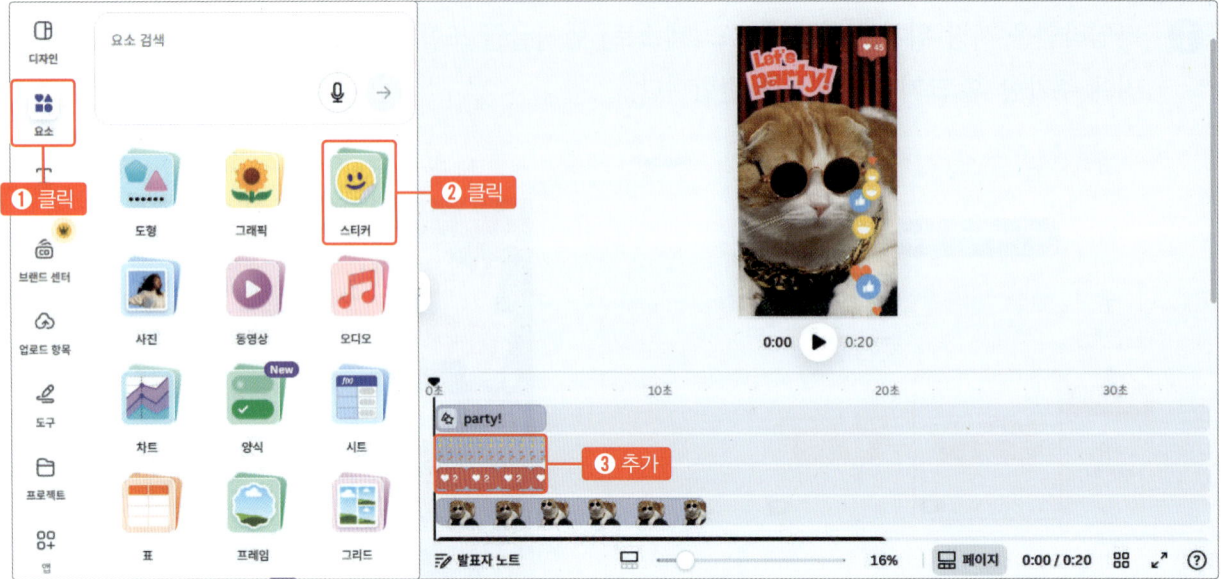

❹ [썸네일 확대/축소( )]를 클릭하여 타임라인을 확대하고 트랙에 있는 영상과 개체들의 길이를 '2' 초로 조절합니다.

디자인 팁

트랙을 선택하고 길이 조절점을 드래그하면 길이를 조절할 수 있어요.

❺ 상단 메뉴에서 [파일]-[다운로드]를 클릭하고 [파일 형식]-[GIF]를 선택한 후 저장합니다.

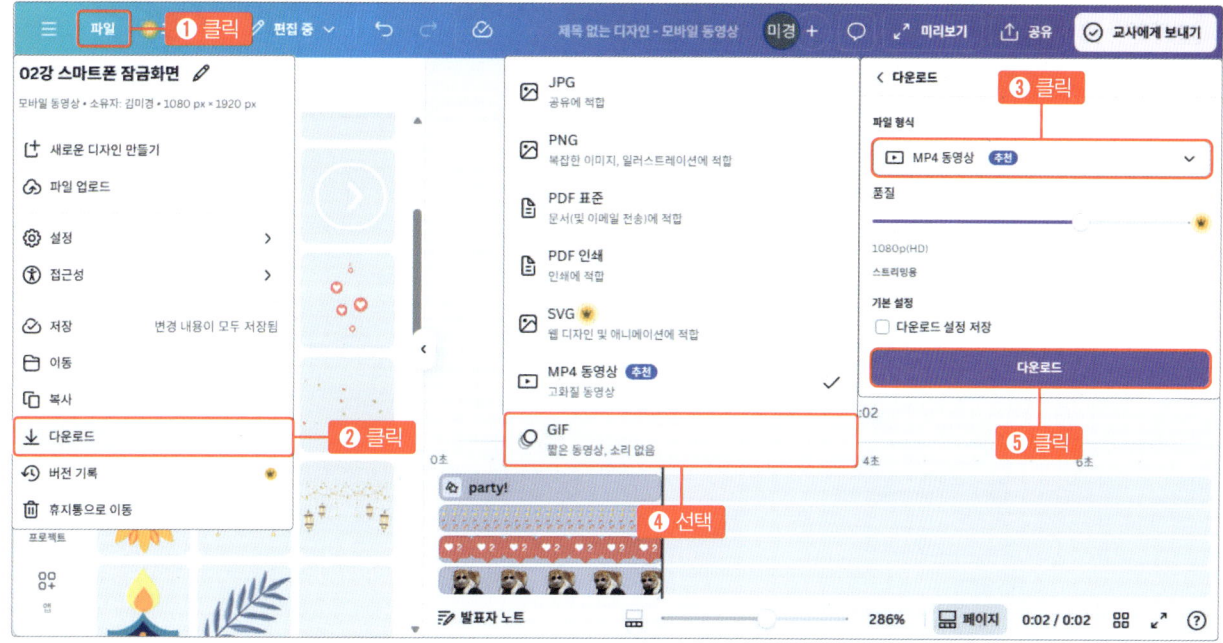

> **디자인 팁** 이미지 파일 형식 알아보기
>
> - JPG : 사진·풍경 이미지에 최적화된 이미지로, 배경 투명도를 지원하지 않는 이미지 형식
> - PNG : 로고·아이콘 등 투명한 배경이 필요한 이미지에 적합한 이미지 형식
> - GIF : 간단한 애니메이션(움짤)을 지원하는 이미지 형식

❻ 다운로드 받은 잠금화면 이미지를 스마트폰 잠금화면에 적용해 봅니다.

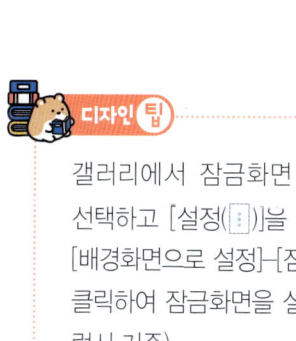

> **디자인 팁**
>
> 갤러리에서 잠금화면 이미지를 선택하고 [설정(⋮)]을 클릭한 후 [배경화면으로 설정]-[잠금화면]을 클릭하여 잠금화면을 설정해요(갤럭시 기준).

Chapter 02. 움직이는 스마트폰 잠금화면

CHAPTER 02 재미 팡팡! 레벨 UP

▶ 예제 파일 : 없음   ▶ 완성 파일 : 02강 레벨업 완성.gif

1 '자는 시간 방해금지' 잠금화면을 만들어 봅니다.

> • [동영상]-[모바일 동영상] 페이지를 실행하여 gif 형식의 잠금화면을 만들어요.
> • 동영상과 개체에 애니메이션 효과를 적용해요.

2 완성한 잠금화면을 스마트폰 잠금화면으로 설정해 봅니다.

CHAPTER 03 나를 표현하는 SNS 이모티콘 만들기

▶ 예제 파일 : 없음 ▶ 완성 파일 : [03강 완성파일] 폴더

오늘의 학습목표

- 인공지능 윤리에 대해 이해할 수 있습니다.
- 나의 모습을 캐릭터로 스케치할 수 있습니다.
- Magic Media를 이용해 나의 캐릭터를 생성할 수 있습니다.
- 나의 감정을 나타내는 이모티콘을 완성할 수 있습니다.

핵심 POINT

▶ Magic Media : AI를 활용하여 이미지, 그래픽 등을 생성할 수 있습니다.
▶ 배경 제거 : 이미지 또는 영상의 배경을 제거할 수 있습니다.
▶ PNG 파일 : 배경이 투명하고 고화질의 이미지를 유지하고 싶을 때 사용합니다.

01 인공지능 윤리 알아보기

❶ 인공지능 윤리란?

인공지능 윤리란, 인공지능을 활용하여 다양한 콘텐츠나 기술을 개발할 때 우리가 지켜야 할 도덕적 원칙과 기준으로, 인공지능을 사용할 때 인간이 중심이 되어야 한다는 의미를 가지고 있습니다. 과학기술정보통신부에서는 인공지능 윤리의 3대 기본 원칙과 10대 핵심 요건을 제시하고 있습니다.

❷ 인공지능 윤리 3대 기본 원칙

원칙	내용
인간 존엄성 원칙	• 인간은 신체와 이성이 있는 생명체로 인공지능을 포함하여 인간을 위해 개발된 기계제품과는 교환 불가능한 가치가 있다. • 인공지능은 인간의 생명은 물론 정신적 및 신체적 건강에 해가 되지 않는 범위에서 개발 및 활용되어야 한다. • 인공지능 개발 및 활용은 안전성과 견고성을 갖추어 인간에게 해가 되지 않도록 해야 한다.
사회의 공공선 원칙	• 공동체로서 사회는 가능한 한 많은 사람의 안녕과 행복이라는 가치를 추구한다. • 인공지능은 지능정보사회에서 소외되기 쉬운 사회적 약자와 취약 계층의 접근성을 보장하도록 개발 및 활용되어야 한다. • 공익 증진을 위한 인공지능 개발 및 활용은 사회적·국가적, 나아가 글로벌 관점에서 인류의 보편적 복지를 향상시킬 수 있어야 한다.
기술의 합목적성 원칙	• 인공지능 기술은 인류의 삶에 필요한 도구라는 목적과 의도에 부합되게 개발 및 활용되어야 하며 그 과정도 윤리적이어야 한다. • 인류의 삶과 번영을 위한 인공지능 개발 및 활용을 장려하여 진흥해야 한다.

❸ 인공지능 윤리 10대 핵심 요건

요건	내용
인권 보장	• 인공지능의 개발과 활용은 모든 인간에게 동등하게 부여된 권리를 존중하고, 다양한 민주적 가치와 국제 인권법 등에 명시된 권리를 보장하여야 한다. • 인공지능의 개발과 활용은 인간의 권리와 자유를 침해해서는 안 된다.
프라이버시 보호	• 인공지능을 개발하고 활용하는 전 과정에서 개인의 프라이버시를 보호해야 한다. • 전 생애주기에 걸쳐 개인 정보의 오용을 최소화하도록 노력해야 한다.

다양성 존중	• 인공지능 개발 및 활용 전 단계에서 사용자의 다양성과 대표성을 반영해야 하며, 성별·연령·장애·지역·인종·종교·국가 등 개인 특성에 따른 편향과 차별을 최소화하고, 상용화된 인공지능은 모든 사람에게 공정하게 적용되어야 한다. • 사회적 약자 및 취약 계층의 인공지능 기술 및 서비스에 대한 접근성을 보장하고, 인공지능이 주는 혜택은 특정 집단이 아닌 모든 사람에게 골고루 분배되도록 노력해야 한다.
침해 금지	• 인공지능을 인간에게 직·간접적인 해를 입히는 목적으로 활용해서는 안 된다. • 인공지능이 야기할 수 있는 위험과 부정적 결과에 대응 방안을 마련하도록 노력해야 한다.
공공성	• 인공지능은 개인적 행복 추구뿐만 아니라 사회적 공공성 증진과 인류의 공동 이익을 위해 활용해야 한다. • 인공지능은 긍정적 사회 변화를 이끄는 방향으로 활용되어야 한다. • 인공지능의 순기능을 극대화하고 역기능을 최소화하기 위한 교육을 다방면으로 시행하여야 한다.
연대성	• 다양한 집단 간의 관계 연대성을 유지하고, 미래세대를 충분히 배려하여 인공지능을 활용해야 한다. • 인공지능 전 주기에 걸쳐 다양한 주체들의 공정한 참여 기회를 보장하여야 한다. • 윤리적 인공지능의 개발 및 활용에 국제사회가 협력하도록 노력해야 한다.
데이터 관리	• 개인정보 등 각각의 데이터를 그 목적에 부합하도록 활용하고, 목적 외 용도로 활용하지 않아야 한다. • 데이터 수집과 활용의 전 과정에서 데이터 편향성이 최소화되도록 데이터 품질과 위험을 관리해야 한다.
책임성	• 인공지능 개발 및 활용 과정에서 책임주체를 설정함으로써 발생할 수 있는 피해를 최소화하도록 노력해야 한다. • 인공지능 설계 및 개발자, 서비스 제공자, 사용자 간의 책임소재를 명확히 해야 한다.
안전성	• 인공지능 개발 및 활용 전 과정에 걸쳐 잠재적 위험을 방지하고 안전을 보장할 수 있도록 노력해야 한다. • 인공지능 활용 과정에서 명백한 오류 또는 침해가 발생할 때 사용자가 그 작동을 제어할 수 있는 기능을 갖추도록 노력해야 한다.
투명성	• 사회적 신뢰 형성을 위해 타 원칙과의 상충관계를 고려하여 인공지능 활용 상황에 적합한 수준의 투명성과 설명 가능성을 높이려는 노력을 기울여야 한다. • 인공지능 기반 제품이나 서비스를 제공할 때 인공지능의 활용 내용과 활용 과정에서 발생할 수 있는 위험 등의 유의사항을 사전에 고지해야 한다.

인공지능(AI)을 활용할 때는 반드시 위에서 학습한 인공지능 윤리를 생각하고 이를 준수하여 활용해야 해요.

02 나의 모습 프롬프트로 설명하기

❶ 나의 모습에서 특징이 될 만한 포인트를 찾아 캐릭터로 스케치해 봅니다.

나의 모습 캐릭터로 표현하기	

❷ 스케치한 나의 캐릭터를 참고하여 나의 캐릭터 이모티콘을 만들기 위해 필요한 프롬프트를 작성해 봅니다.

프롬프트 작성하기	예) 짧은 숏컷에 동그랗고 큰 검정색 안경을 쓰고, 빨간색 트레이닝복을 입고 웃고 있는 귀여운 아이를 2D 그림체로 SD 캐릭터를 그려줘.

디자인 팁 프롬프트란?

프롬프트란 인공지능(AI)에게 특정 작업을 지시하기 위한 명령어를 의미해요. 인공지능은 우리가 입력한 프롬프트를 해석하여 답변을 주거나 글, 이미지, 코드 등을 생성해요.

03 나의 캐릭터 이모티콘 만들기

❶ 크롬( ) 브라우저를 실행하고 캔바 사이트('https://www.canva.com')에 접속한 후 [로그인]을 클릭하여 로그인하고 [더 보기]-[일반적인 레이아웃 및 크기]-[카드(정사각형)]를 클릭합니다.

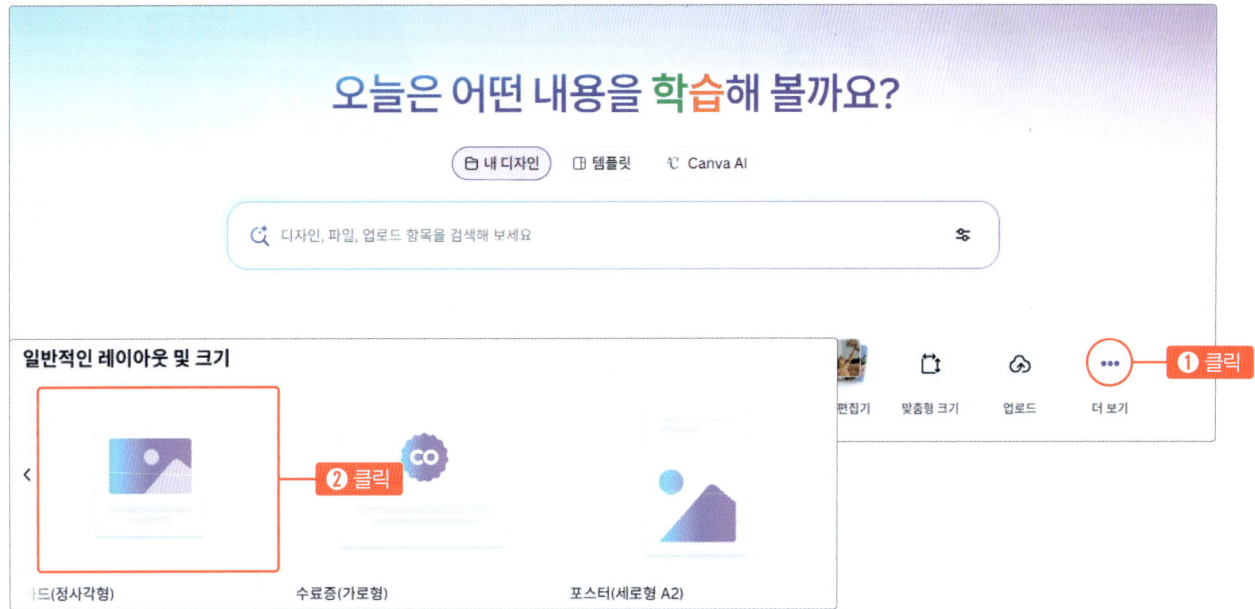

❷ [Magic Media] 탭-[이미지]를 클릭하고 설명 칸에 나의 모습을 표현하는 프롬프트를 입력한 후 [이미지 생성하기]를 클릭합니다.

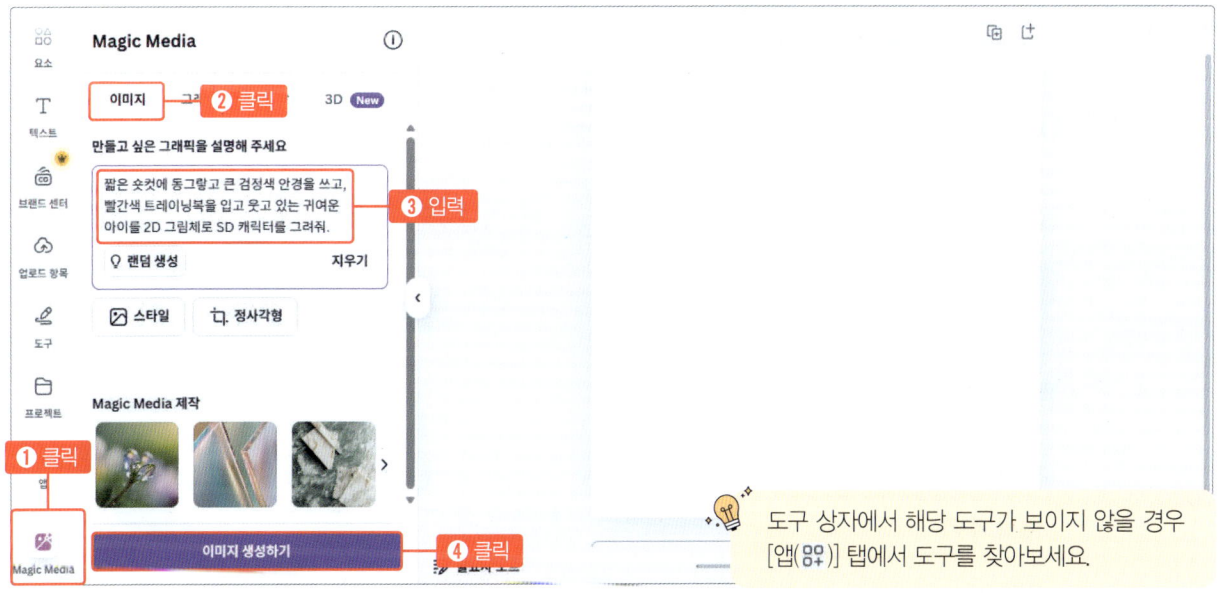

도구 상자에서 해당 도구가 보이지 않을 경우 [앱( )] 탭에서 도구를 찾아보세요.

 디자인 팁

'매직 미디어(Magic Media)'는 캔바에서 제공하는 AI 이미지, 그래픽 생성 기능이에요. 복잡한 명령 없이도 이미지 스타일을 설정하고 참조 이미지를 추가하여 손쉽게 이미지를 생성할 수 있어요.

❸ 생성된 이미지 중 나와 닮은 이미지를 선택하여 페이지에 추가하고 크기와 위치를 변경한 후 [편집 요소] 창에서 [배경 제거]를 클릭하여 배경을 제거합니다.

> **디자인 팁**
>
> 프롬프트를 동일하게 입력하더라도 생성되는 이미지는 교재와 다를 수 있어요. 생성된 이미지가 마음에 들지 않는다면 [다시 생성하기]를 클릭하여 이미지를 다시 생성해 봐요. 단, 캔바에서 AI를 활용해 이미지를 생성하는 데는 횟수 제한이 있기 때문에 너무 많은 이미지를 생성하지 않도록 해요.

❹ [텍스트] 탭-[기본 텍스트 스타일]-[제목 추가]를 클릭하여 텍스트 상자가 추가되면 캐릭터에 어울리는 대사('안녕?')를 입력한 후 텍스트 서식을 자유롭게 지정합니다.

❺ [요소] 탭-[그래픽]을 클릭하고 원하는 그래픽 개체를 찾아 페이지에 추가합니다.

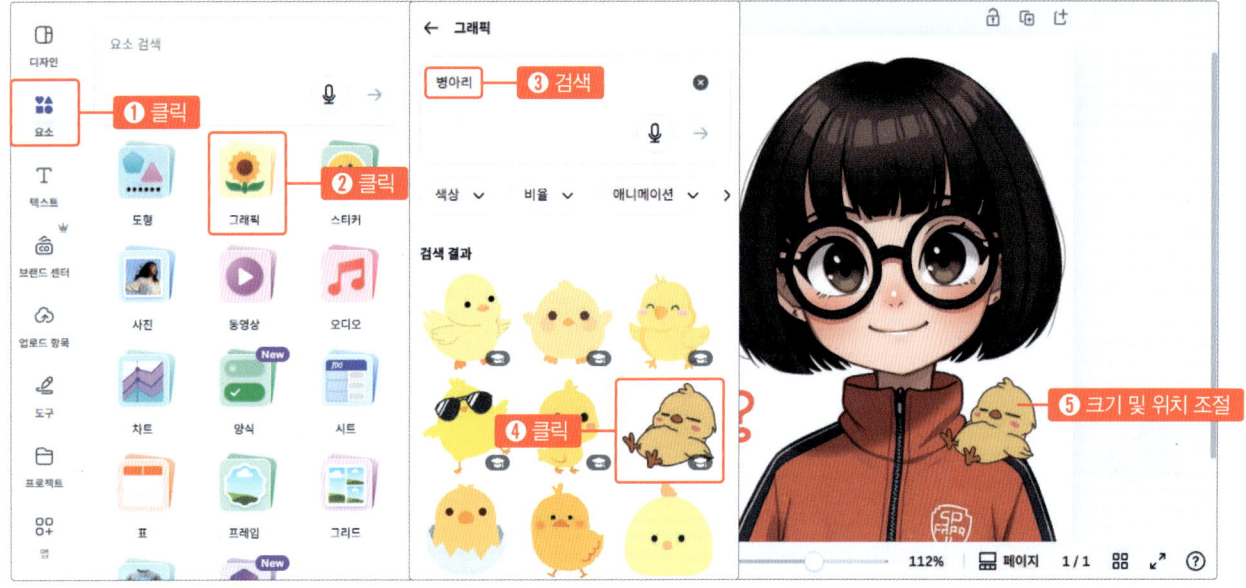

> 페이지나 개체에 애니메이션 효과를 적용해도 이미지 파일 형식으로 저장할 경우 애니메이션이 적용되지 않으므로, 별도로 애니메이션 효과는 적용하지 않도록 해요.

❻ 페이지 하단의 [페이지 추가(＋)]를 클릭합니다.

❼ ❷~❻과 같은 방법으로 [Magic Media] 탭에서 다양한 감정의 캐릭터를 생성하고 [텍스트], [요소] 탭에서 텍스트와 그래픽 개체를 추가하여 나를 표현하는 SNS 이모티콘을 완성해 봅니다.

캐릭터의 모습을 동일하게 유지하려면 프롬프트 중 표정 부분만 수정해야 해요.
예) 짧은 숏컷에 동그랗고 큰 검정색 안경을 쓰고, 빨간색 트레이닝복을 입고 **눈물을 흘리고 있는** 귀여운 아이를 2D 그림체로 SD 캐릭터를 그려줘.

❽ 상단 메뉴에서 [파일]-[다운로드]를 클릭하고 [파일 형식]-[PNG]를 선택한 후 저장합니다.

❾ 다운로드 받은 이모티콘을 SNS에서 친구들과 주고 받아 봅니다.

CHAPTER 03 재미 팡팡! 레벨 UP

▶ 예제 파일 : 없음　▶ 완성 파일 : [03강 완성파일] 폴더

1 AI 기능을 활용해 캐릭터를 생성하여 기념일에 사용할 수 있는 이모티콘을 만들어 봅니다.

새해	발렌타인 데이	화이트 데이
블랙 데이	 어린이날	어버이날
할로윈 데이	 빼빼로 데이	크리스마스

> ⚠ • [Magic Media] 탭-[이미지]에서 프롬프트를 입력해 캐릭터를 생성해요.
> • [텍스트], [요소] 탭에서 텍스트 상자와 그래픽 개체를 추가한 후 자유롭게 꾸며봐요.

CHAPTER 04 AI로 이미지 추출하기

▶ 예제 파일 : 04강 예제.png   ▶ 완성 파일 : 04강 완성.png

오늘의 학습목표

- 사진 편집기를 실행하고 이미지를 불러올 수 있습니다.
- Magic Grab을 이용해 선택한 이미지만 추출할 수 있습니다.
- 추출한 이미지를 이용하여 이미지를 꾸밀 수 있습니다.

 핵심 POINT

▶ Magic Grab : 선택한 이미지를 추출하여 개별 이미지로 만들 수 있습니다.
▶ Magic Grab(클릭) : 클릭한 이미지를 추출할 수 있습니다.
▶ Magic Grab(브러시) : 브러시로 색칠한 이미지를 추출할 수 있습니다.

01 사진 편집기 실행하고 이미지 불러오기

❶ 크롬( ) 브라우저를 실행하고 캔바 사이트('https://www.canva.com')에 접속하여 로그인한 후 [사진 편집기]를 클릭합니다.

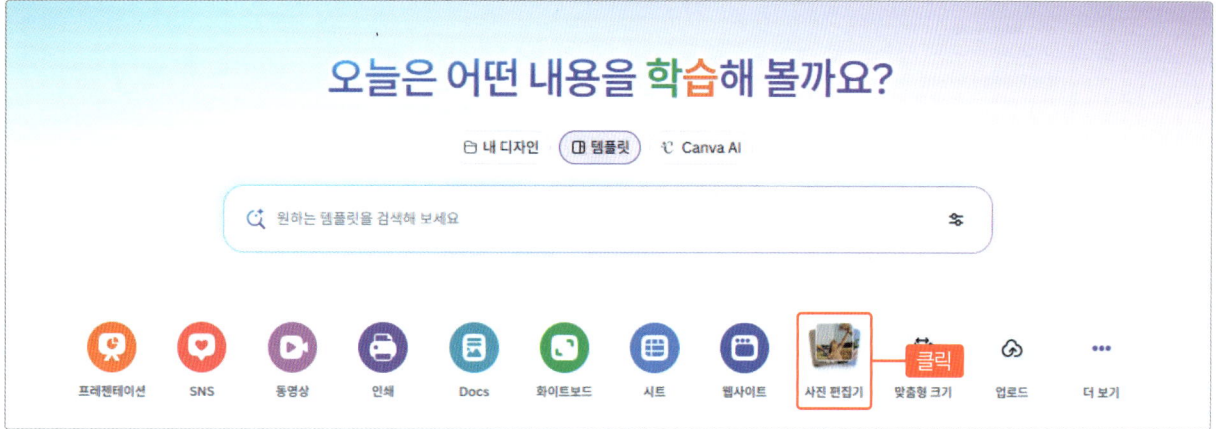

❷ [디자인 만들기] 창이 나타나면 [업로드]를 클릭하고 '04강 예제.png' 파일을 불러옵니다.

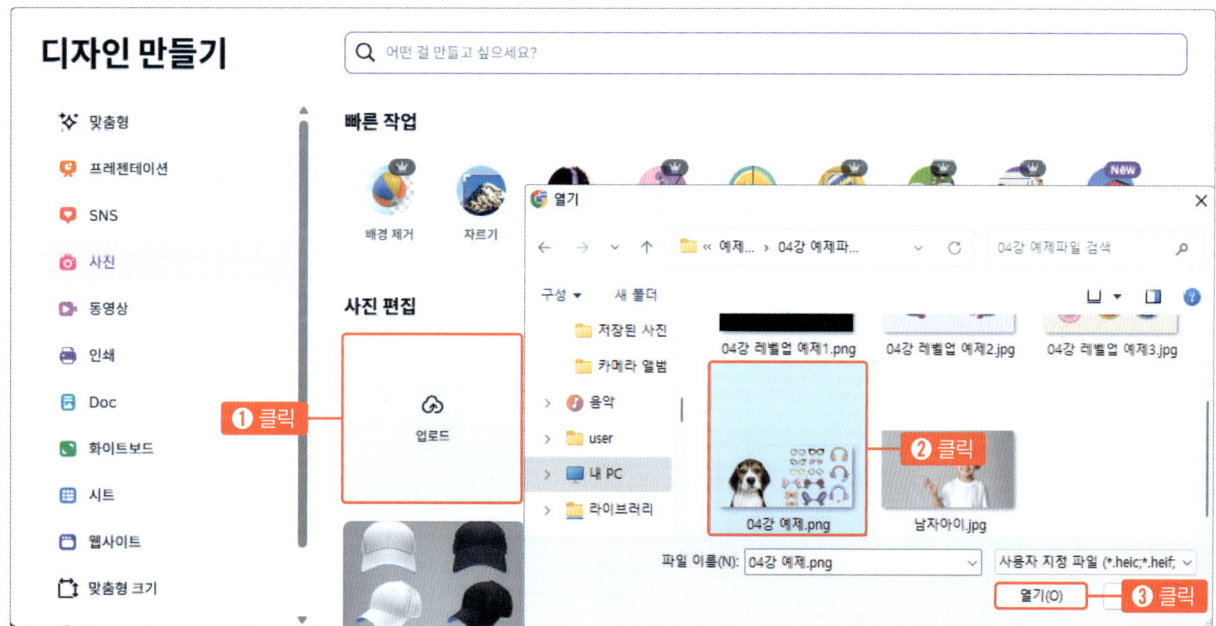

❸ [Magic Studio]-[Magic Grab]을 클릭하고 [디자인으로 여시겠어요?] 창이 나타나면 [디자인으로 열기]를 클릭합니다.

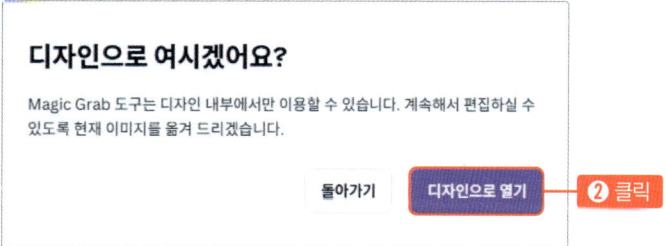

Chapter 04. AI로 이미지 추출하기

02 이미지 추출하여 강아지 꾸미기

❶ 추출 방식을 [클릭]으로 선택하고 원하는 악세사리를 선택한 후 [추출하기]를 클릭합니다.

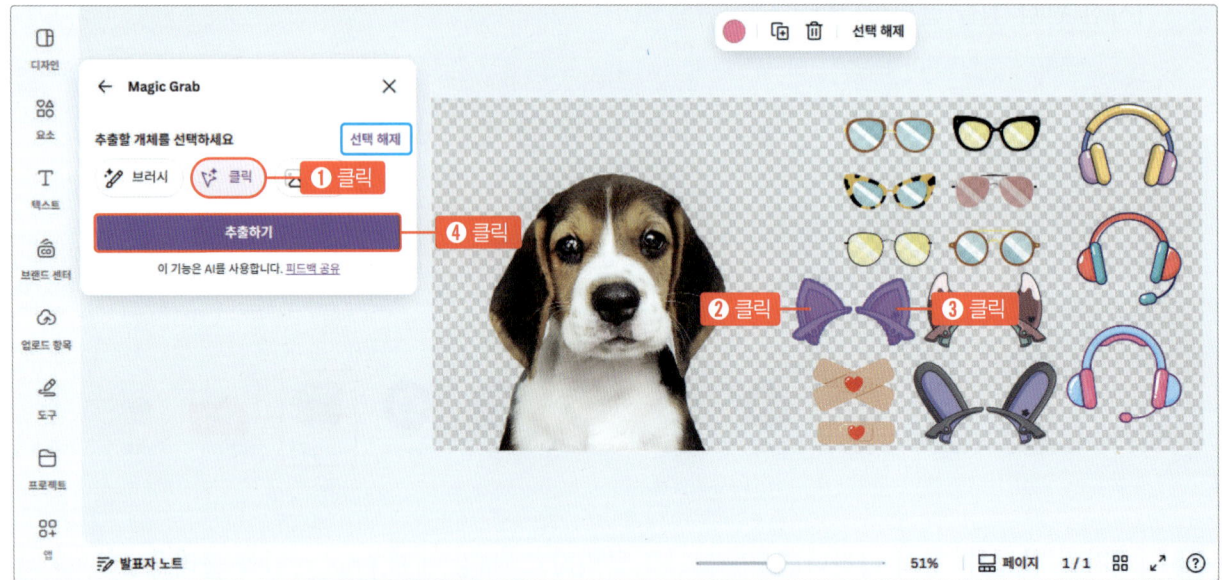

디자인 팁

- [선택 해제]를 클릭하면 선택된 이미지를 선택 해제할 수 있어요.
- 이미지 영역이 제대로 선택되지 않는다면 추출 방식을 [브러시]로 변경한 후 다시 [클릭]으로 변경하여 필요한 악세사리를 선택해 보세요.

❷ 추출된 악세사리를 드래그하여 강아지 위치로 이동시킨 후 크기와 위치를 조절합니다.

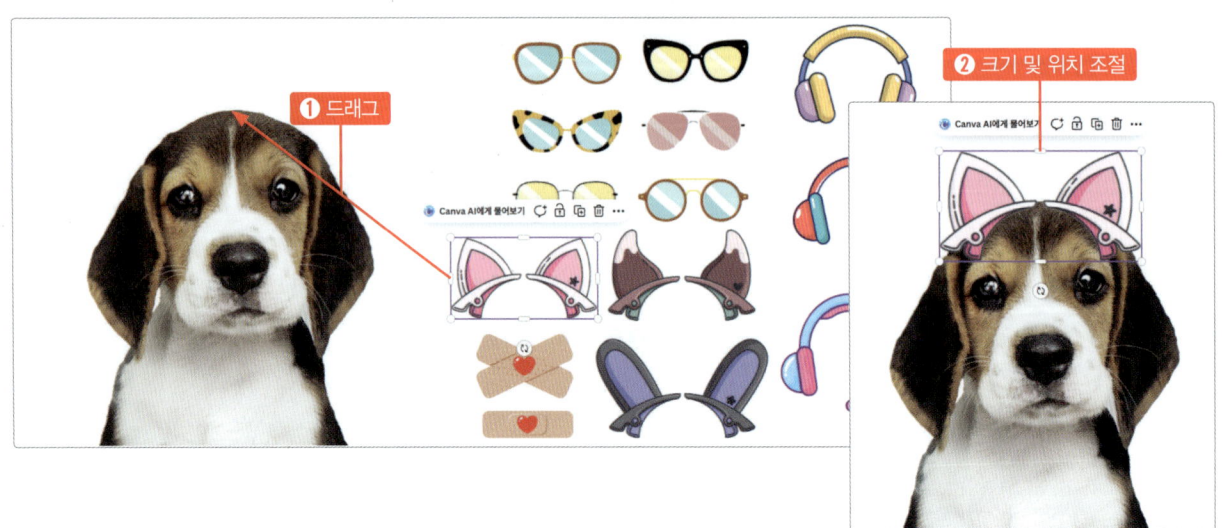

③ 강아지를 클릭하고 [편집 요소] 창에서 [편집]을 클릭한 후 [Magic Studio]-[Magic Grab]을 클릭합니다.

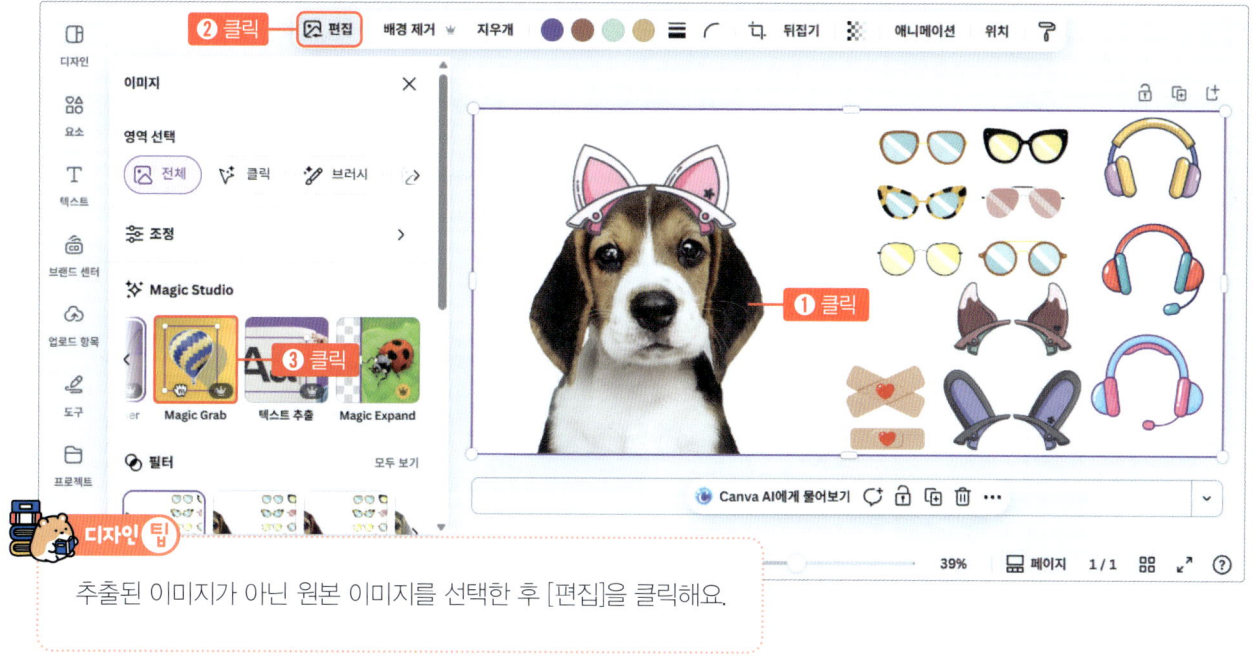

디자인 팁 추출된 이미지가 아닌 원본 이미지를 선택한 후 [편집]을 클릭해요.

④ ❶~❸과 같은 방법으로 악세사리 이미지를 추출하여 강아지를 자유롭게 꾸며 봅니다.

⑤ 강아지 꾸미기가 완료되면 자르기 바를 드래그하여 불필요한 악세사리를 제거합니다.

❻ Ctrl + A 키를 눌러 개체를 전부 선택하고 위치를 가운데로 이동시킵니다.

❼ [요소] 탭-[그래픽]을 클릭하고 설명 칸에 '게임 배경'을 검색하여 원하는 배경 이미지를 선택합니다.

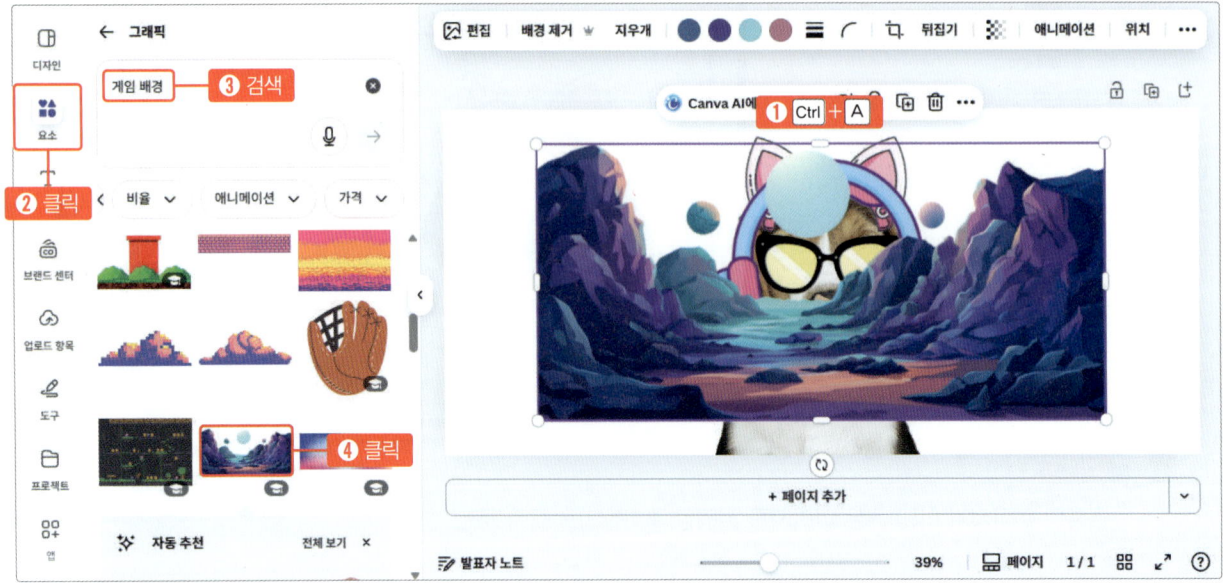

❽ 추가된 배경 이미지를 마우스 오른쪽 버튼으로 클릭하고 [이미지를 배경으로 설정]을 클릭합니다.

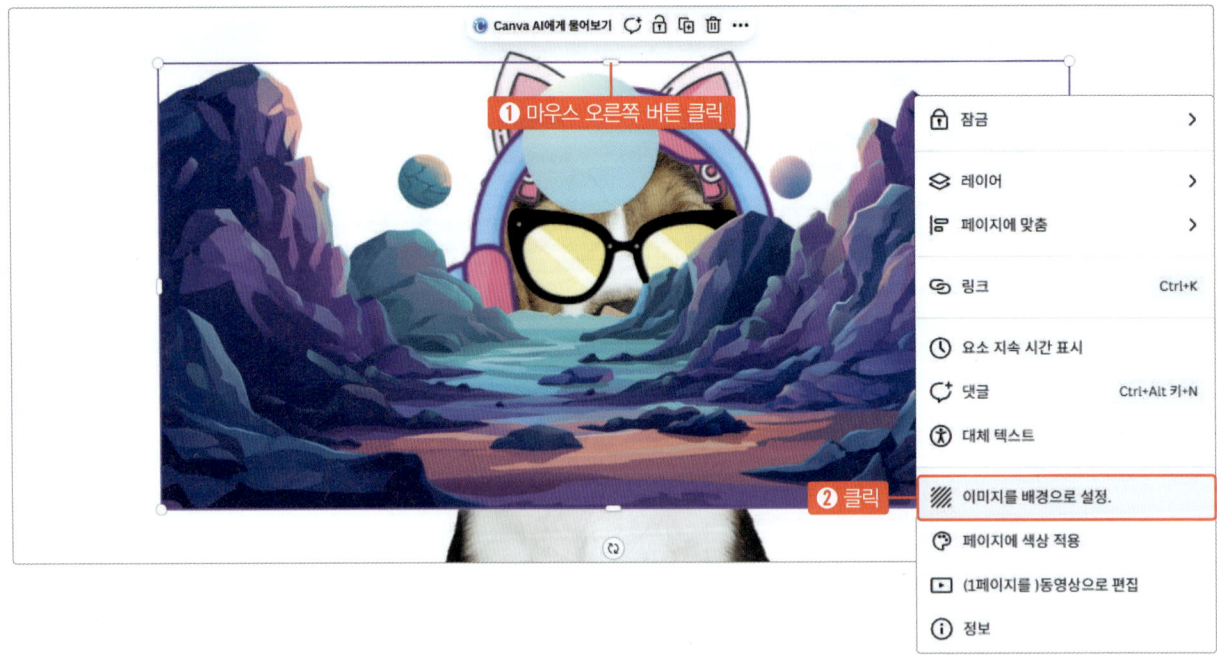

❾ 상단 메뉴에서 [편집]-[다운로드]를 클릭하고 파일 형식('PNG')을 지정한 후 [다운로드]를 클릭하여 저장합니다.

CHAPTER 04 재미 팡팡! 레벨 UP

▶ 예제 파일 : 04강 레벨업 예제.png   ▶ 완성 파일 : 04강 레벨업 완성.png

1 캔바 사진 편집기로 예제 파일을 불러와 Magic Grab을 이용하여 인물을 꾸며 봅니다.

❗ 이미지를 추출할 때 배경색이 함께 추출된다면 [편집 요소] 창에서 [배경 제거]를 클릭해 보세요.

2 배경 이미지를 추가하여 이미지를 꾸며 봅니다.

❗ • 추가한 배경 이미지를 마우스 오른쪽 버튼으로 클릭하고 [이미지를 배경으로 설정]을 클릭해 보세요.
• 페이지 크기를 조절하려면 상단 메뉴의 [크기 조정]을 클릭하여 원하는 크기로 페이지 크기를 조절해요.

CHAPTER 05 나의 미래 모습 포스터

> 예제 파일 : 없음　　▶ 완성 파일 : 05강 완성.png

오늘의 학습목표

- Magic Media를 이용해 나의 미래 모습을 생성할 수 있습니다.
- 포스터에 담을 정보를 정리할 수 있습니다.
- 텍스트와 그래픽 개체를 이용해 포스터를 꾸밀 수 있습니다.
- Magic Media를 이용해 포스터의 배경을 생성할 수 있습니다.

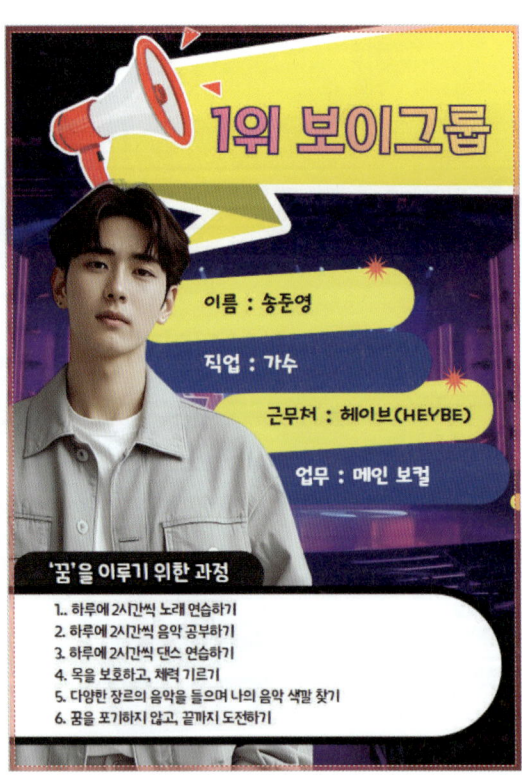

핵심 POINT

▶ **Magic Media** : 프롬프트를 입력하여 원하는 이미지를 생성할 수 있습니다.
▶ **정렬** : 왼쪽, 가운데, 오른쪽으로 텍스트를 정렬할 수 있습니다.
▶ **레이어** : 개체의 순서를 변경할 수 있습니다.

01 나의 미래 모습 생성하기

❶ 나의 미래 모습을 상상하며 그 모습(머리 스타일, 표정, 옷, 포즈 등)을 구체적으로 작성해 봅니다.

예) 단정하게 묶은 검은색 머리, 미소, 팔짱을 낀 자신감 있는 자세, 한국 육군 전투복 착용, 20대 여자

❷ 크롬( ) 브라우저를 실행하고 캔바 사이트('https://www.canva.com')에 접속하여 로그인한 후 [더 보기]-[일반적인 레이아웃 및 크기]-[포스터(세로형 A2)]를 클릭합니다.

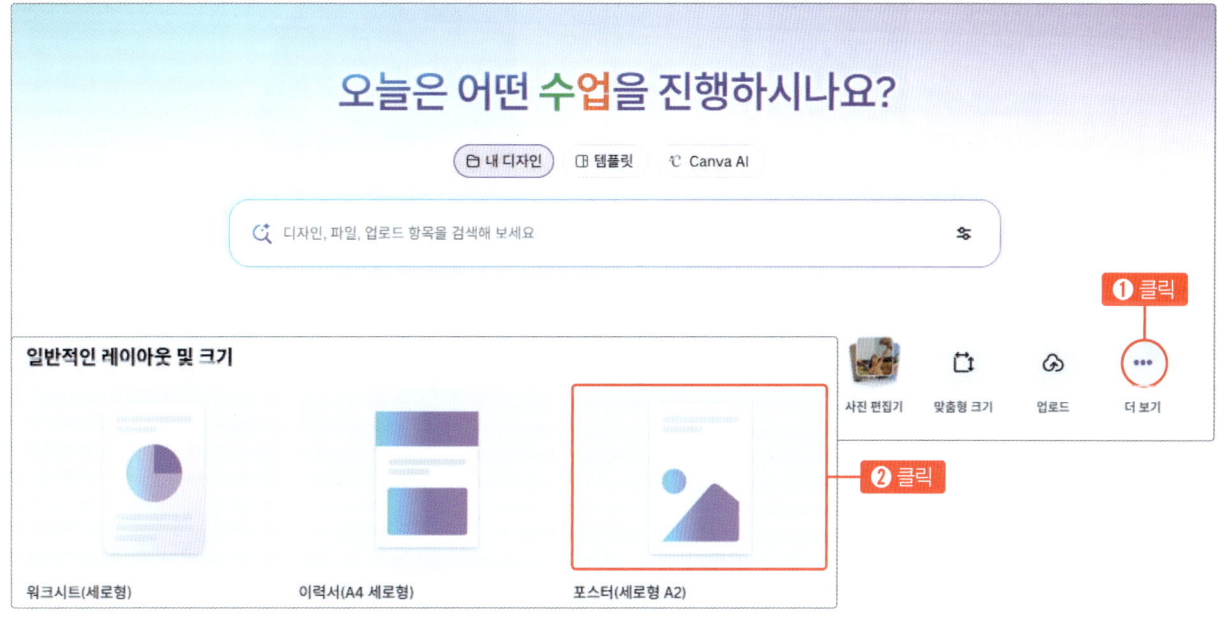

❸ [Magic Media]를 클릭하고 설명 칸에 앞서 작성한 나의 미래 모습을 입력한 후 [이미지 생성하기]를 클릭합니다.

❹ 생성된 이미지 중 원하는 이미지를 선택하여 추가하고 [편집 요소] 창에서 [배경 제거]를 클릭한 후 이미지의 크기와 위치를 변경합니다.

[편집 요소] 창에서 [뒤집기]를 클릭하면 개체를 좌우 또는 상하로 뒤집을 수 있어요.

02 나의 미래 모습 포스터 만들기

① 나의 미래 모습을 포스터로 표현하기 위해 포스터에 담을 정보를 정리해 봅니다.

포스터 제목	
직업	
근무처	
업무	
꿈을 이루기 위한 과정	

[예시]

포스터 제목	대한민국의 멋진 군인!
직업	군인
근무처	국방부
업무	후배들을 교육하는 교관
꿈을 이루기 위한 과정	1. 운동을 열심히하며 몸과 마음을 단련시키기 2. 사회, 역사, 과학과 같은 관련 과정 공부하기 3. 친구들을 도와주고, 모든 일에 책임감을 가지고 행동하며 리더십 키우기 4. 모든 행동에 솔선수범의 마음 갖기 5. 어려워도 도전하는 마음 기르기 6. 학교 규칙 및 규율 잘 지키기 7. 꿈을 잊지 않고 계속 간직하며 노력하기

❷ [텍스트] 탭-[기본 텍스트 스타일]-[제목 추가]를 클릭하여 텍스트 상자가 추가되면 포스터 제목('대한민국의 멋진 군인!')을 입력합니다.

❸ [편집 요소] 창에서 텍스트 서식을 자유롭게 지정합니다.

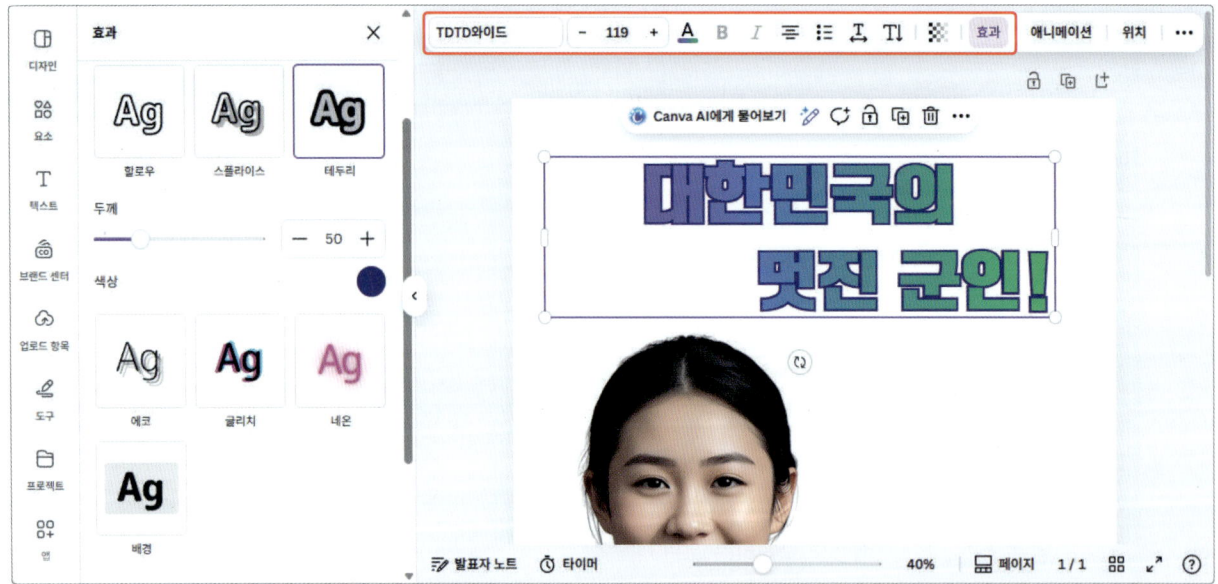

> 디자인 팁
> - [텍스트 색상(A)]-[기본 그라데이션 색상]에서 텍스트 색상을 적용하고 [효과]를 클릭해 텍스트 스타일을 지정해 보세요.
> - [정렬(≡)]을 클릭하면 텍스트를 왼쪽, 가운데, 오른쪽으로 정렬할 수 있어요.
> - [고급 설정]을 클릭하면 글자 간격과 줄 간격 등을 조절할 수 있어요.

④ [요소] 탭-[그래픽]에서 검색창에 '타이틀'을 검색하여 포스터 제목과 어울리는 개체를 추가한 후 크기와 위치를 조절합니다.

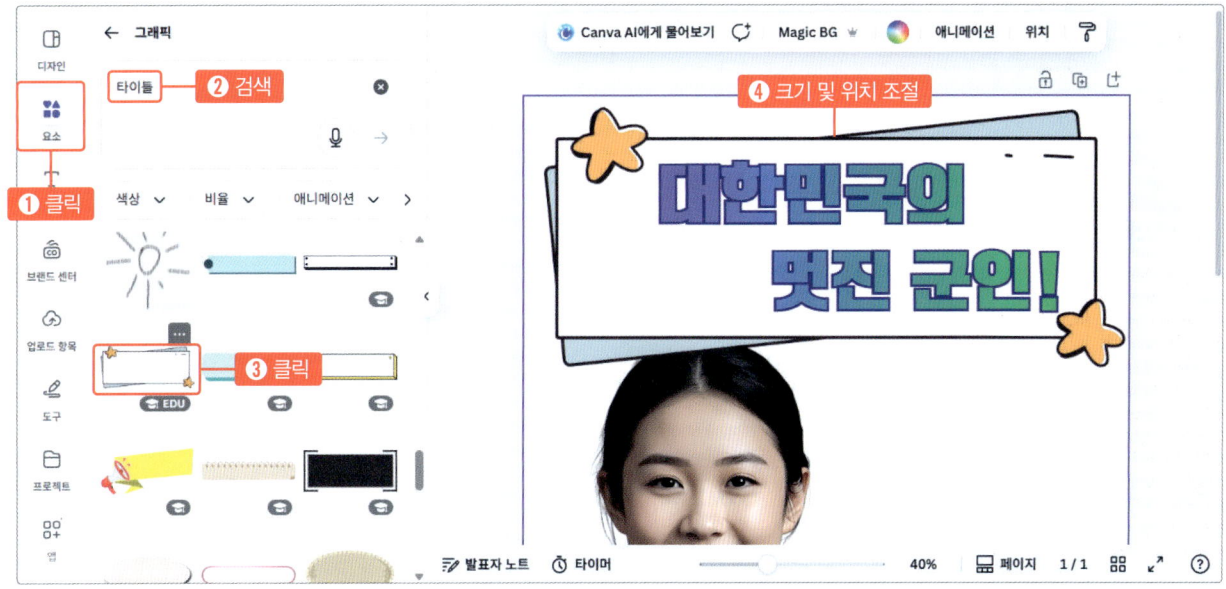

⑤ [편집 요소] 창에서 [위치]를 클릭하고 위치 옵션 창이 나타나면 [정렬]-[맨 뒤로]를 클릭하여 '타이틀' 개체가 인물을 가리지 않도록 순서를 변경합니다.

디자인 팁

- [정렬]에서는 개체의 순서를 변경할 수 있어요.
- [페이지에 맞춤]에서는 페이지를 중심으로 개체를 정렬할 수 있어요.
- [고급]에서는 개체의 위치와 각도를 직접 입력하여 변경할 수 있어요.

❻ ❷~❺와 같은 방법으로 '타이틀' 개체와 텍스트 상자를 추가하여 포스터 내용을 입력해 봅니다.

> 디자인 팁
> - 개체를 추가하고 [위치]를 클릭하여 개체의 순서를 변경해 보세요.
> - [편집 요소] 창에서 [색상(●)]을 클릭하면 개체의 색상을 변경할 수 있어요.

❼ [요소] 탭-[도형]-[기본 도형]-[둥근 사각형]을 클릭하여 페이지에 추가하고 [편집 요소] 창에서 [투명도(▨)]를 클릭한 후 투명도를 '70'으로 조절합니다.

❽ [텍스트] 탭에서 텍스트 상자를 추가하고 포스터 내용을 입력한 후 [편집 요소] 창에서 텍스트 서식을 자유롭게 지정합니다.

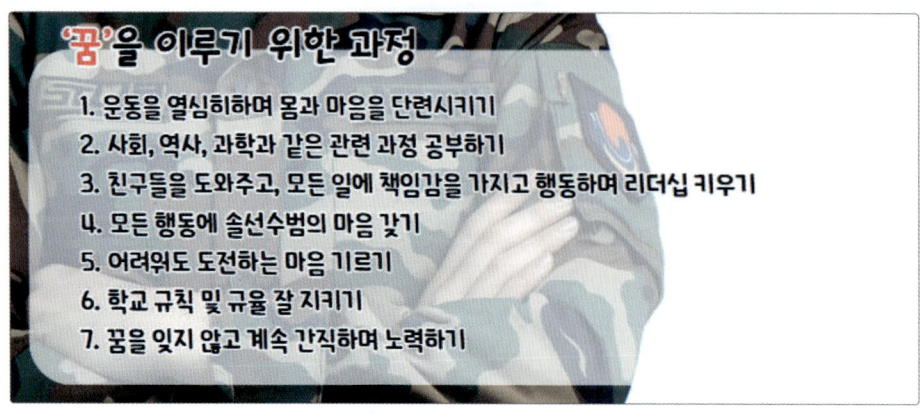

⑨ [Magic Media] 탭–[이미지]에서 포스터에 어울리는 배경을 생성하고 원하는 이미지를 추가한 후 배경 이미지를 마우스 오른쪽 버튼으로 클릭하여 [이미지를 배경으로 설정]을 클릭합니다.

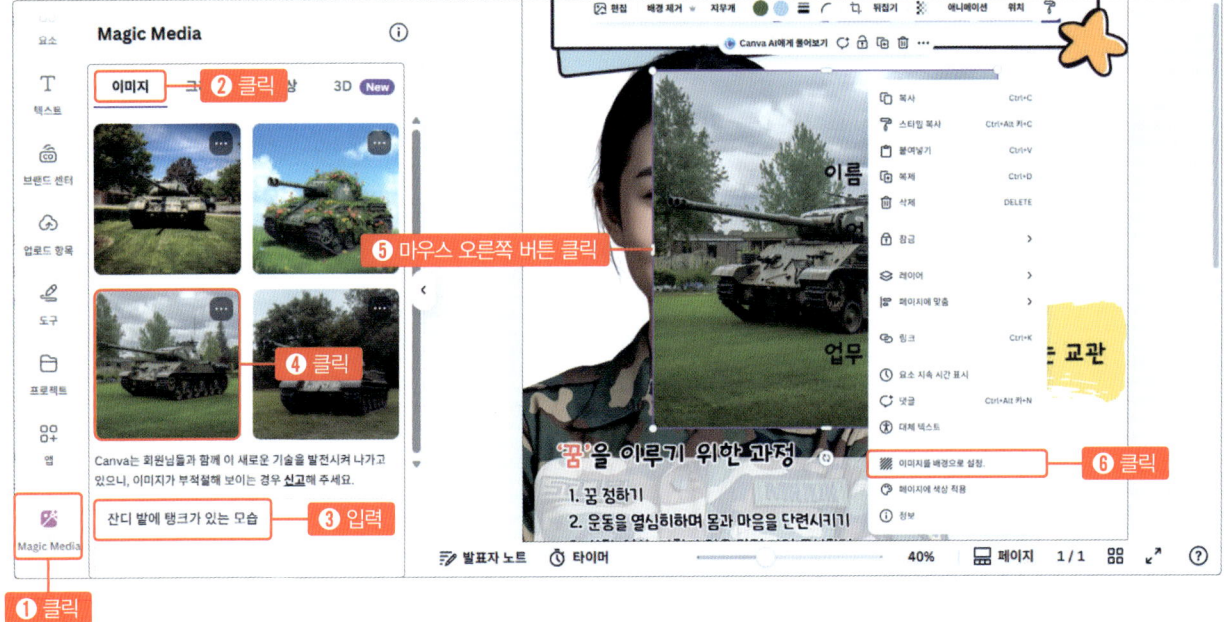

⑩ 배경 이미지를 클릭하고 [편집 요소] 창에서 [투명도(▦)]를 클릭한 후 투명도를 조절합니다.

⑪ 포스터가 완성되면 [파일]-[다운로드]를 클릭하고 [파일 형식]-[PNG]를 선택한 후 [다운로드]를 클릭합니다.

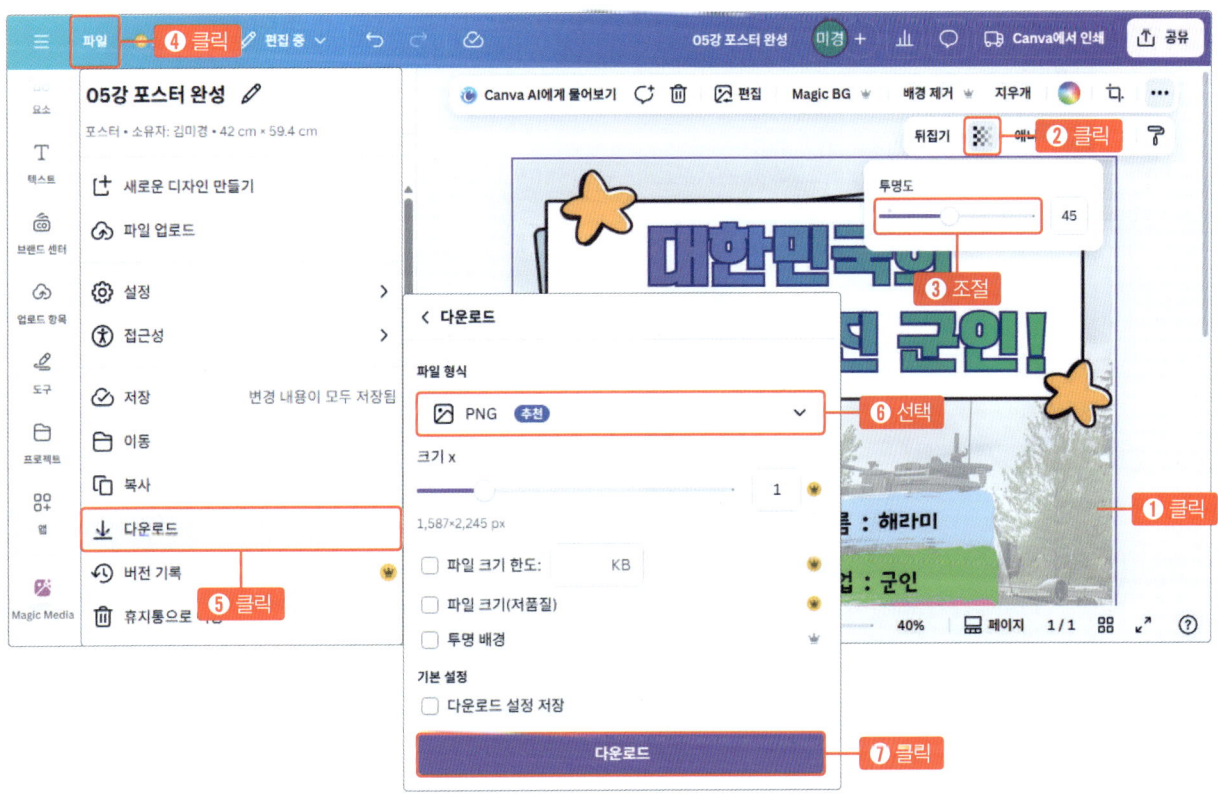

Chapter 05. 나의 미래 모습 포스터

CHAPTER 05 재미 팡팡! 레벨 UP

▶ 예제 파일 : 없음   ▶ 완성 파일 : 05강 레벨업 완성.png

1 준영이의 미래 모습 포스터를 만들기 위한 포스터 내용을 확인해 봅니다.

포스터 제목	1위 보이그룹
직업	가수
근무처	헤이브(HEYBE)
업무	메인 보컬
꿈을 이루기 위한 과정	1. 하루에 2시간씩 노래 연습하기 2. 하루에 2시간씩 음악 공부하기 3. 하루에 2시간씩 댄스 연습하기 4. 목을 보호하고, 체력 기르기 6. 다양한 장르의 음악을 들으며 나의 음악 색깔 찾기 7. 꿈을 포기하지 않고, 끝까지 도전하기

2 포스터 내용을 바탕으로 준영이의 미래 모습 포스터를 만들어 봅니다.

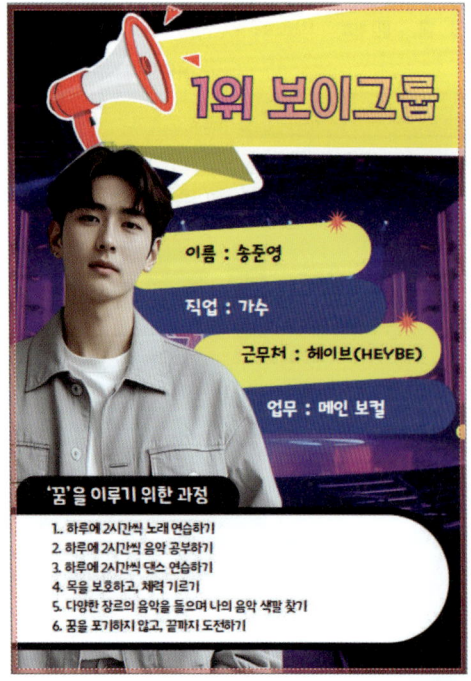

CHAPTER 06 나의 Q&A 영상 만들기

▶ 예제 파일 : 06강 예제.mp4   ▶ 완성 파일 : 06강 완성.mp4

오늘의 학습목표

- 친구들에게 나에 대해 궁금한 점을 질문하고 대답을 정리할 수 있습니다.
- 동영상을 업로드하여 트랙에 추가할 수 있습니다.
- 그래픽 개체를 추가하여 영상을 꾸밀 수 있습니다.
- AI 음성을 생성하여 영상에 내레이션을 추가할 수 있습니다.

 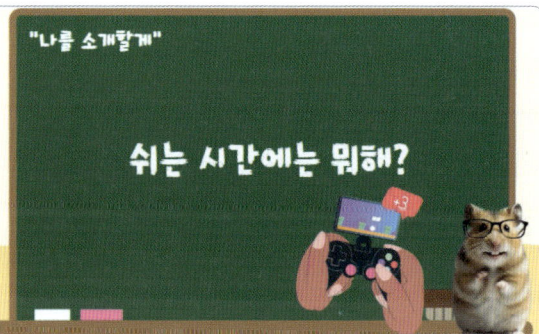

핵심 POINT

▶ AI 음성 : 입력한 텍스트를 음성으로 변환할 수 있습니다.
▶ 타임라인 : 시간대별로 영상을 편집할 수 있는 공간입니다.
▶ 트랙 : 동영상, 요소, 음성, 텍스트, 효과음 등을 추가할 수 있는 각각의 공간입니다.

01 Q&A 정리하기

❶ 친구들에게 나에 대해 궁금한 점을 물어보고 대답과 함께 내용을 정리해 봅니다.

항목		내용
예시	질문	㉠ 평생 하나만 먹어야 한다면?
	대답	㉠ 나는 삼겹살을 먹을 거야! 삼겹살을 좋아해!
1	질문	
	대답	
2	질문	
	대답	
3	질문	
	대답	
4	질문	
	대답	
5	질문	
	대답	
6	질문	
	대답	
7	질문	
	대답	
8	질문	
	대답	
9	질문	
	대답	
10	질문	
	대답	

02 Q&A 영상 만들기

❶ 크롬( ) 브라우저를 실행하고 캔바 사이트('https://www.canva.com')에 접속하여 로그인한 후 [동영상]–[동영상(가로형)]을 클릭합니다.

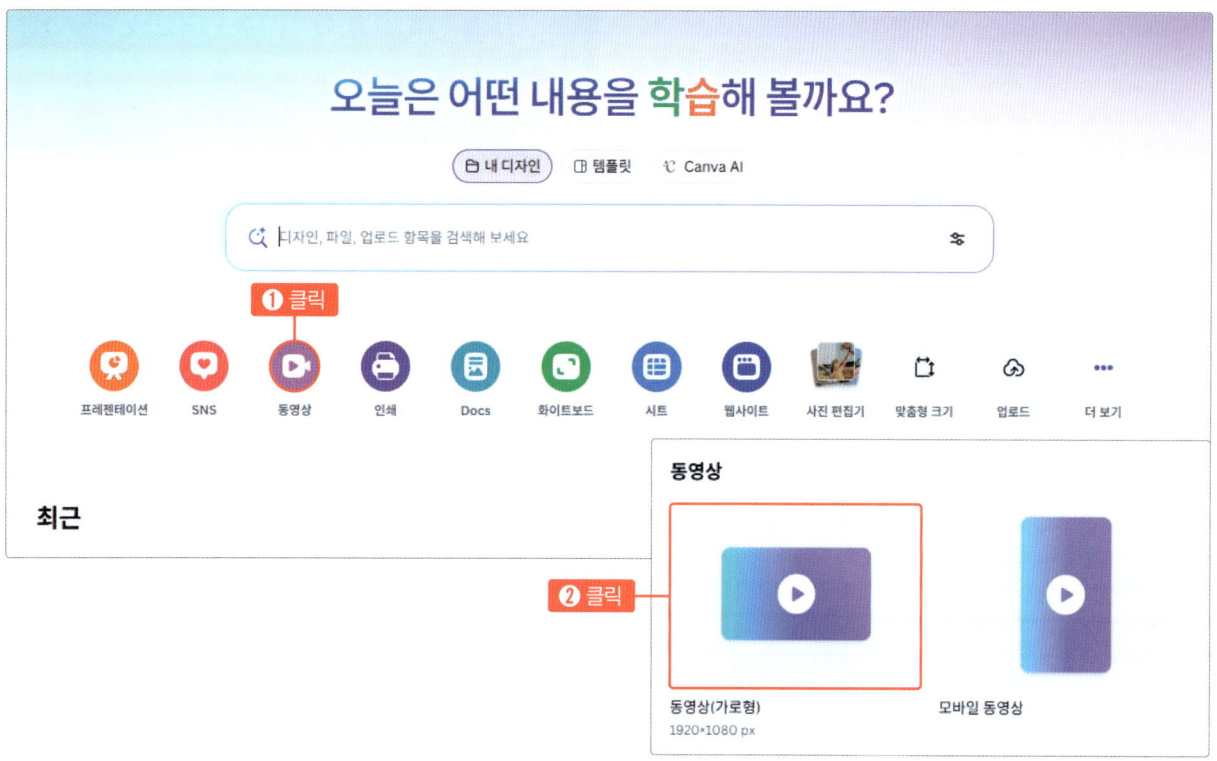

❷ 타임라인을 시작 위치로 이동시킨 후 [요소] 탭–[그래픽]에서 '칠판'을 검색하여 원하는 개체를 트랙으로 드래그한 후 크기와 위치를 조절합니다.

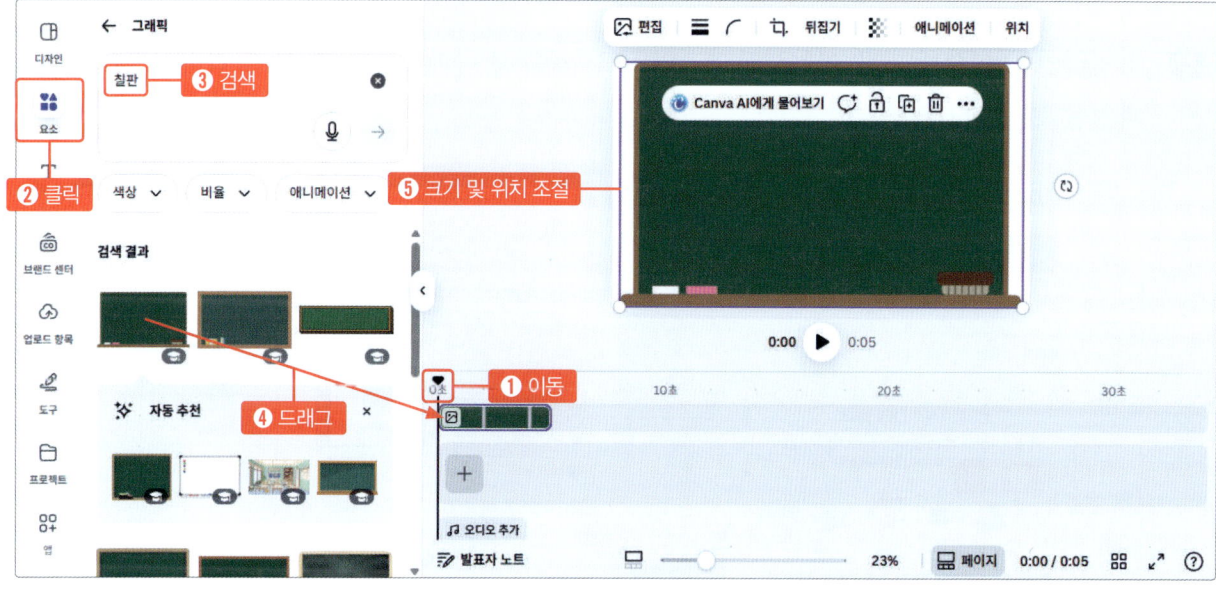

Chapter 06. 나의 Q&A 영상 만들기

③ 타임라인을 시작 위치로 이동시키고 [텍스트] 탭에서 텍스트 상자를 추가하여 첫 번째 질문('평생 하나만 먹어야 한다면?')을 입력한 후 텍스트 서식을 자유롭게 지정합니다.

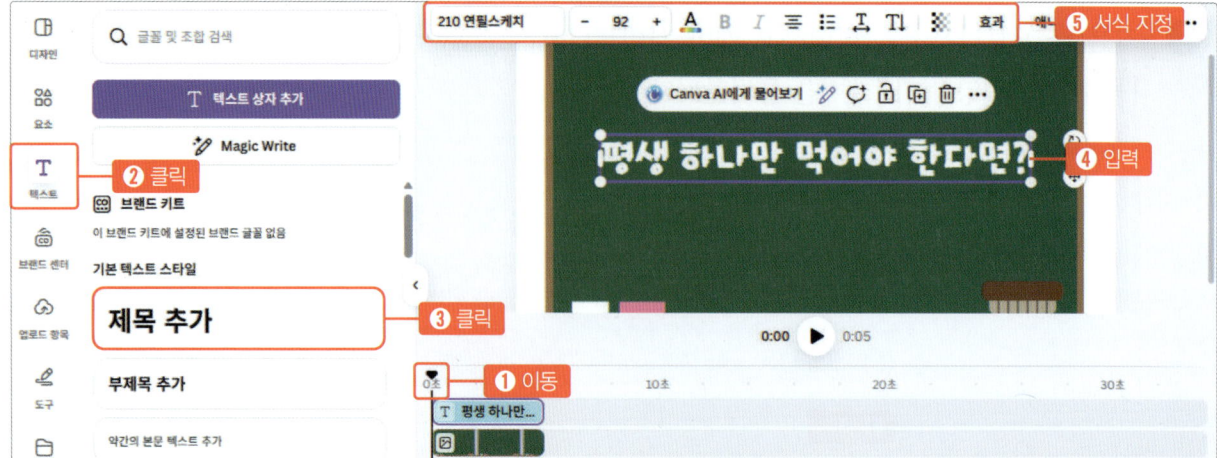

④ 텍스트 상자를 선택하고 [편집 요소] 창에서 [애니메이션]을 클릭하여 [추천]-[터트리기]를 선택한 후 강도를 조절합니다.

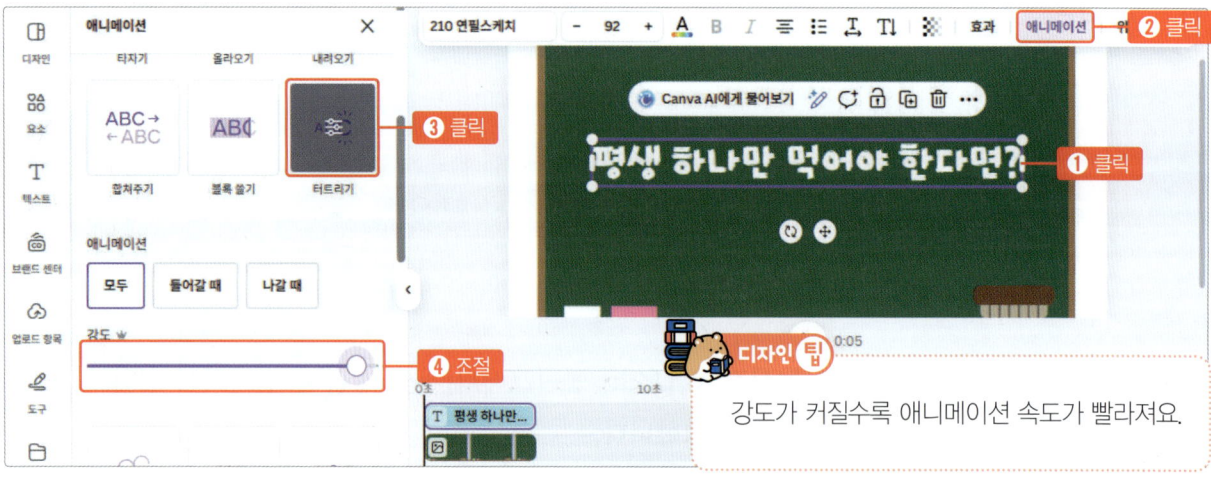

디자인 팁: 강도가 커질수록 애니메이션 속도가 빨라져요.

⑤ 타임라인을 시작 위치로 이동시킨 후 [업로드 항목] 탭-[파일 업로드]를 클릭하여 '06강 예제.mp4' 파일을 불러옵니다.

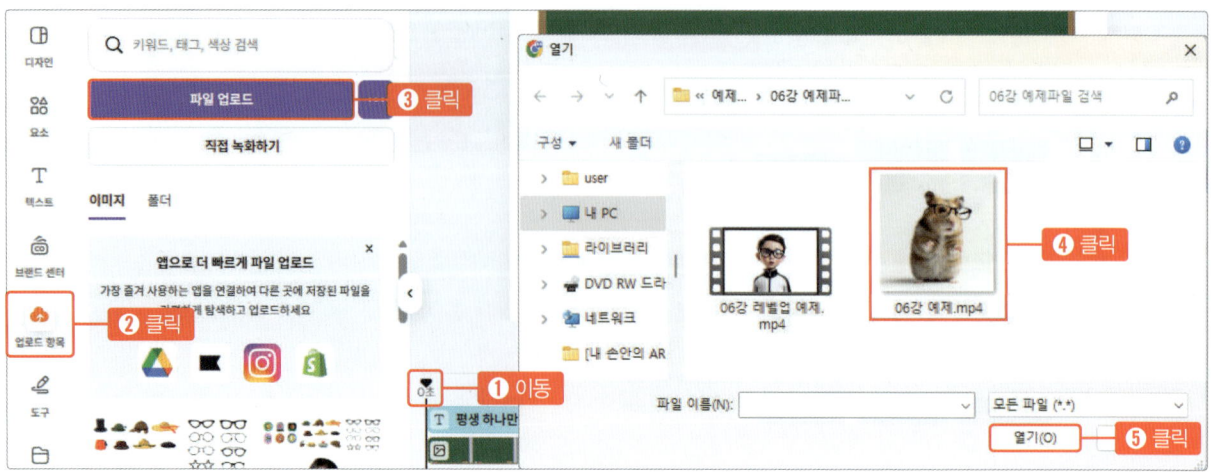

❻ '06강 예제.mp4' 파일이 업로드되면 트랙으로 드래그하여 추가한 후 [편집 요소] 창에서 [배경 제거]를 클릭합니다.

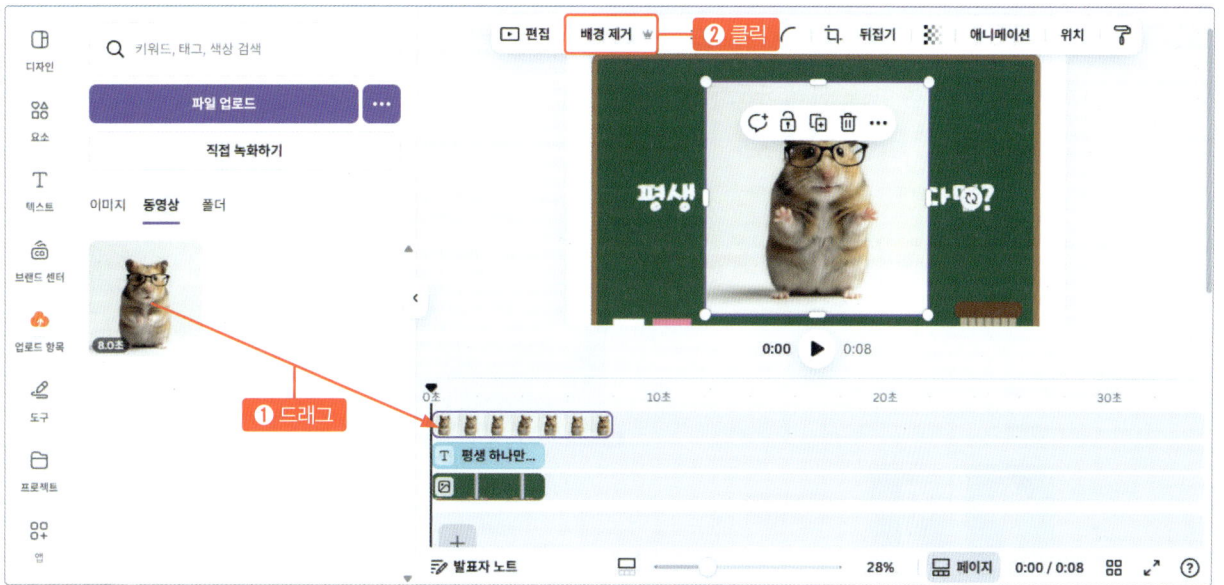

> 디자인 팁
> - 개체를 클릭해도 트랙에 추가할 수 있어요.
> - 위쪽 트랙에 위치할수록 개체가 앞쪽에 나타나요. 트랙의 순서를 변경하고 싶다면 해당 트랙을 선택한 후 위쪽 또는 아래쪽 트랙으로 드래그해요.

❼ 영상의 크기와 위치를 조절하고 자르기 바를 드래그하여 불필요한 영역을 잘라냅니다.

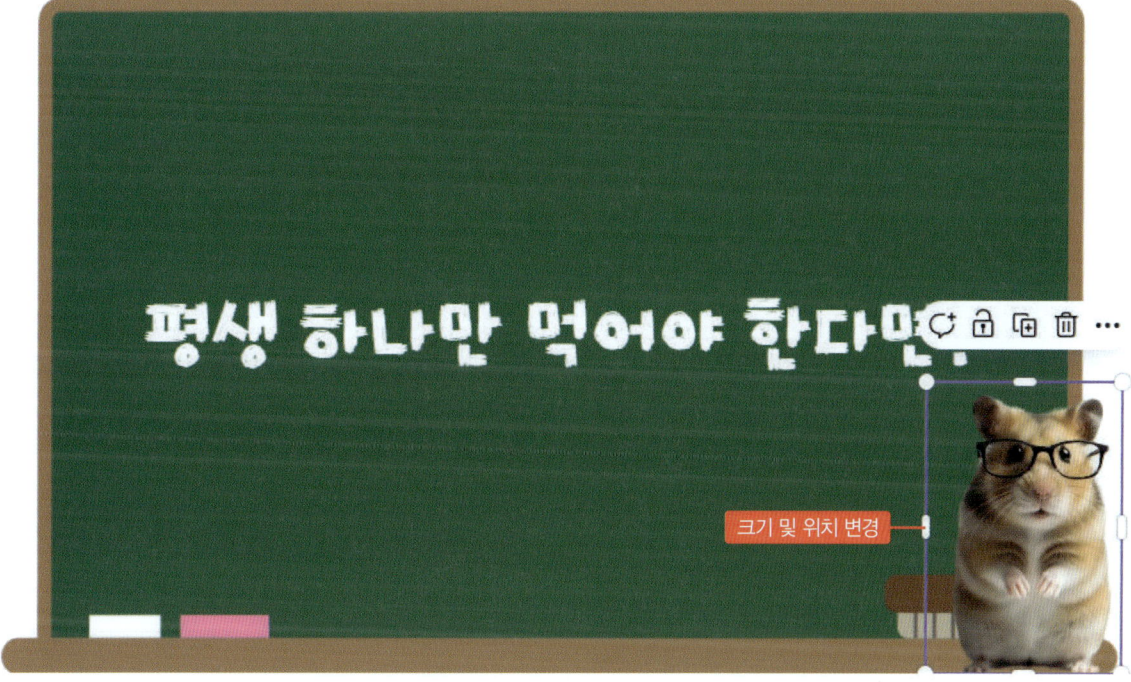

Chapter 06. 나의 Q&A 영상 만들기 **053**

03 AI 음성 추가하기

1 타임라인을 시작 위치로 이동시킨 후 [AI 음성] 탭을 클릭합니다. 텍스트 입력 칸에 첫 번째 질문과 대답을 입력한 후 음성을 선택하고 [AI 음성 생성]을 클릭합니다.

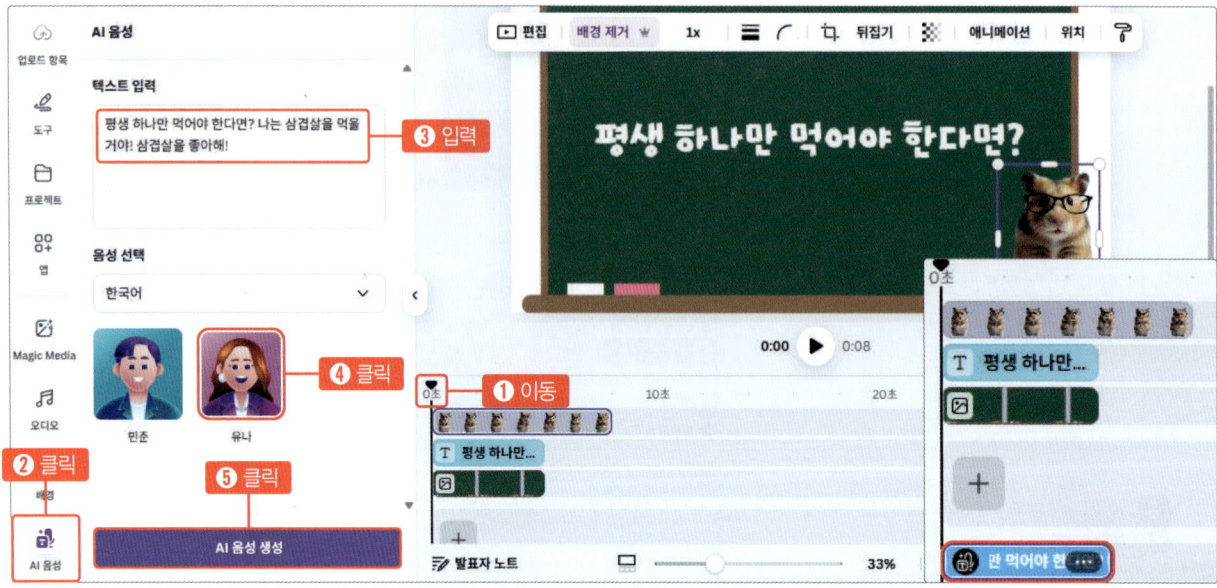

💡 AI 음성이 생성되면 타임라인에 자동으로 추가돼요.

2 '칠판' 개체가 동영상이 끝날 때까지 나타나도록 트랙에서 길이를 조절하고 '06강 예제.mp4' 영상을 여러 번 복제하여 영상이 끝날 때까지 나타나도록 합니다.

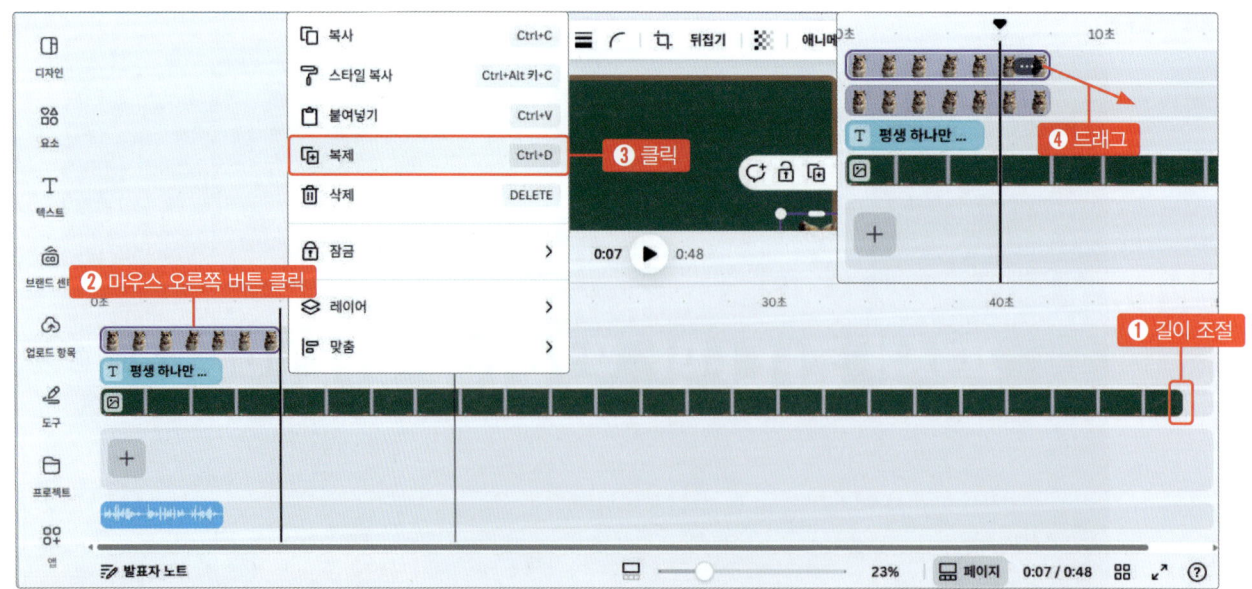

💡 • Ctrl + C , Ctrl + V 키를 눌러 복사하고 붙여 넣을 수 있어요.
• 입력한 텍스트와 AI 음성의 길이도 동일하게 조절해요.

❸ 타임라인을 첫 번째 질문이 끝난 위치로 이동시키고 앞서 배운 내용을 바탕으로 텍스트 상자와 AI 음성을 추가하여 나머지 질문과 질문에 대한 답을 해봅니다.

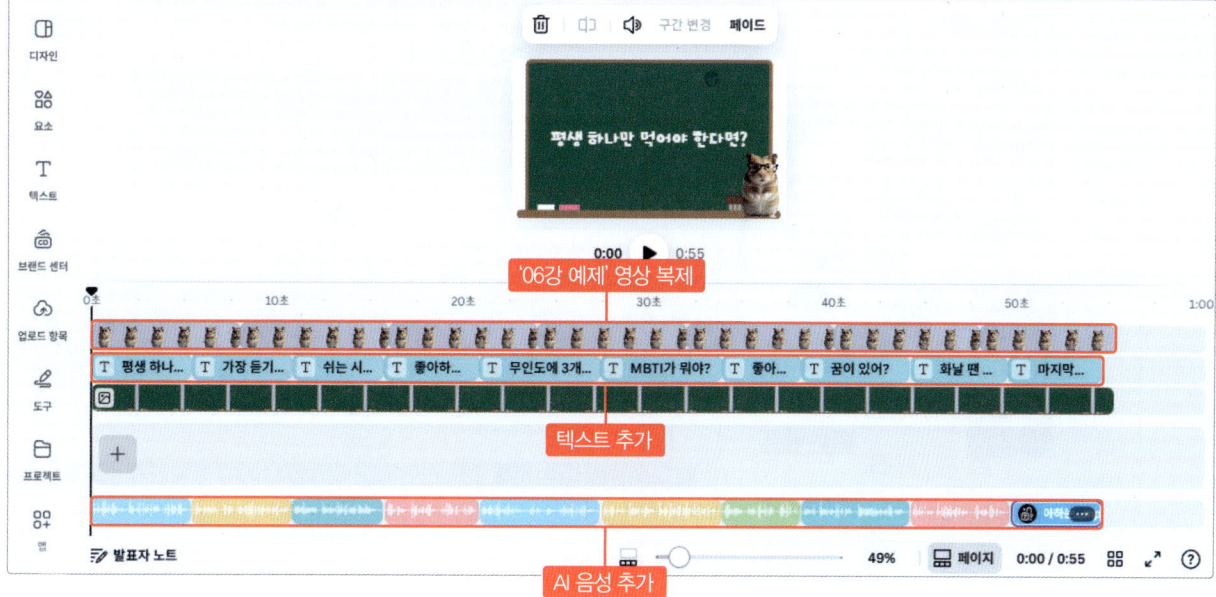

❹ [텍스트] 탭에서 텍스트 상자를 추가하고 영상의 제목("나를 소개할게")을 입력한 후 트랙에서 길이를 조절합니다.

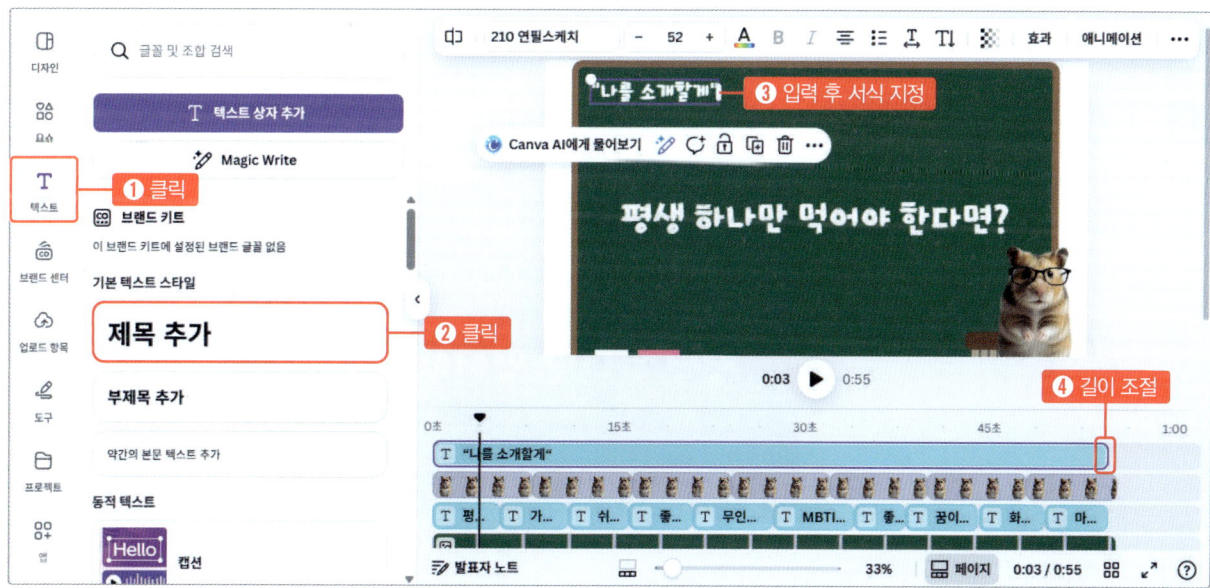

❺ [요소] 탭을 클릭하고 각 질문에 어울리는 개체('그래픽', '스티커')를 추가하여 영상을 자유롭게 꾸며 봅니다.

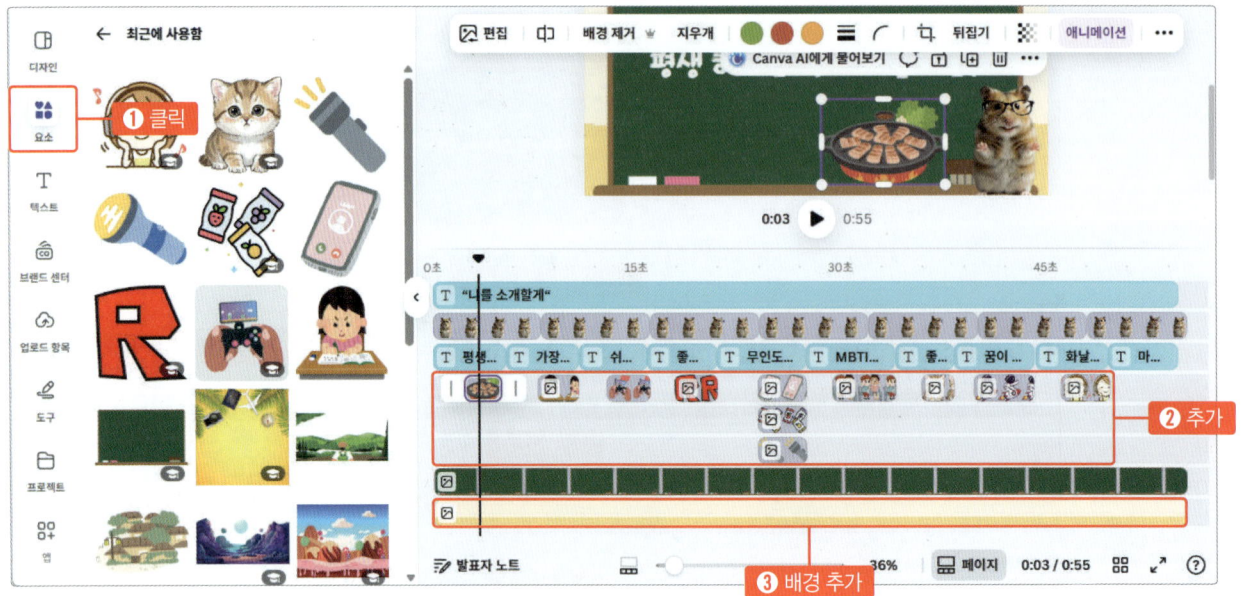

디자인 팁
- 원하는 배경도 추가하고 트랙의 위치를 맨 아래쪽으로 이동시켜 보세요.
- 개체에 애니메이션 효과를 적용해도 좋아요.

❻ 타임라인을 시작 위치로 이동시킨 후 [재생(▶)]을 클릭하여 완성된 영상을 확인합니다.

❼ [파일]-[다운로드]를 클릭하고 파일 형식('MP4 동영상')을 지정한 후 [다운로드]를 클릭하여 저장합니다.

CHAPTER 06 재미 팡팡! 레벨 UP

▶ 예제 파일 : 06강 레벨업 예제.mp4   ▶ 완성 파일 : 06강 레벨업 완성.mp4

1 나의 MBTI를 소개하는 영상을 제작하기 위해 내용을 정리해 봅니다.

나의 MBTI	
나의 MBTI 특징	
나의 MBTI 일상 속 모습	
나의 MBTI 장점과 단점	

2 정리한 내용을 바탕으로 나의 MBTI 소개 영상을 만들어 봅니다.

Chapter 06. 나의 Q&A 영상 만들기 **057**

CHAPTER 07 전교회장 선거 홍보 브로슈어 만들기

▶ 예제 파일 : 학생.jpg   ▶ 완성 파일 : 07강 완성.pdf

오늘의 학습목표

- 선거 홍보 브로슈어의 내용을 정리하고 스케치할 수 있습니다.
- Docs를 이용해 열을 추가하고 칸에 이미지와 텍스트를 추가할 수 있습니다.
- 템플릿을 이용하여 브로슈어를 꾸밀 수 있습니다.
- 미리 디자인된 열을 추가하고 각 칸에 개체를 추가할 수 있습니다.

핵심 POINT

▶ **Docs** : 캔바에서 제공하는 워드 파일로, 입력 위주의 디자인 작업 시 유용합니다.
▶ **빠른 작업** : 표, 제목, 시트, 디자인, 글머리표 등 빠르게 사용할 수 있는 도구가 모여 있습니다.
▶ **PDF** : 브로슈어의 색상, 폰트, 레이아웃 등의 디자인이 그대로 유지되어 인쇄 시 주로 사용하는 확장자입니다.

01 선거 홍보 브로슈어 내용 정리하기

❶ 후보의 다짐이 잘 드러나도록 브로슈어의 내용을 정리해 봅니다.

후보 이름	
기호	
선거 슬로건	
실천 다짐	
주요 공약	
투표 독려 메시지	

[예시]

후보 이름	김미래
기호	1
선거 슬로건	변화는 행동에서 시작됩니다.
실천 다짐	말보다 행동으로 보여드리겠습니다!
주요 공약	1. E-스포츠 대회 개최 2. 반별 옷걸이와 행거 설치 3. 다양한 동아리 활동 활성화
투표 독려 메시지	여러분의 소중한 한 표가 학교에 변화를 일으킵니다. 기호 1번 김미래를 꼭 기억해주세요.

02 선거 홍보 브로슈어 스케치하기

❶ 앞서 정리한 내용을 바탕으로 브로슈어를 스케치해 봅니다.

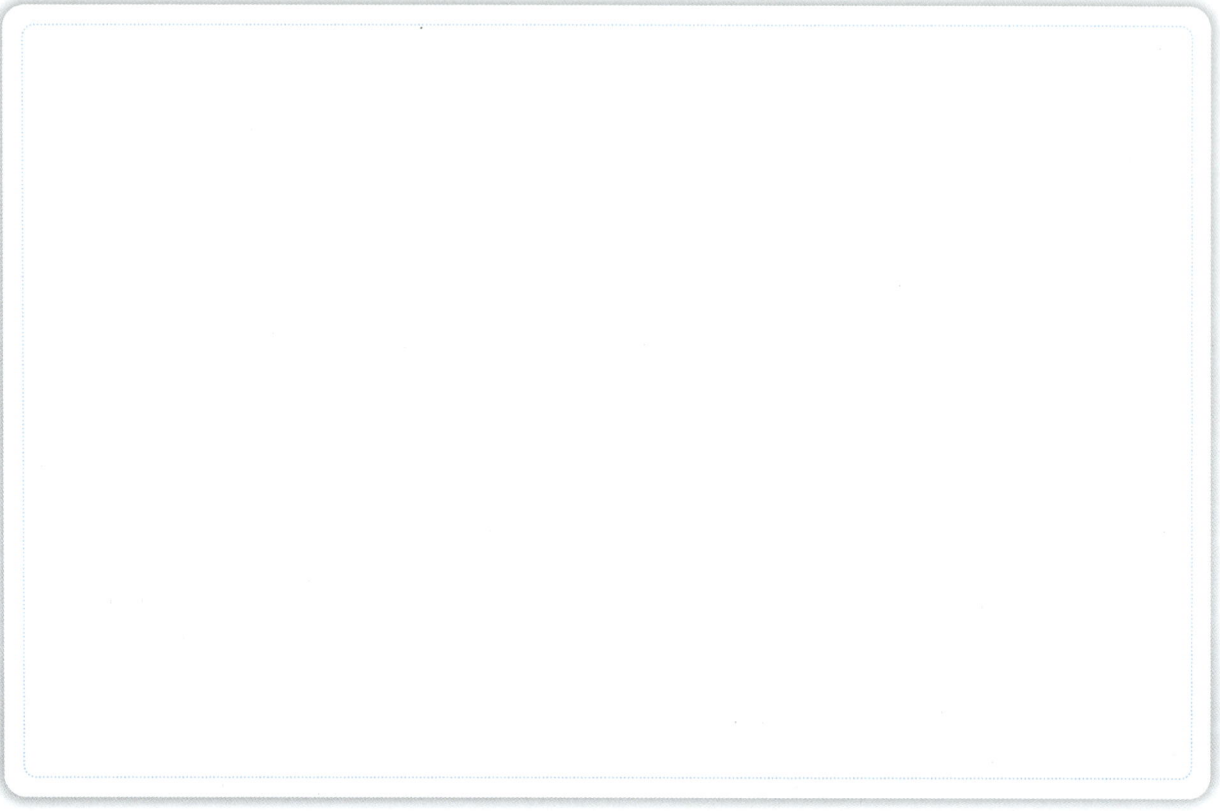

[예시]

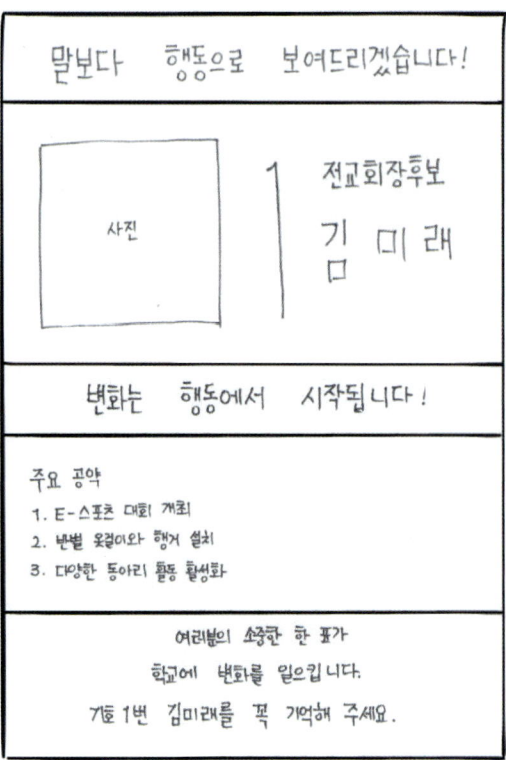

03 선거 홍보 브로슈어 만들기

① 크롬( ) 브라우저를 실행하고 캔바 사이트('https://www.canva.com')에 접속하여 로그인한 후 [Docs]를 클릭합니다.

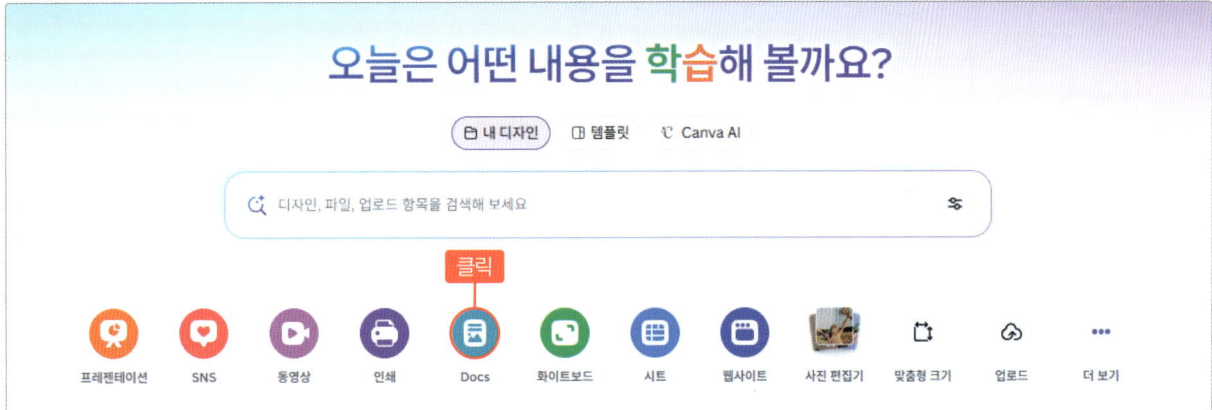

② 편집 화면이 나타나면 첫 번째 행에 앞서 정리한 실천 다짐('말보다 행동으로 보여드리겠습니다!')을 입력하고 [편집 요소] 창에서 텍스트 서식을 자유롭게 지정합니다.

디자인 팁
텍스트의 일부를 드래그하여 영역 선택하면 선택된 영역의 텍스트 서식만 변경할 수 있어요.

③ [업로드 항목] 탭-[파일 업로드]를 클릭하여 '학생.jpg' 파일을 불러옵니다.

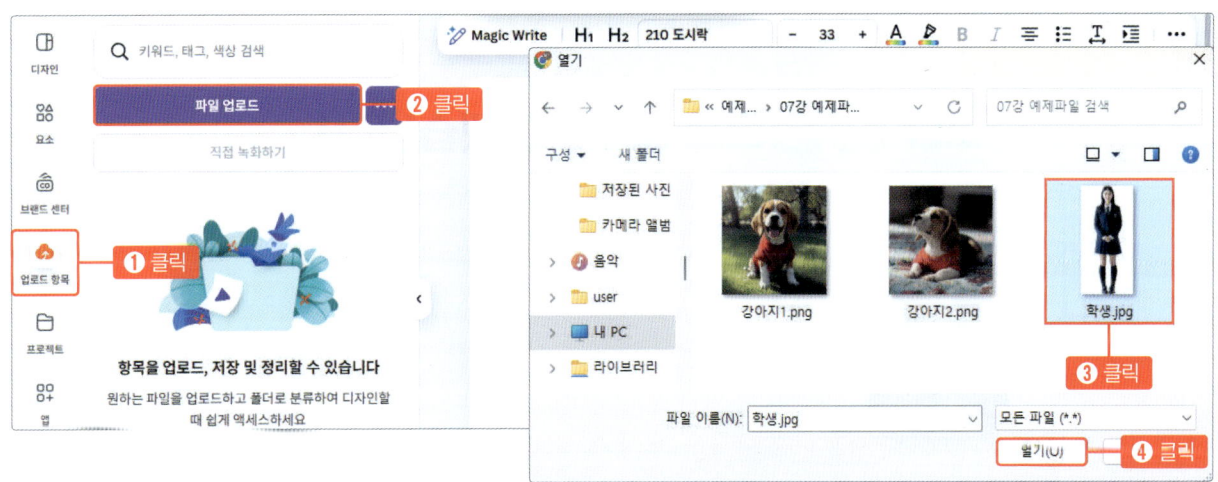

Chapter 07. 전교회장 선거 홍보 브로슈어 만들기 **061**

④ 페이지에서 Enter 키를 누르고 두 번째 행에서 [빠른 작업(+)]을 클릭한 후 스크롤을 아래쪽으로 내려 '3개 열'을 클릭합니다.

⑤ 첫 번째 칸을 클릭하고 [업로드 항목] 탭에서 업로드한 '학생.jpg' 파일을 추가합니다.

⑥ 추가된 이미지를 선택하고 자르기 바를 드래그하여 이미지를 잘라낸 후 크기 조절점을 드래그하여 크기를 조절합니다.

❼ 두 번째 칸을 클릭하고 기호('1')를 입력한 후 [편집 요소] 창에서 텍스트 서식을 지정합니다.

❽ 마우스 포인터를 첫 번째 칸과 두 번째 칸 사이에 위치시킨 후 드래그하여 너비를 조절합니다.

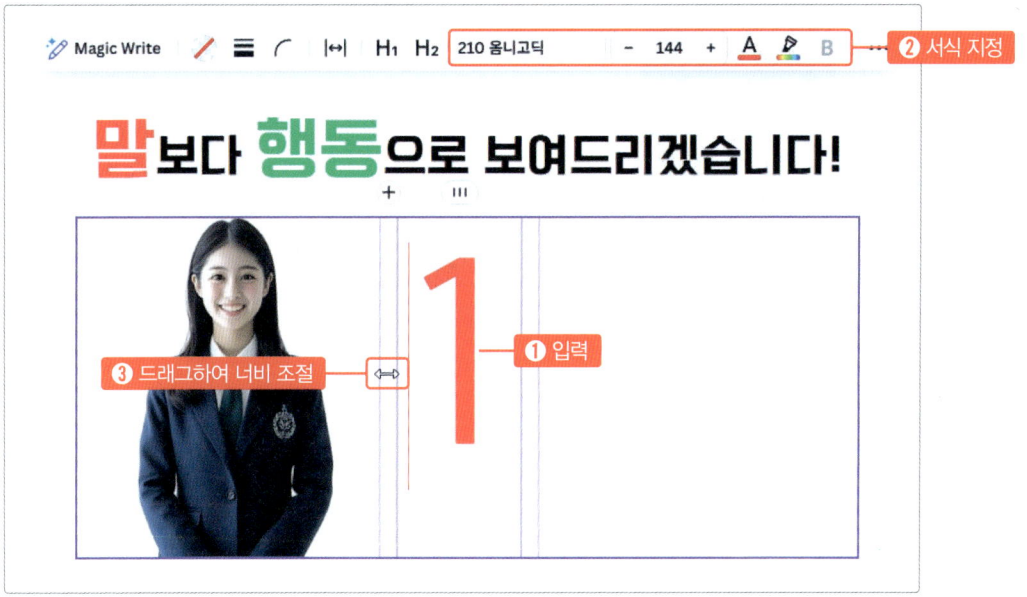

❾ 세 번째 칸을 클릭하고 "전교회장후보 김미래"를 입력한 후 [편집 요소] 창에서 텍스트 서식을 자유롭게 지정합니다.

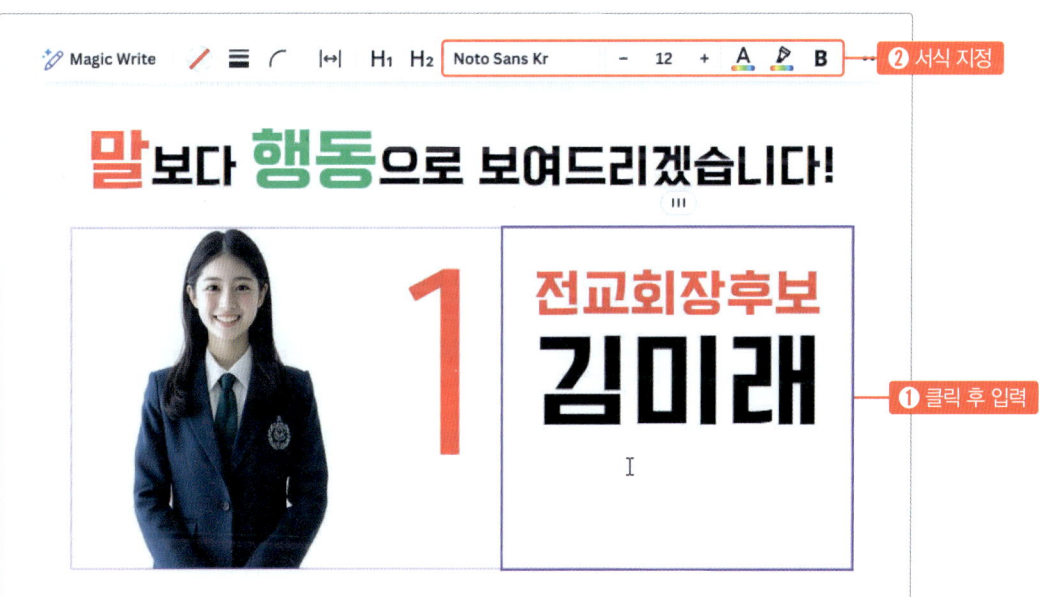

- [정렬(≡)]을 클릭하면 텍스트를 왼쪽, 가운데, 오른쪽으로 정렬할 수 있어요.
- [고급 설정(↕)]을 클릭하면 글자 간격과 줄 간격 등을 조절할 수 있어요.

⑩ 페이지에서 세 번째 행을 클릭하고 [빠른 작업(+)]을 클릭한 후 '디자인'을 클릭합니다.

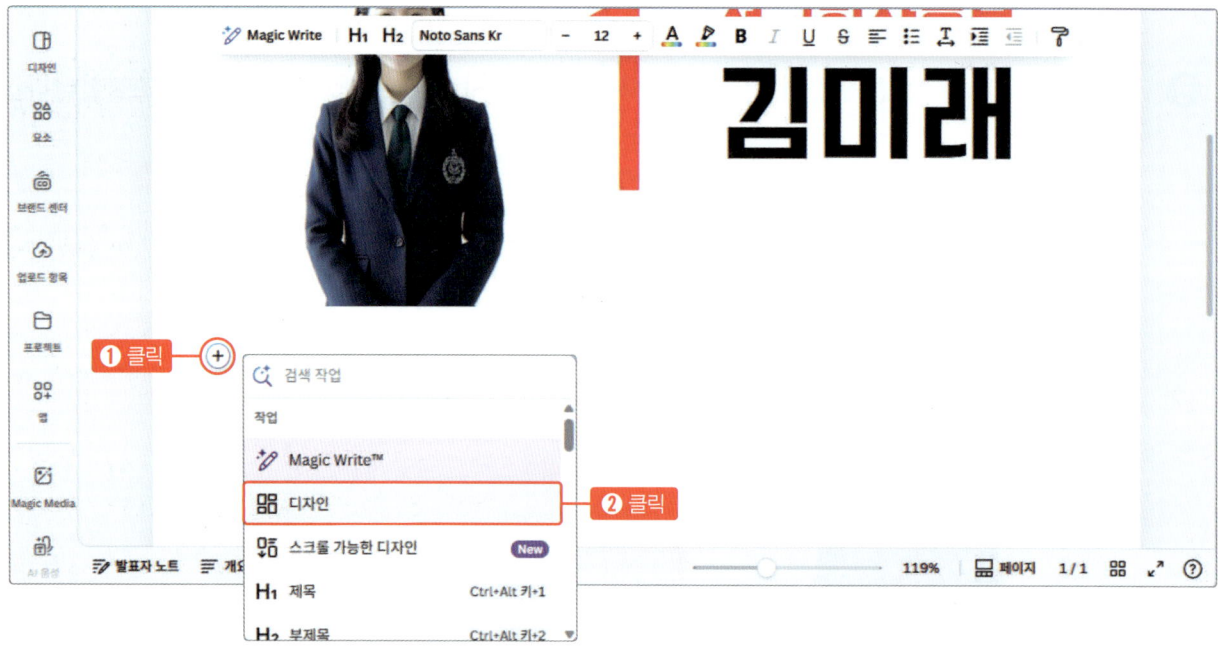

⑪ [디자인] 탭-[템플릿]에서 선거 슬로건과 어울리는 템플릿을 선택하고 불필요한 개체는 삭제한 후 선거 슬로건 내용('변화는 행동에서 시작됩니다!')을 입력하고 [저장]을 클릭합니다.

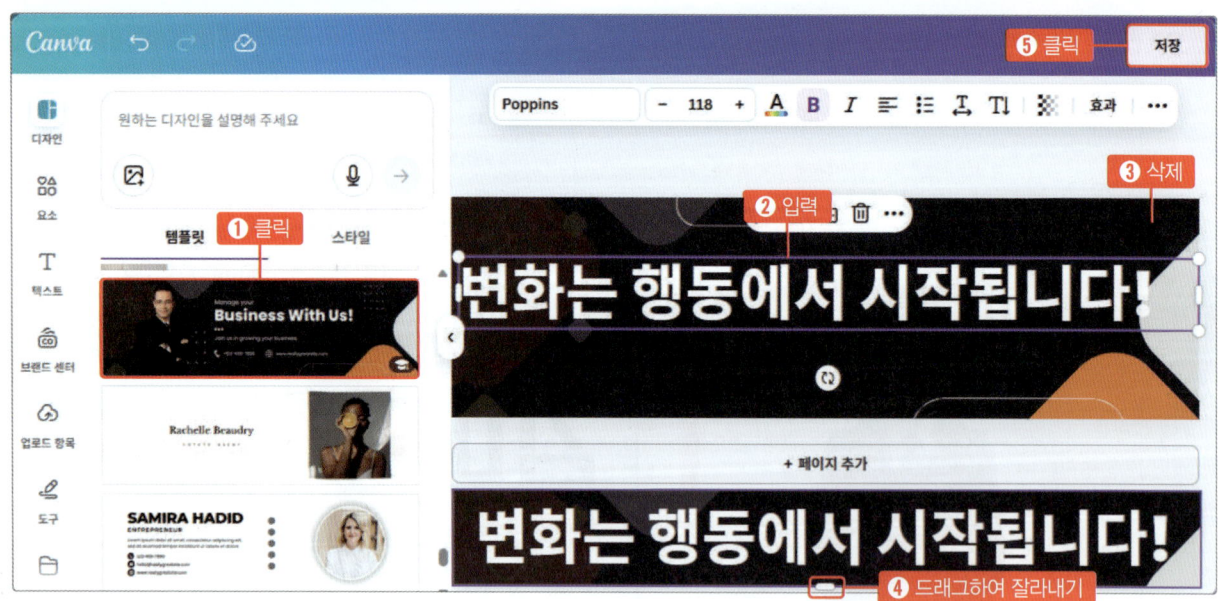

- 개체를 선택하고 Delete 키를 눌러 삭제하거나 드래그하여 위치를 이동해요.
- 텍스트 서식을 지정하고 템플릿의 자르기 바를 드래그하여 불필요한 부분은 잘라내요.

⑫ 선거 슬로건이 삽입되면 네 번째 행에 "주요 공약"을 입력하고 다섯 번째 행을 클릭한 후 [요소] 탭-[열]-[미리 디자인된 열]-[3열]을 클릭합니다.

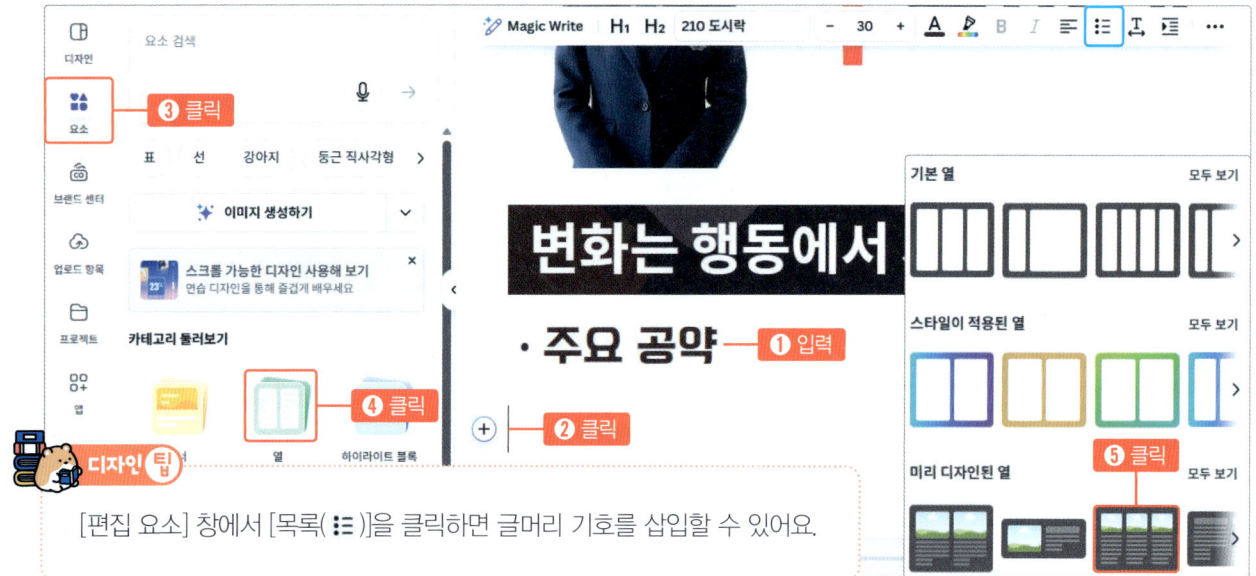

[편집 요소] 창에서 [목록(≡)]을 클릭하면 글머리 기호를 삽입할 수 있어요.

⑬ [요소] 탭-[그래픽]에서 주요 공약에 어울리는 개체를 찾아 드래그하여 추가한 후 텍스트 입력 칸에 공약을 입력하고 텍스트 서식을 지정합니다.

프레임 안에 개체의 전체 이미지가 삽입되지 않는다면 프레임을 삭제하고 개체를 추가한 후 크기를 조절해도 돼요.

⑭ ❿~⓫과 같은 방법으로 여섯 번째 행에서 [빠른 작업(+)]을 클릭한 후 '디자인'을 클릭하여 투표 독려 메시지('여러분의 소중한 한 표가 학교에 변화를 일으킵니다. 기호 1번 김미래를 꼭 기억해주세요.')를 입력합니다.

템플릿에서 불필요한 개체는 삭제하고 개체의 위치나 크기도 변경해 보세요.

⑮ 선거 홍보 브로슈어가 완성되면 [파일]-[다운로드]를 클릭하고 파일 형식('PDF 표준')을 지정한 후 [다운로드]를 클릭하여 저장합니다.

CHAPTER 07 재미 팡팡! 레벨 UP

▶ 예제 파일 : 강아지1.png, 강아지2.png   ▶ 완성 파일 : 07강 레벨업 완성.pdf

1. 강아지 찾기 전단지를 만들기 위한 전단지 내용을 확인해 봅니다.

제목	"강아지 뽀미를 찾습니다"
사진	
실종 정보	• 비글/2살/뽀미/암컷 • 실종 시간 : 2025년 11월 04일 18시 20분 경 • 성격 : 겁이 많아 모르는 사람은 경계함. • 해람시 해람동 해람로에서 실종 • 특징 : 빨간색 옷을 착용 • 연락처 : 010-1004-8282
마무리 멘트	보호 중이시거나 뽀미를 보신 분은 연락 부탁드립니다.

2. 전단지 내용을 바탕으로 강아지 찾기 전단지를 만들어 봅니다.

CHAPTER 08 꿈자람 발표회 포스터 만들기

▶ 예제 파일 : '사진1.jpeg'~'사진4.jpeg'   ▶ 완성 파일 : 08강 완성.png

오늘의 학습목표

- 발표회 행사 내용을 확인하고 스케치할 수 있습니다.
- 도형을 이용하여 포스터 배경을 꾸밀 수 있습니다.
- 이미지를 업로드하고 레이어 순서를 변경할 수 있습니다.
- 이미지의 배경을 제거할 수 있습니다.

핵심 POINT

- ▶ **배경 제거** : 이미지의 배경을 제거하여 투명하게 처리할 수 있습니다.
- ▶ **회전** : 개체를 회전시킬 수 있습니다.
- ▶ **레이어** : 레이어의 순서를 변경하여 개체들이 나타나는 순서를 정리할 수 있습니다.

01 꿈자람 발표회 포스터 스케치하기

❶ '꿈자람 발표회' 행사 내용을 확인합니다.

행사 이름	꿈자람 발표회
행사 주제	우리들의 꿈이 자란다.
행사 일시	• 날짜 : 2025년 11월 21일 금요일 • 시간 : 10시 30분부터 14시 30분까지
행사 장소	해람초등학교 본관 2층 강당
행사 내용	학급별 꿈의 씨앗 발표와 방과후 전시회
모시는 글	우리 친구들이 각자의 꿈을 이야기하며 마음속에서 자라고 있는 '꿈의 씨앗'을 함께 나누는 시간입니다. 그동안 자신의 꿈을 향해 한 걸음씩 노력해 온 우리 친구들의 성장과 도전을 '꿈자람 발표회'에서 만나보세요. 아이들의 진심 어린 이야기와 반짝이는 열정을 따뜻한 마음으로 응원해주시기 바랍니다.

❷ '꿈자람 발표회' 포스터에 사용할 수 있는 이미지를 확인합니다.

❸ 앞서 확인한 내용을 바탕으로 '꿈자람 발표회' 포스터를 스케치해 봅니다.

[예시]

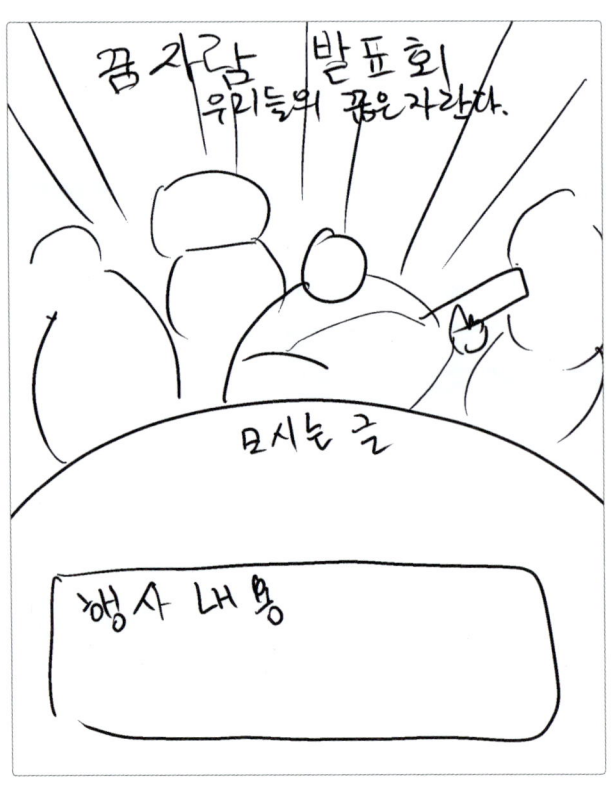

02 꿈자람 발표회 포스터 배경 만들기

1. 크롬( ) 브라우저를 실행하고 캔바 사이트('https://www.canva.com')에 접속하여 로그인한 후 [더 보기]-[일반적인 레이아웃 및 크기]-[포스터(세로형 A2)]를 클릭합니다.

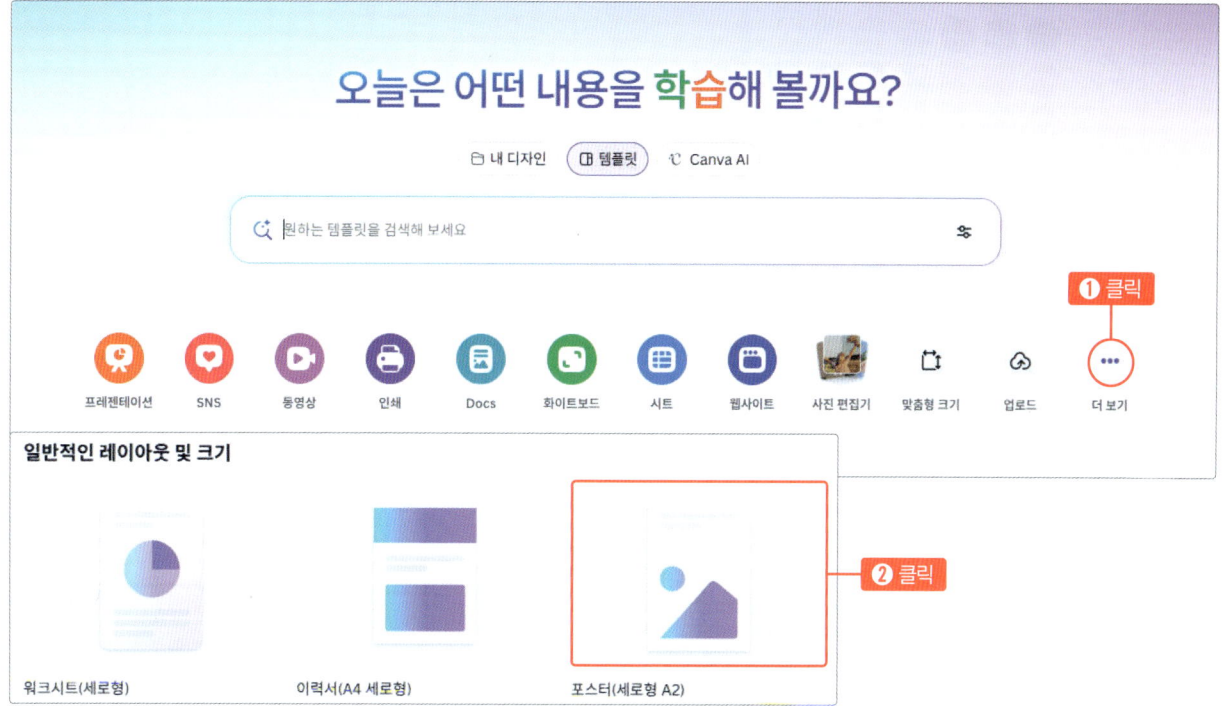

2. 스케치한 내용을 바탕으로 포스터 배경을 만들기 위해 [요소] 탭-[도형]-[기본 도형]-[원]을 클릭하여 추가하고 크기와 위치를 조절합니다.

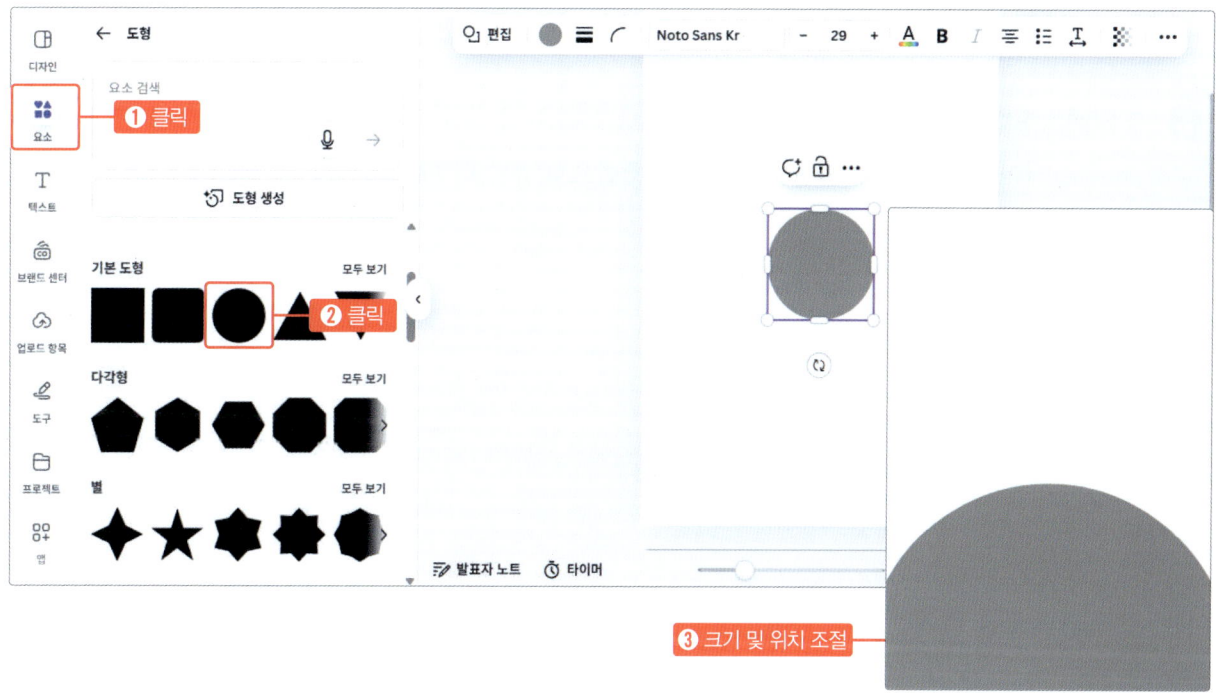

Chapter 08. 꿈자람 발표회 포스터 만들기 **071**

❸ [편집 요소] 창에서 [색상(●)]을 클릭하고 포스터의 내용과 어울리는 색상을 선택합니다.

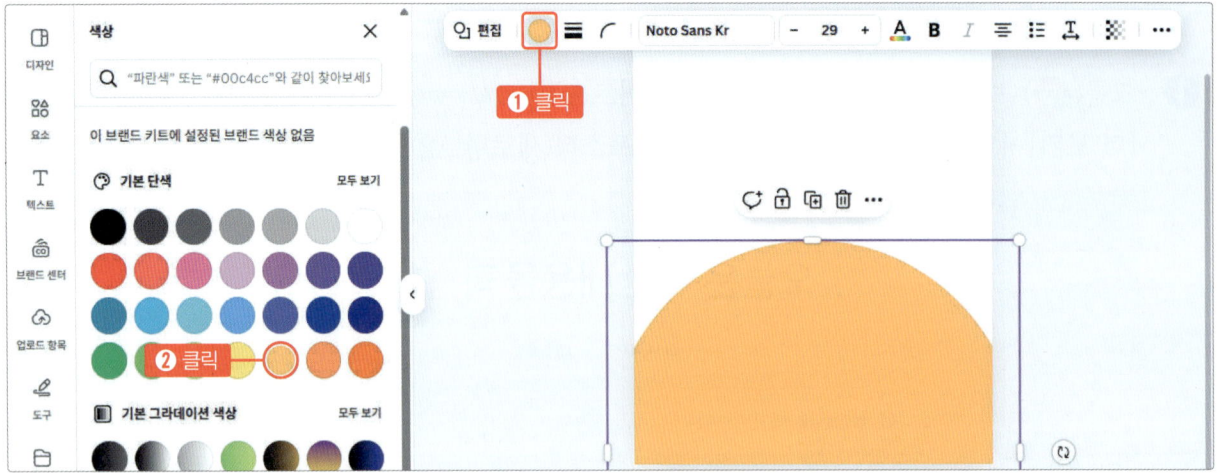

❹ [기본 도형]-[사각형]을 추가하고 크기를 조절한 후 [편집 요소] 창에서 색상을 변경합니다.

❺ '사각형' 도형을 마우스 오른쪽 버튼으로 클릭하고 [레이어]-[맨 뒤로 보내기]를 클릭합니다.

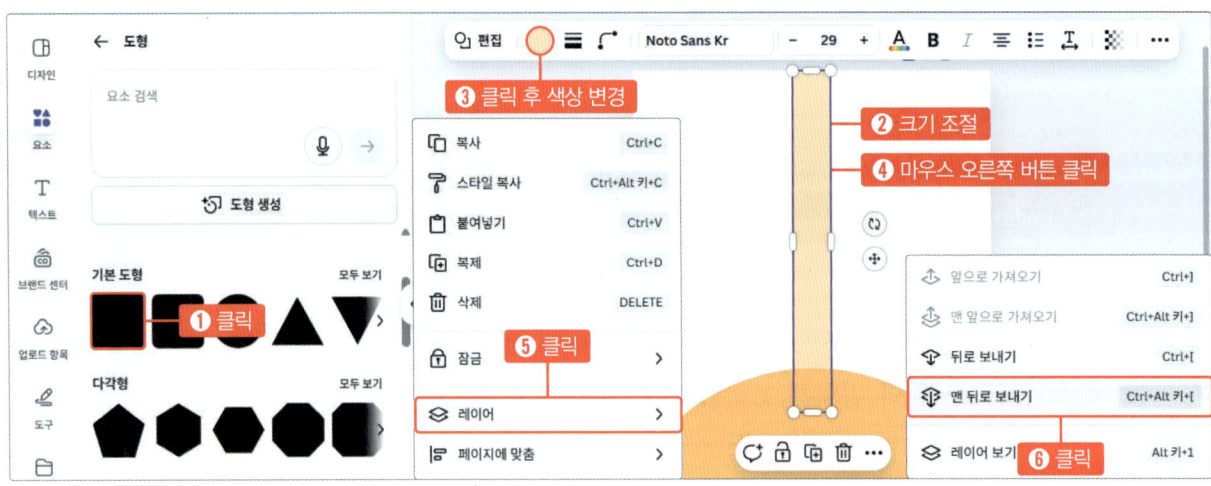

❻ '사각형' 도형의 복제본을 만들고 복제된 '사각형'을 클릭한 후 [회전 조절점(↻)]을 드래그하여 회전시키고 레이어를 맨 뒤로 보냅니다. 같은 방법으로 포스터 배경을 만들어 봅니다.

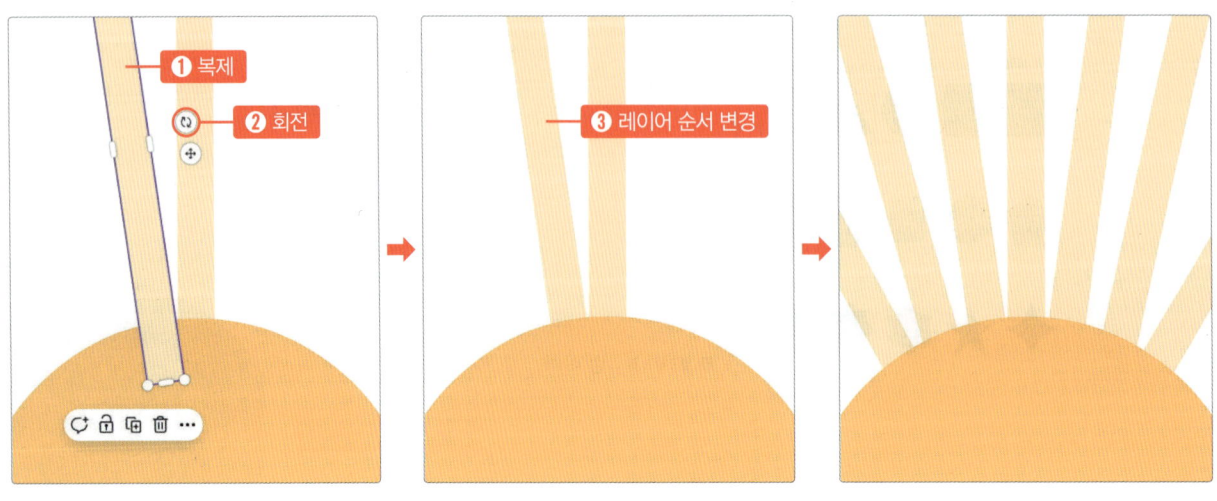

03 꿈자람 발표회 포스터 완성하기

❶ [업로드 항목] 탭-[파일 업로드]를 클릭하여 '사진1'~'사진4' 파일을 불러옵니다.

❷ 이미지가 업로드되면 '사진1.jpg' 이미지를 추가한 후 [편집 요소] 창에서 [배경 제거]를 클릭합니다.

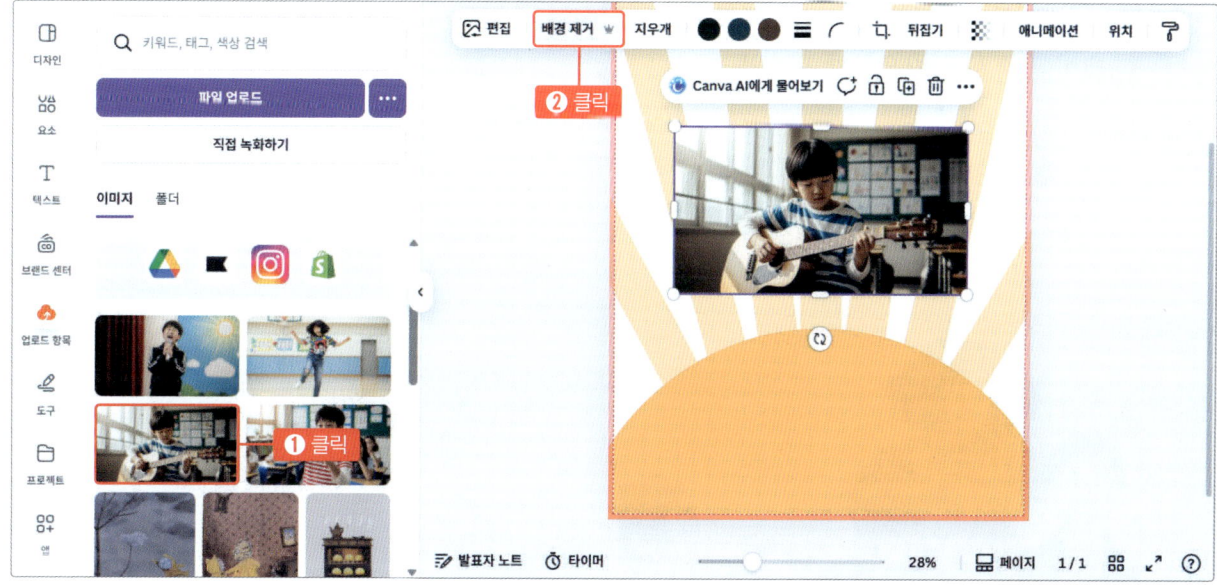

업로드된 이미지에 마우스 포인터를 가져다 대고 [더 보기(…)]를 클릭하면 파일의 이름을 확인할 수 있어요.

❸ 이미지의 크기와 위치를 자유롭게 조절하고 '원' 도형을 마우스 오른쪽 버튼으로 클릭한 후 [레이어]-[맨 앞으로 가져오기]를 클릭합니다.

❹ ❷~❸과 같은 방법으로 '사진2'~'사진4' 이미지를 추가하여 배경을 제거하고 크기와 위치를 조절한 후 레이어 순서를 자유롭게 변경해 봅니다.

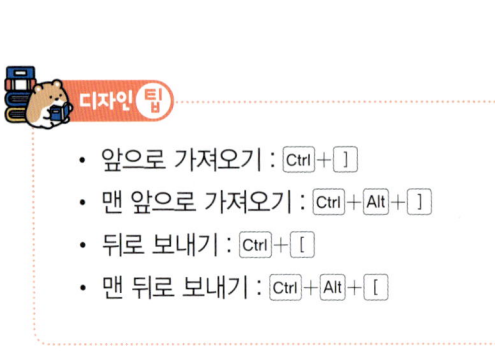

❺ [텍스트] 탭에서 텍스트 상자를 추가하여 "꿈자람 발표회"를 입력한 후 [편집 요소] 창에서 텍스트 서식을 자유롭게 지정합니다.

[편집 요소] 창–[효과]–[도형]–[곡선]을 클릭하면 텍스트에 곡선 효과를 적용할 수 있어요.

❻ 같은 방법으로 행사 정보와 모시는 글을 포스터에 추가해 봅니다.

❼ [요소] 탭-[도형]-[기본 도형]-[둥근 사각형]을 추가하고 도형의 크기, 위치, 색상, 투명도를 조절한 후 레이어 순서를 변경합니다.

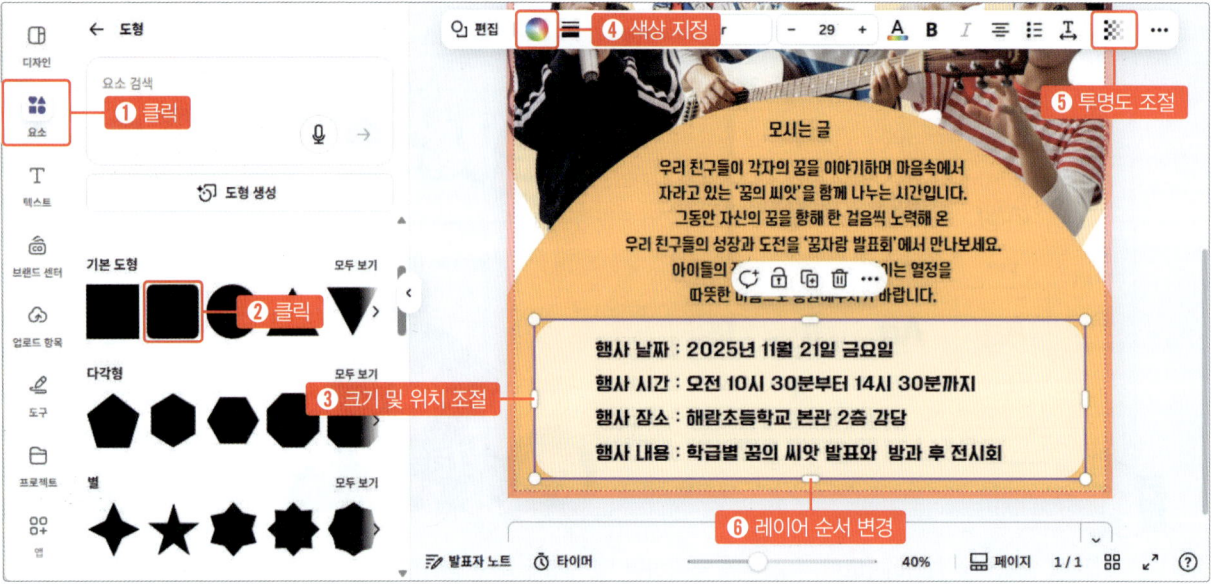

❽ [요소] 탭-[그래픽]을 클릭하고 원하는 그래픽 개체를 찾아 포스터를 자유롭게 꾸며 봅니다.

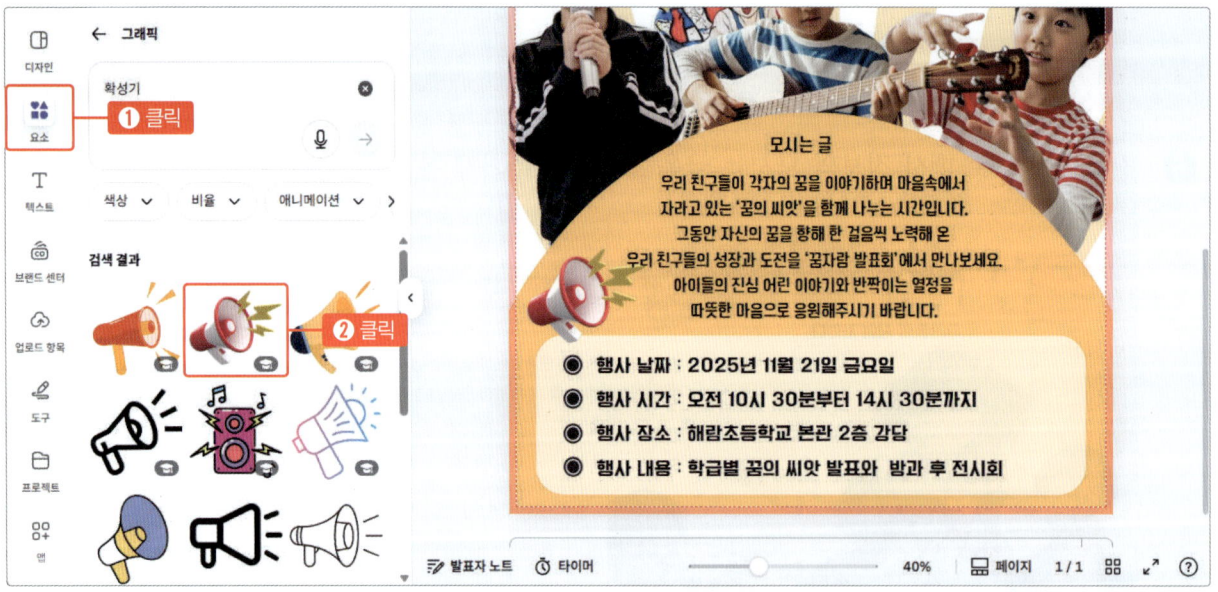

❾ '꿈자람 발표회' 포스터가 완성되면 [파일]-[다운로드]를 클릭하고 파일 형식('PNG')을 지정한 후 [다운로드]를 클릭하여 저장합니다.

CHAPTER 08 재미 팡팡! 레벨 UP

▶ 예제 파일 : '레벨업1.jpeg'~'레벨업4.jpeg'   ▶ 완성 파일 : 08강 레벨업 완성.png

1 '사랑마을 벚꽃 축제' 포스터를 만들기 위한 행사 내용을 확인해 봅니다.

행사 이름	사랑마을 벚꽃 축제
행사 일시	• 날짜 : 2026년 04월 06일 일요일 • 시간 : 오전 9시부터 오후 6시까지
행사 장소	사랑마을 호수 공원 일대
행사 내용	벚꽃과 함께 가장 예쁜 사진 찍기
모시는 글	따뜻한 봄바람과 함께 사랑마을에 벚꽃이 활짝 피었습니다. 온 마을이 분홍빛으로 물든 이 아름다운 계절에 이웃과 함께 웃고, 즐기며, 마음을 나누는 자리를 마련했습니다. 가족, 친구, 이웃 모두 함께 나오셔서 봄의 향기와 따뜻한 정을 나누는 행복한 시간을 보내세요.

2 행사 내용을 바탕으로 '사랑마을 벚꽃 축제' 포스터를 만들어 봅니다.

- '레벨업1'~'레벨업4' 파일을 업로드하고 도형, 텍스트 상자, 그래픽 개체를 추가해 보세요.
- [요소] 탭-[프레임]-[영화 및 사진]에서 프레임 개체를 추가하고 이미지를 프레임에 삽입해 보세요.

CHAPTER 09 향수 광고 이미지 만들기

▶ 예제 파일 : 향수.png   ▶ 완성 파일 : 09강 완성.png

오늘의 학습목표

- 제품 정보와 광고 카피를 확인하고 광고 이미지를 스케치할 수 있습니다.
- Magic Studio를 이용하여 배경을 생성할 수 있습니다.
- 개체에 그림자 효과를 적용할 수 있습니다.
- 그래픽 개체와 텍스트 상자를 추가하여 제품 광고 이미지를 꾸밀 수 있습니다.

핵심 POINT

▶ **배경 생성** : 이미지에 새로운 배경을 생성할 수 있습니다.
▶ **그림자** : 그래픽 개체가 배경과 자연스럽게 어울리도록 그림자 효과를 추가할 수 있습니다.
▶ **효과** : 텍스트에 다양한 스타일을 적용할 수 있습니다.

01 향수 광고 이미지 스케치하기

❶ 제품 정보와 광고 카피를 확인합니다.

광고 제품	향수	광고 카피
제품 이름	Magic	
제품 사진		바람이 머물다 간 자리에 남은 향기..

❷ 제품 정보와 광고 카피를 바탕으로 향수 광고 이미지를 스케치해 봅니다.

Chapter 09. 향수 광고 이미지 만들기 **079**

02 향수 광고 이미지 배경 생성하기

❶ 크롬( ) 브라우저를 실행하고 캔바 사이트('https://www.canva.com')에 접속하여 로그인한 후 [더 보기]-[일반적인 레이아웃 및 크기]-[포스터(가로형)]를 클릭합니다.

❷ [업로드 항목] 탭-[파일 업로드]를 클릭하여 '향수.png' 파일을 불러와 페이지에 추가합니다.

❸ '향수' 이미지를 마우스 오른쪽 버튼으로 클릭하고 [이미지를 배경으로 설정]을 클릭합니다.

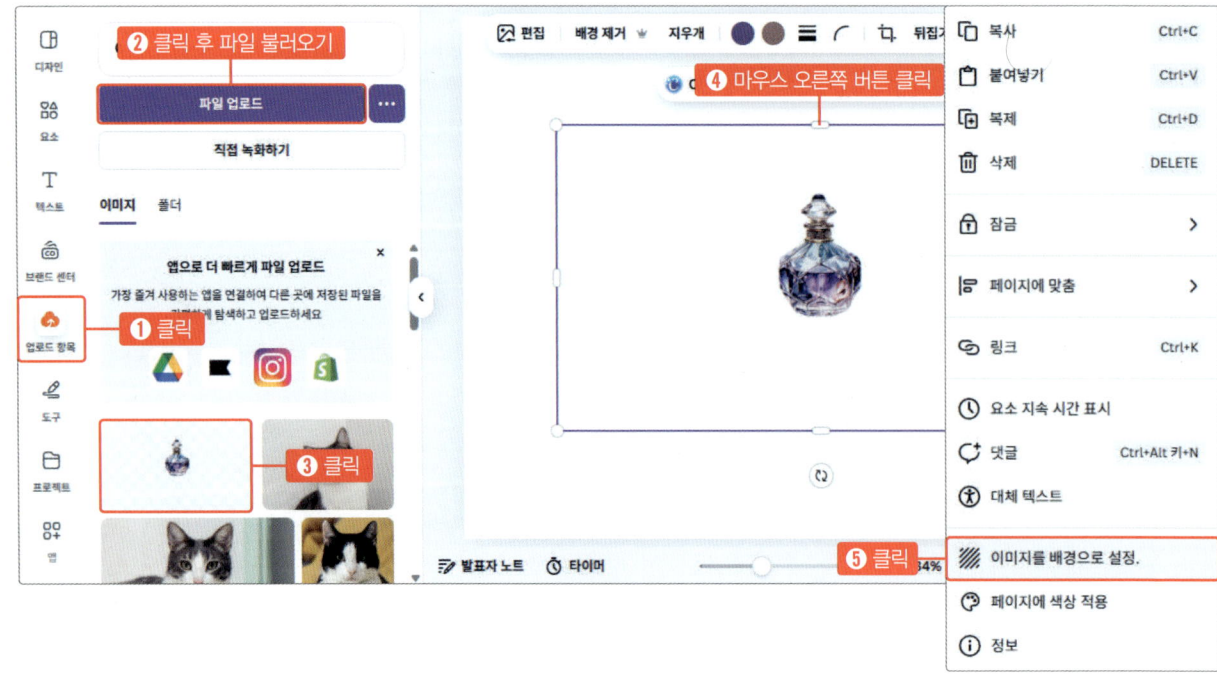

④ '향수' 이미지를 선택하고 [편집 요소] 창에서 [편집]을 클릭한 후 [Magic Studio]-[배경 생성]을 클릭합니다.

⑤ 설명 칸에 생성하고 싶은 배경 이미지에 대한 설명을 입력하고 [생성하기]를 클릭합니다.

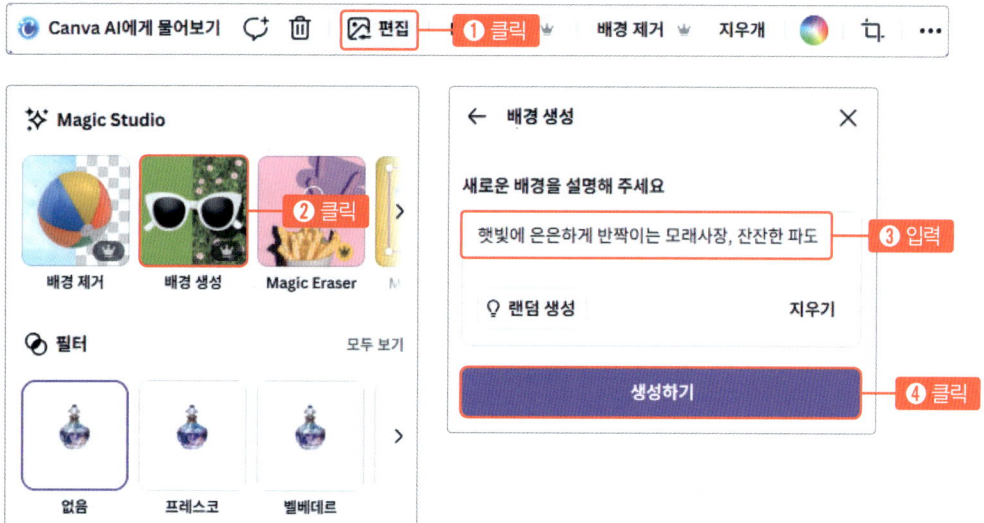

⑥ 배경 이미지가 생성되면 원하는 이미지를 선택한 후 [완료]를 클릭합니다.

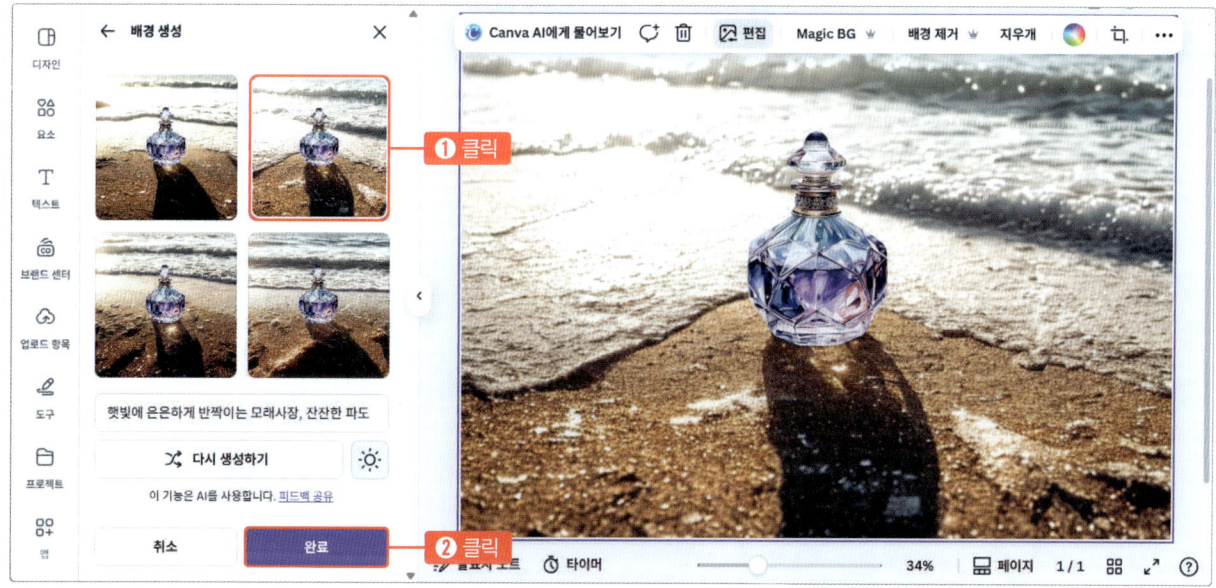

배경을 생성할 때 모래사장에 놓일 개체('조개', '조약돌' 등)를 함께 생성해도 좋아요.

03 향수 광고 이미지 완성하기

① [요소] 탭-[그래픽]을 클릭하고 광고 이미지에 어울리는 그래픽 개체를 추가한 후 크기와 위치를 조절합니다.

② [편집 요소] 창에서 [편집]을 클릭하고 [fx 효과]-[그림자]를 클릭합니다.

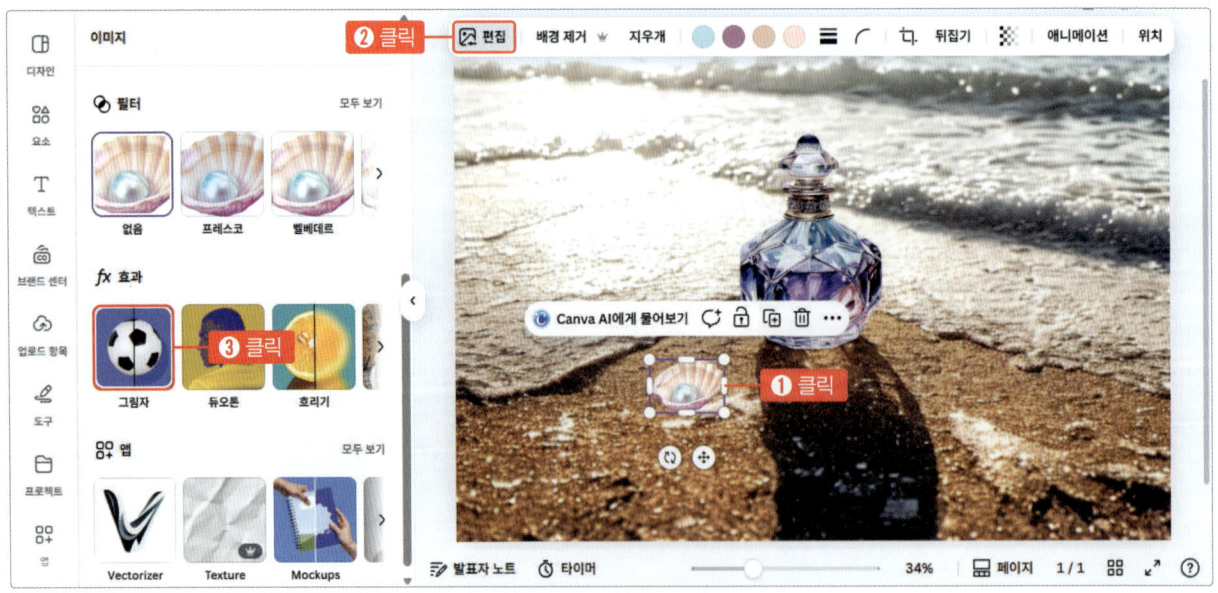

❸ 그림자 옵션 창이 나타나면 광고 이미지의 배경과 어울리도록 그림자 효과('페이지 들어올리기')를 선택하고 흐림 정도, 거리, 곡선, 강도 등의 속성을 조절합니다.

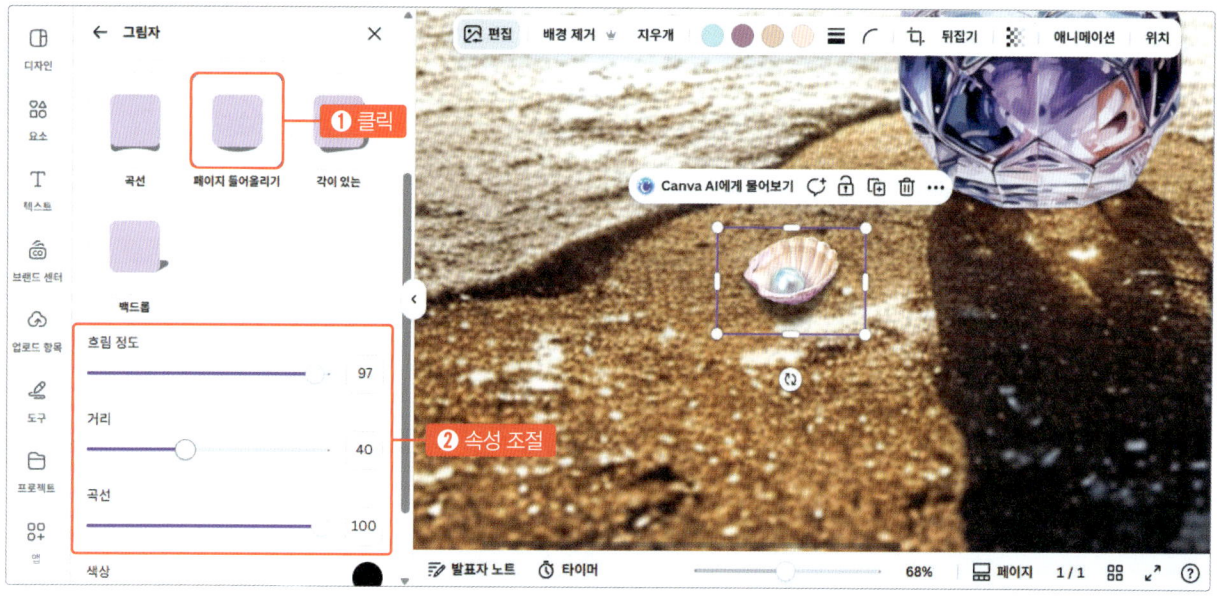

❹ ❶~❸과 같은 방법으로 그래픽 개체를 추가하고 그림자 효과를 적용해 봅니다.

❺ [요소] 탭-[그래픽]을 클릭하고 검색창에 '연기'를 검색하여 원하는 그래픽 개체를 추가합니다.

❻ [텍스트] 탭에서 텍스트 상자를 추가하여 제품 이름('Magic')과 광고 카피('바람이 머물다 간 자리에 남은 향기..')를 입력하고 텍스트 서식을 자유롭게 지정합니다.

❼ 향수 광고 이미지가 완성되면 [파일]-[다운로드]를 클릭하고 파일 형식('PNG')을 지정한 후 [다운로드]를 클릭하여 저장합니다.

CHAPTER 09 재미 팡팡! 레벨 UP

▶ 예제 파일 : 블록.png   ▶ 완성 파일 : 09강 레벨업 완성.png

1 제품 정보와 광고 카피를 확인하고 장난감 광고 이미지를 생각해 봅니다.

광고 제품	블록 장난감	광고 카피
제품 이름	Joy Block	
제품 사진		작은 블록 하나, 무한한 상상력의 시작이 된다.

2 제품 정보와 광고 카피를 바탕으로 장난감 광고 이미지를 만들어 봅니다.

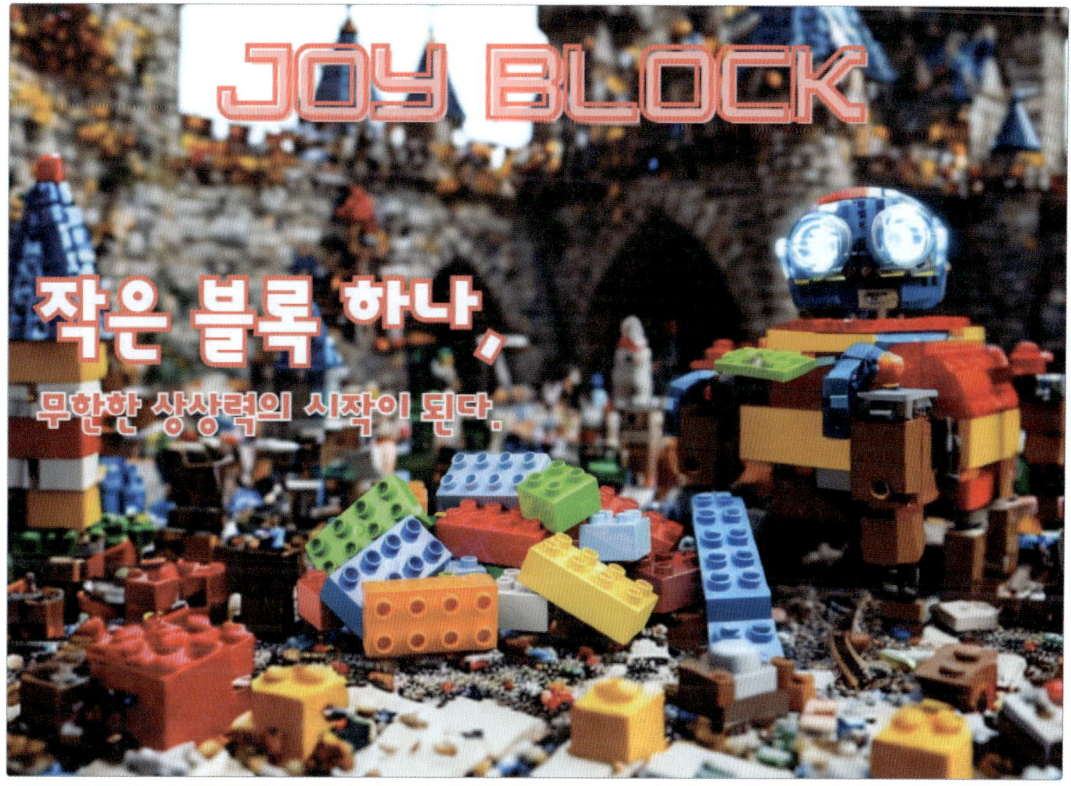

❗ [Magic Studio]-[배경 생성] 기능을 활용하여 블록 장난감에 어울리는 배경 이미지를 생성해 보세요.

Chapter 09. 향수 광고 이미지 만들기

CHAPTER 10 게임 홍보 PPT 만들기

▶ 예제 파일 : '1페이지.png'~'3페이지.png'   ▶ 완성 파일 : 10강 완성.pptx

오늘의 학습목표

- 게임을 체험해 보고 게임 홍보 자료를 정리할 수 있습니다.
- 캡처 도구를 이용해 게임 장면을 캡처할 수 있습니다.
- 게임 장면을 업로드하여 PPT 디자인을 생성할 수 있습니다.
- 개체에 게임 링크를 연결할 수 있습니다.

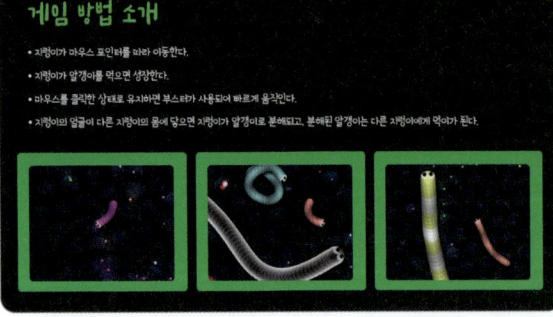

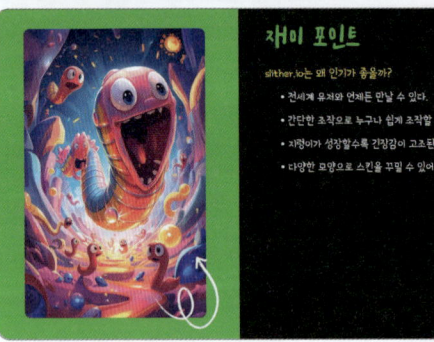

핵심 POINT

▶ 디자인 생성 : 프롬프트, 참조 이미지를 입력해 새로운 디자인을 생성할 수 있습니다.
▶ 링크 : 개체에 링크를 연결하여 다른 페이지, 외부 페이지로 이동할 수 있습니다.

01 게임 체험하고 홍보 내용 정리하기

① 크롬( ) 브라우저를 실행하고 게임 사이트('http://slither.com/io')에 접속하여 게임을 체험합니다.

② 체험한 게임을 홍보할 수 있도록 홍보 내용을 정리해 봅니다.

페이지	페이지 제목	내용
1		

페이지	페이지 제목	내용
2		

페이지	페이지 제목	내용
3		

slither.io 게임은 마우스로 지렁이를 조작해 반짝이는 알갱이를 먹으며 지렁이의 길이를 늘려나가는 게임이에요.

Chapter 10. 게임 홍보 PPT 만들기

[예시]

페이지	페이지 제목	내용
1	거대 지렁이를 만드는 slither.io	• 전 세계 플레이어와 실시간으로 경쟁하는 지렁이 성장 게임이다. • 지렁이를 움직이며 알갱이를 먹으면 지렁이를 성장시킬 수 있지만 다른 지렁이를 잡아 알갱이를 뺏으면 더 빠르게 성장할 수 있다. • 단순하지만 중독성이 강한 게임이다.

페이지	페이지 제목	내용
2	게임 방법 소개	• 지렁이가 마우스 포인터를 따라 이동한다. • 지렁이가 알갱이를 먹으면 성장한다. • 마우스를 클릭한 상태로 유지하면 부스터가 사용되어 빠르게 움직인다. • 지렁이의 얼굴이 다른 지렁이의 몸에 닿으면 지렁이가 알갱이로 분해되고, 분해된 알갱이는 다른 지렁이에게 먹이가 된다.

페이지	페이지 제목	내용
3	재미 포인트	• slither.io는 왜 인기가 좋을까? • 전 세계 유저와 언제든 만날 수 있다. • 간단한 조작으로 누구나 쉽게 조작할 수 있다. • 지렁이가 성장할수록 긴장감이 고조된다. • 다양한 모양으로 스킨을 꾸밀 수 있어 개성을 표현할 수 있다.

'slither.io' 사이트가 학교에서 접속이 안 될 경우 구글 검색창에 '구글 게임'을 검색하여 원하는 게임을 선택한 후 게임 홍보 내용을 정리해 보세요.

02 게임 홍보 PPT 디자인 생성하기

① 시작 표시줄 검색창에 "캡처 도구"를 입력하여 [캡처 도구(🗔)]를 실행합니다.

② 'slither.io' 게임을 다시 진행하며 게임 홍보 PPT의 각 페이지에서 사용할 게임 장면을 캡처하고 저장합니다.

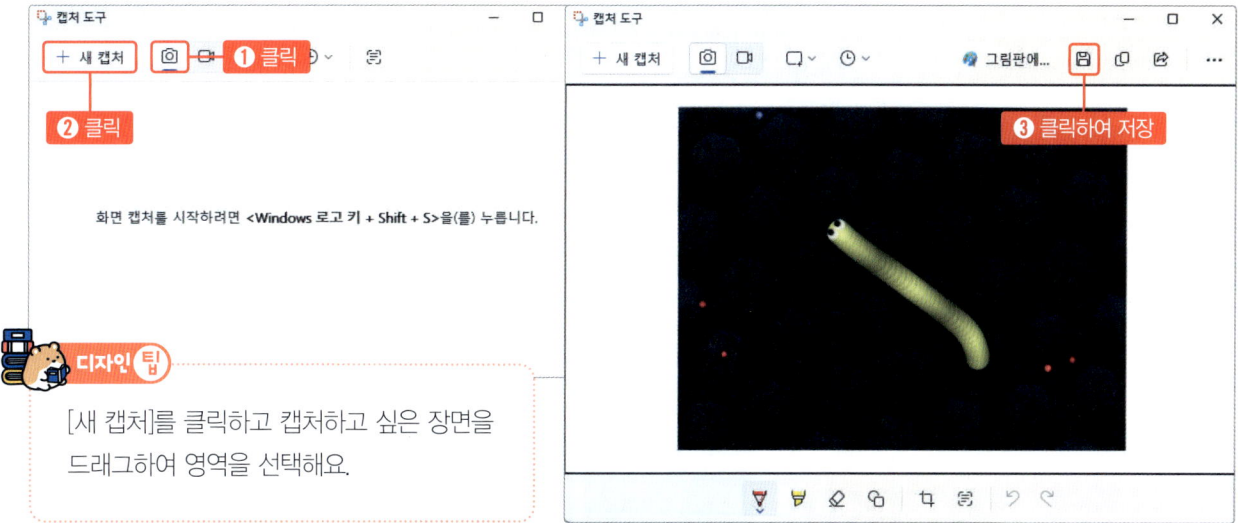

디자인 팁
[새 캡처]를 클릭하고 캡처하고 싶은 장면을 드래그하여 영역을 선택해요.

③ 캔바 사이트('https://www.canva.com')에 접속하여 로그인한 후 [프레젠테이션]을 클릭합니다.

④ [디자인] 탭-[업로드(🖼)]를 클릭하여 첫 번째 캡처한 이미지를 업로드합니다.

디자인 팁
캡처한 이미지가 없다면 [10강 예제파일] 폴더에서 '1페이지.png' 파일을 불러와요.

Chapter 10. 게임 홍보 PPT 만들기 **089**

❺ 설명 칸에 페이지 제목을 모두 입력하고 [디자인 생성]을 클릭합니다.

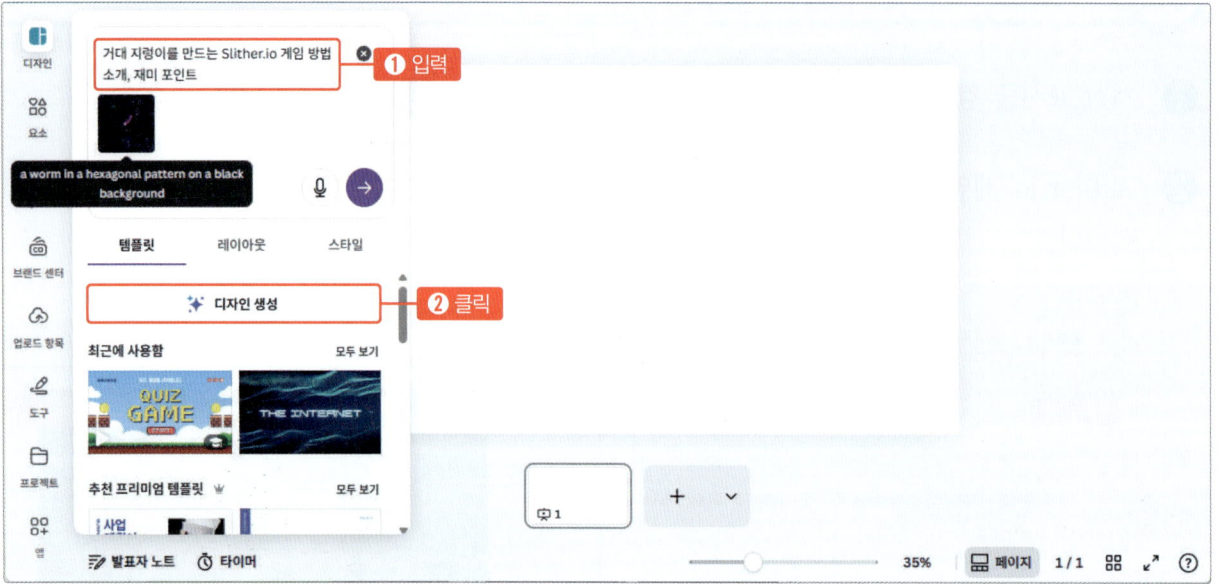

❻ 디자인이 생성되면 생성된 디자인을 클릭하여 각각의 슬라이드를 모두 확인합니다.

❼ [모든 5개 페이지에 적용]을 클릭하고 불필요한 페이지는 삭제합니다.

디자인 팁
생성된 디자인에 따라 템플릿의 개수는 다를 수 있어요.

03 게임 홍보 PPT 완성하기

❶ 앞서 정리한 게임 홍보 내용을 각 슬라이드에 기록하고 텍스트 서식을 자유롭게 지정합니다.

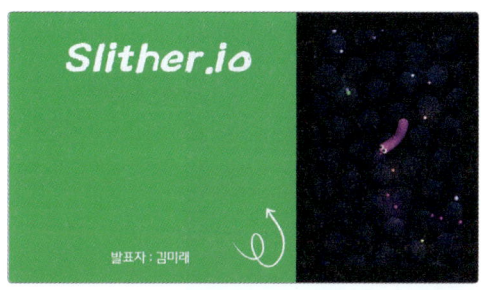

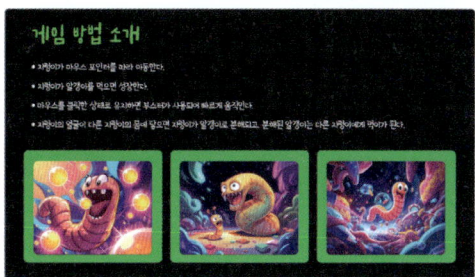
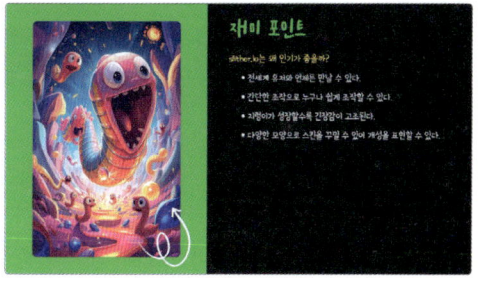

> 불필요한 개체는 삭제하며 작업하고, 텍스트에 그룹이 설정되어 있다면 텍스트 상자를 마우스 오른쪽 버튼으로 클릭하여 [그룹 해제]를 클릭한 후 작업해요.

❷ AI가 생성해준 PPT 디자인 속 이미지가 게임과 어울린다면 그대로 사용하고, 어울리지 않는다면 [업로드 항목] 탭-[파일 업로드]를 클릭하여 캡처한 이미지를 불러와 어울리지 않는 이미지와 교체합니다.

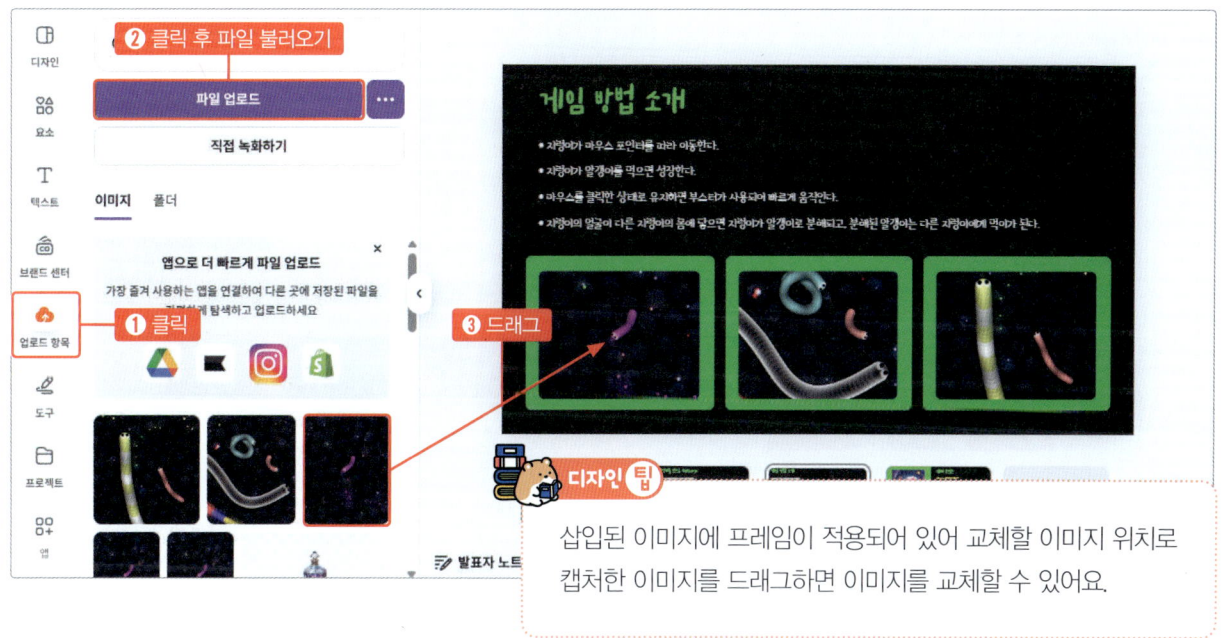

> 삽입된 이미지에 프레임이 적용되어 있어 교체할 이미지 위치로 캡처한 이미지를 드래그하면 이미지를 교체할 수 있어요.

❸ [요소] 탭-[그래픽]을 클릭하고 PPT를 자유롭게 꾸며 봅니다.

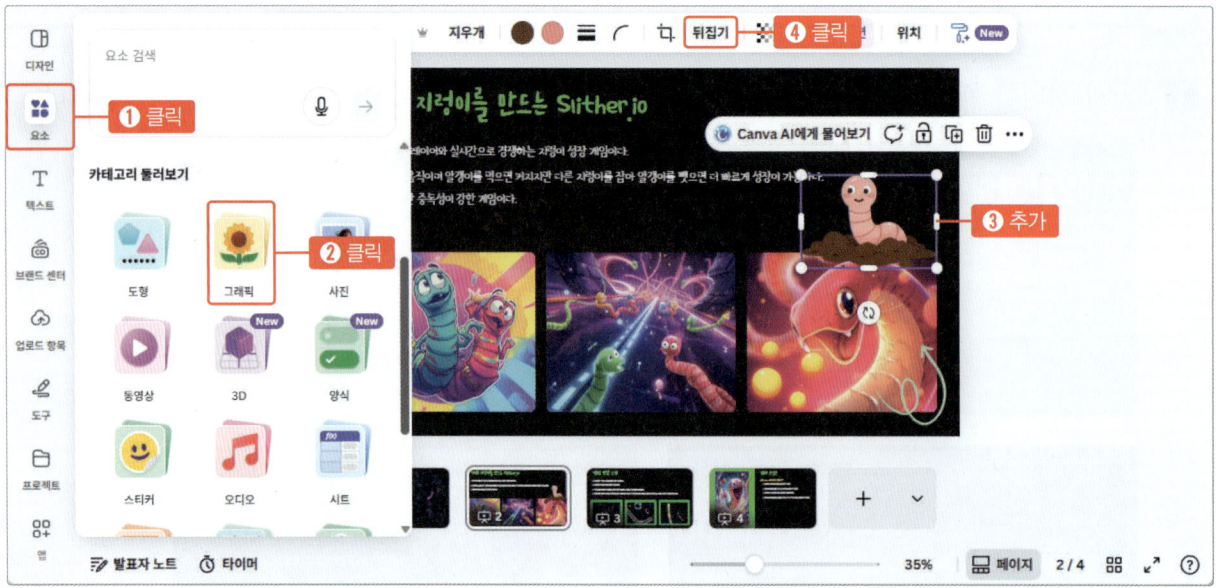

> **디자인 팁**
> 개체를 선택하고 [편집 요소] 창에서 [뒤집기]를 클릭하면 좌우 또는 상하로 뒤집을 수 있어요.

❹ 마지막 페이지를 선택하고 검색창에 '게임 스타트'를 검색하여 원하는 개체를 추가합니다.

❺ 개체를 마우스 오른쪽 버튼으로 클릭하고 [링크]를 클릭하여 게임 링크('http://slither.com/io')를 입력한 후 [완료]를 클릭합니다.

> **디자인 팁**
> 텍스트 상자를 추가하여 텍스트를 입력한 후 텍스트 상자에 링크를 연결해도 돼요.

❻ [파일]-[다운로드]를 클릭하여 파일 형식('PPTX')을 지정하고 [다운로드]를 클릭하여 저장합니다.

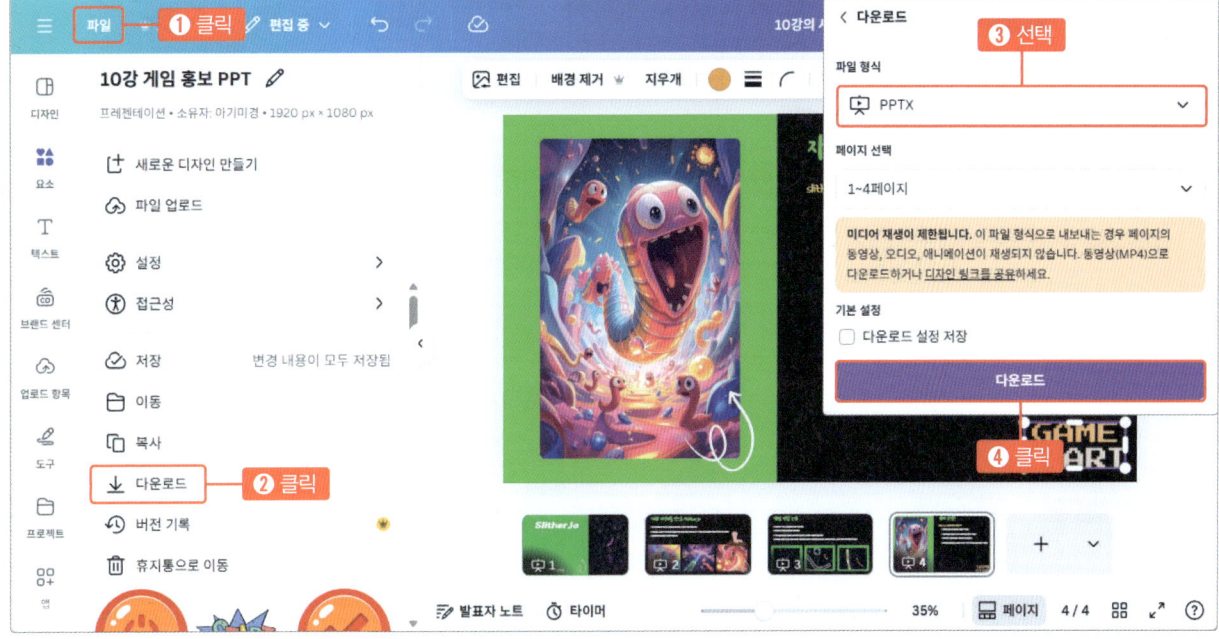

❼ 다운로드한 '게임 홍보 PPT' 파일을 실행하여 확인해 봅니다.

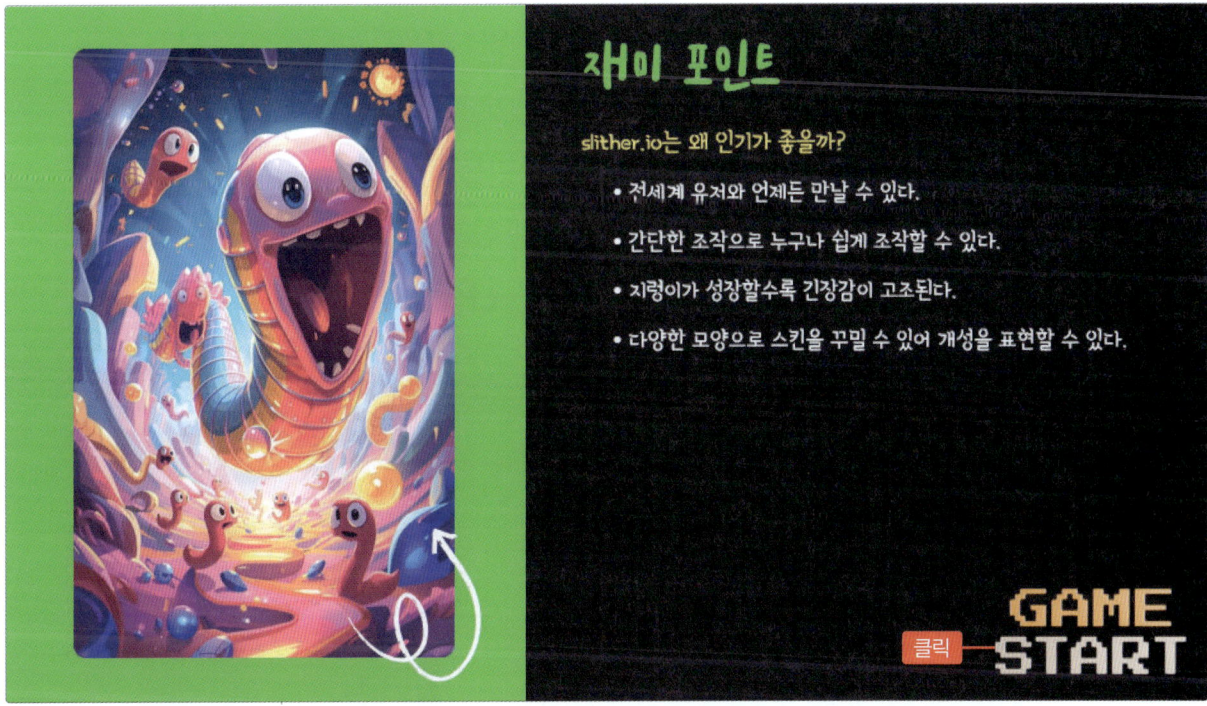

'GAME START'를 클릭하여 게임 사이트에 연결되는지 확인해 보세요.

Chapter 10. 게임 홍보 PPT 만들기

CHAPTER 10 재미 팡팡! 레벨 UP

▶ 예제 파일 : 없음   ▶ 완성 파일 : 10강 레벨업 완성.pptx

1 '구름빵' 책을 소개하기 위한 소개 자료를 확인해 봅니다.

표지 제목		하늘을 나는 빵! 구름빵!
페이지	페이지 제목	내용
1	구름빵 기본 정보	• 책 제목 : 구름빵 • 글, 그림 : 백희나 • 빛그림 : 김향수 • 줄거리 : 비 오는 날 나뭇가지에 걸린 작은 구름으로 만든 빵을 먹고 고양이 남매가 하늘을 나는 이야기를 담고 있는 그림책
2	구름빵의 주요 내용	비 오는 아침 남매가 밖에 나가 비 구경을 하는데 나뭇가지에 구름 한 조각이 걸려 있었어요. 남매는 그 구름을 엄마에게 가져다 주었고, 엄마는 구름으로 빵을 만들어 나눠 먹었죠. 빵을 나눠 먹은 가족은 하늘을 날 수 있게 되었어요.
3	추천하는 이유	마음이 따뜻해지는 이야기 구름빵을 먹으면 하늘을 날 수 있다는 것이 재미있었고, 가족의 사랑이 느껴지는 따뜻한 내용의 동화책이라서 추천하고 싶어요.

2 소개 자료를 바탕으로 '구름빵' 책 소개 PPT를 만들어 봅니다.

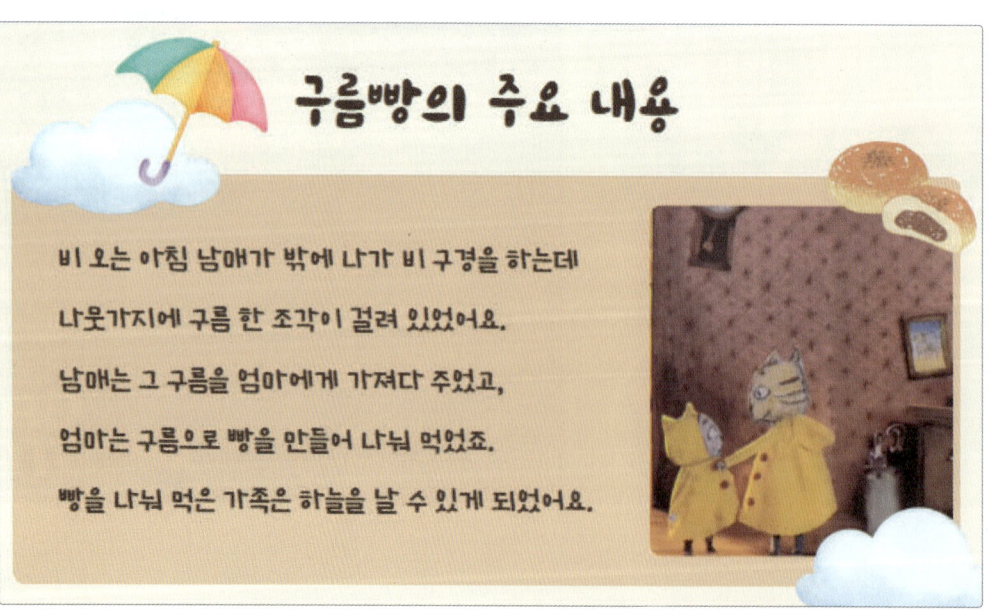

❗ 인터넷에서 '구름빵'을 검색하여 구름빵 이미지를 [디자인] 탭 설명 칸에 업로드하고 설명을 입력하여 PPT 디자인을 생성해 보세요.

CHAPTER 11 뮤직 카드 만들기

▶ 예제 파일 : 없음   ▶ 완성 파일 : 11강 완성.pdf

오늘의 학습목표

- 뮤직 카드에 담을 플레이 리스트를 정리할 수 있습니다.
- 플레이 리스트 관련 템플릿을 검색할 수 있습니다.
- 프레임 모양에 맞춰 이미지를 삽입할 수 있습니다.
- 유튜브에서 노래 링크를 복사하여 개체에 링크를 연결할 수 있습니다.

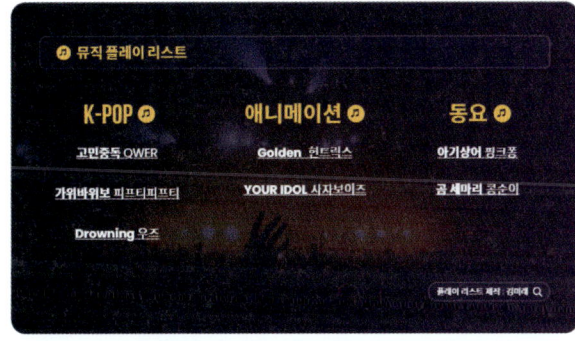

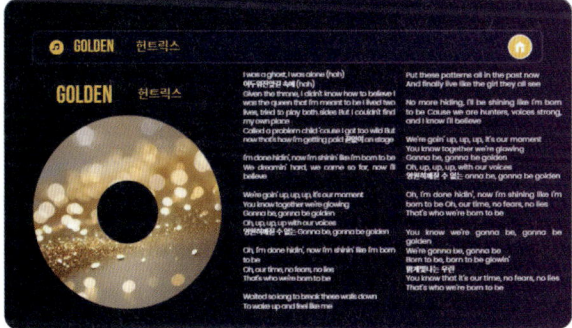
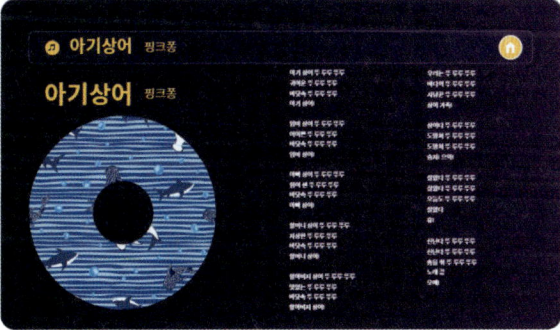

핵심 POINT

▶ **프레임** : 다양한 모양의 프레임에 맞춰 이미지를 추가할 수 있습니다.
▶ **링크** : 개체에 링크를 연결하여 다른 페이지, 외부 페이지로 이동할 수 있습니다.

01 플레이 리스트 만들기

❶ 뮤직 카드에 담을 플레이 리스트를 정리해 봅니다.

구분	제목	가수

[예시]

구분	제목	가수
K-POP	고민중독	QWER
K-POP	가위바위보	피프티피프티
K-POP	Drowning	우즈
애니메이션	Golden	헌트릭스
애니메이션	YOUR IDOL	사자보이즈
동요	아기상어	핑크퐁
동요	곰 세마리	콩순이

요즘 유행하는 노래, 본인이 좋아하는 노래를 플레이 리스트로 정리해 보세요.

02 뮤직 카드 만들기

1. 크롬( ) 브라우저를 실행하고 캔바 사이트('https://www.canva.com')에 접속하여 로그인한 후 [프레젠테이션]을 클릭합니다.

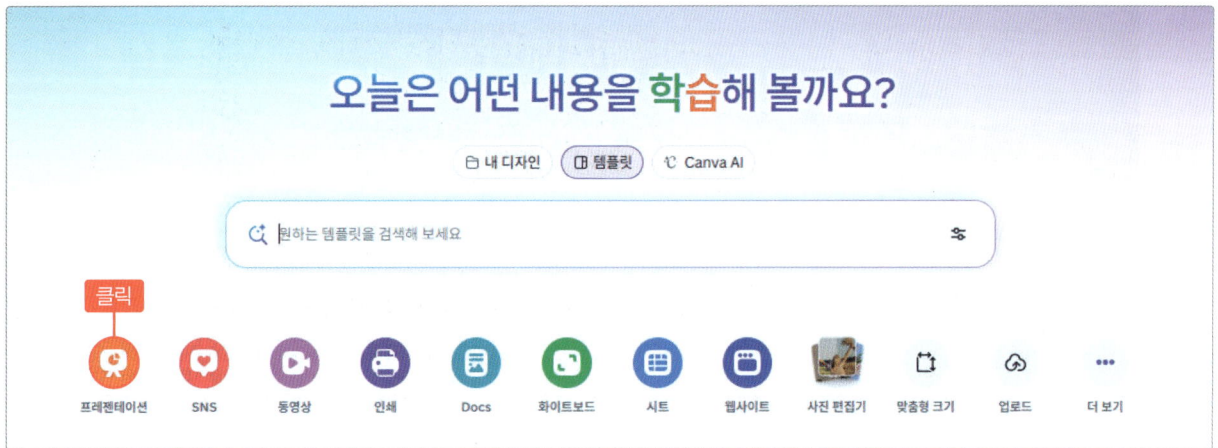

2. [디자인] 탭의 설명 칸에 '플레이 리스트'를 검색하여 템플릿 목록이 나타나면 원하는 템플릿을 선택하고 첫 번째 페이지를 선택합니다.

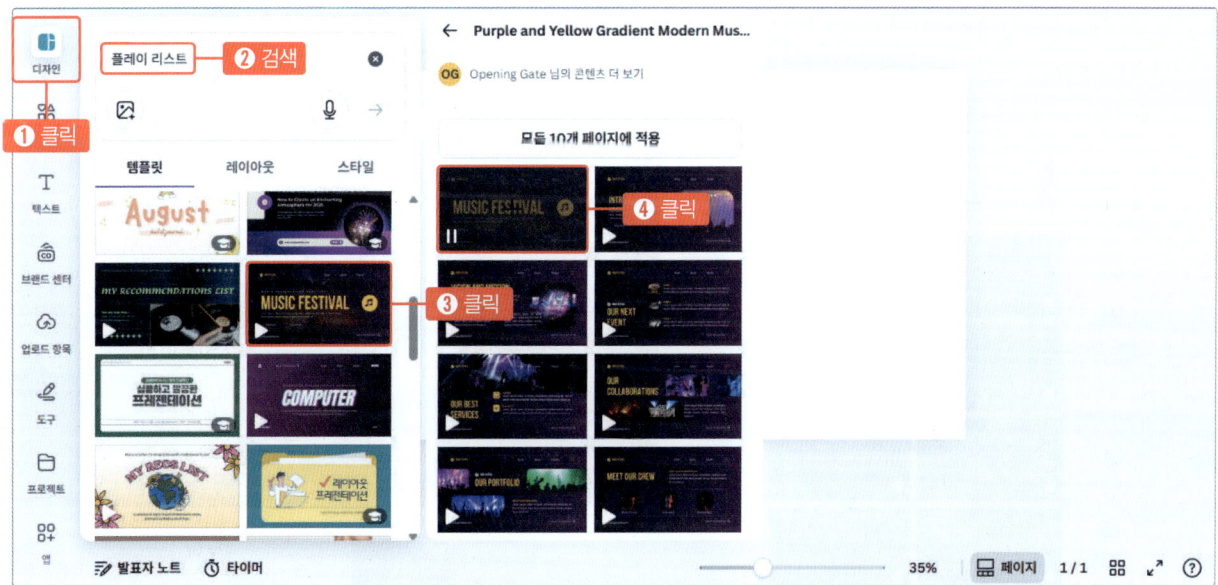

원하는 템플릿이 없을 경우 [디자인 생성하기]를 이용해 템플릿을 생성해도 좋아요.

❸ 불필요한 개체는 삭제한 후 플레이 리스트를 작성하고 텍스트 서식을 자유롭게 지정합니다.

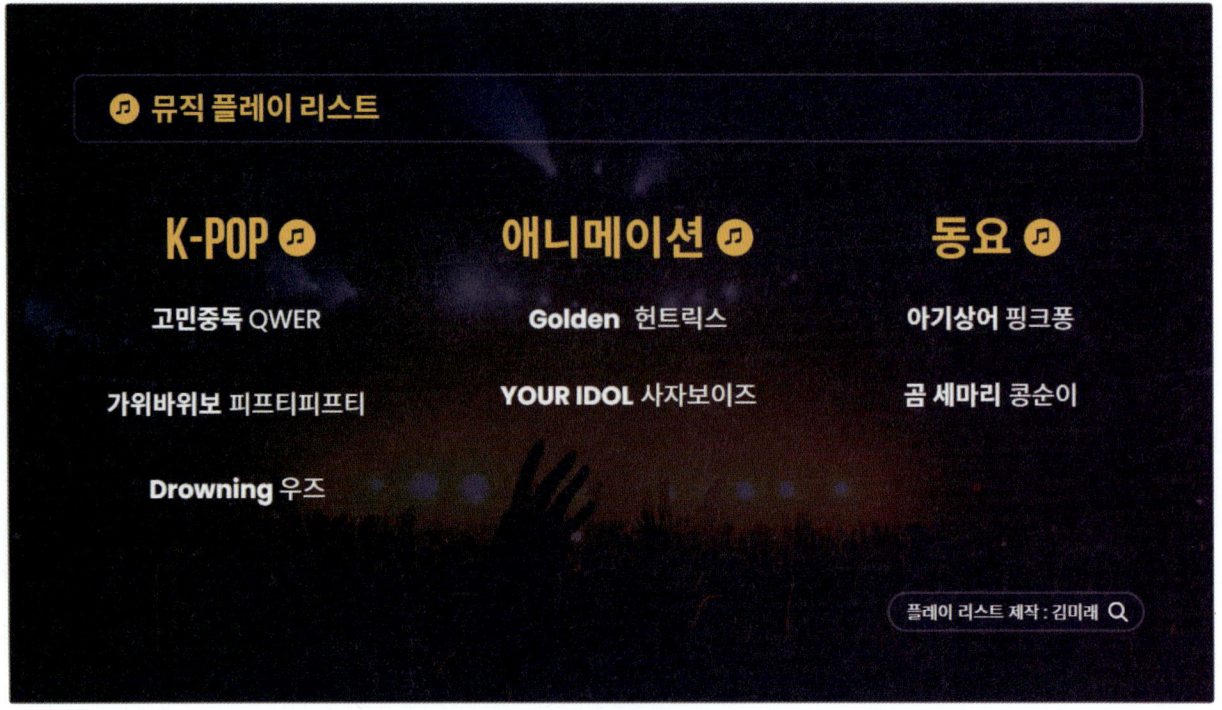

❹ 페이지 하단의 [페이지 추가(➕)]를 클릭하고 [디자인] 탭에서 가사 페이지와 어울릴 만한 템플릿 페이지를 선택하여 추가합니다.

추가한 페이지의 디자인이 마음에 들지 않을 경우 다른 페이지 디자인을 클릭하여 변경할 수 있어요.

❺ ❸과 같은 방법으로 불필요한 개체는 삭제하고 플레이 리스트의 첫 번째 노래에 맞춰 내용을 수정합니다.

❻ [요소] 탭-[프레임]-[인기 항목]에서 CD 모양의 프레임을 추가한 후 크기와 위치를 조절합니다.

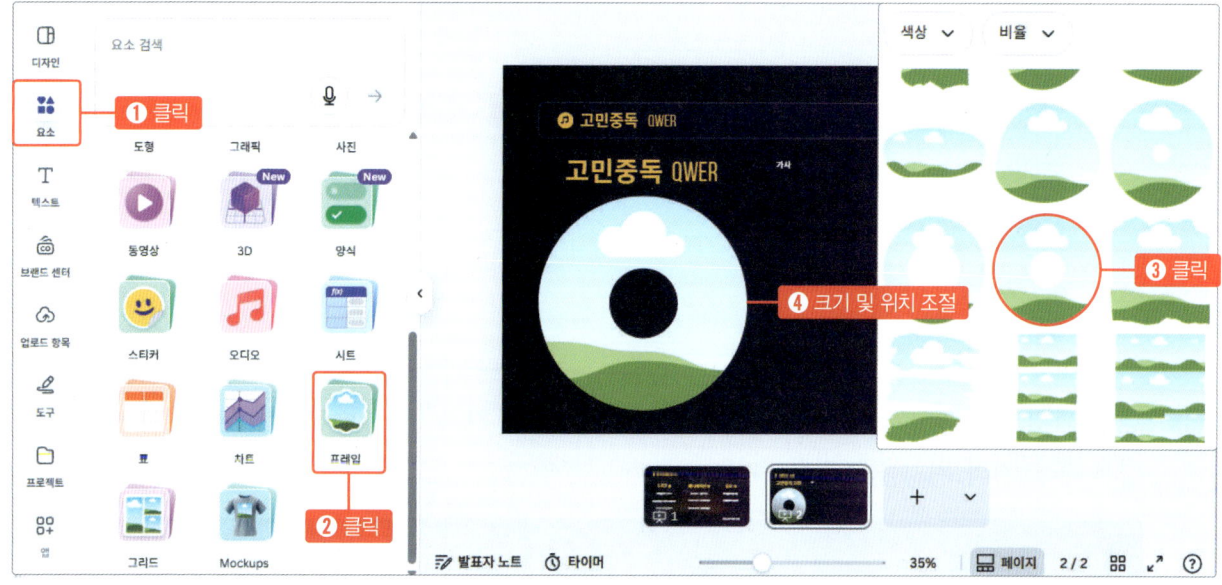

❼ [요소] 탭-[사진]에서 CD 모양 프레임에 삽입할 이미지를 찾아 드래그합니다.

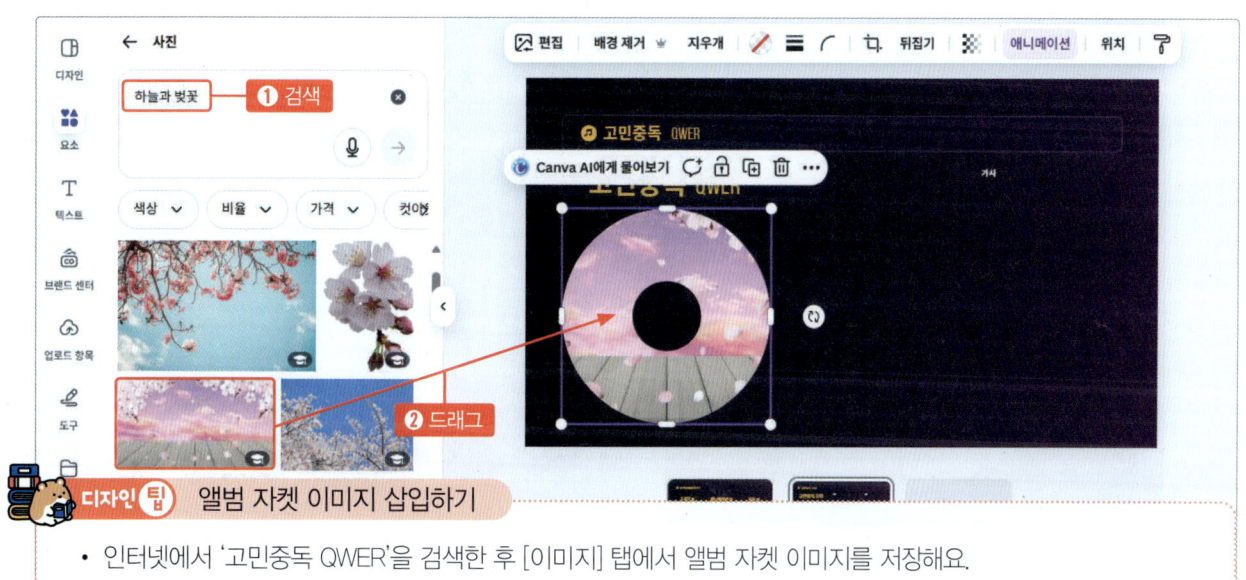

디자인 팁 앨범 자켓 이미지 삽입하기

- 인터넷에서 '고민중독 QWER'을 검색한 후 [이미지] 탭에서 앨범 자켓 이미지를 저장해요.
- 캔바로 돌아와 [업로드 항목] 탭-[파일 업로드]를 클릭하여 저장한 앨범 자켓 이미지를 불러온 후 CD 모양 프레임으로 드래그해요.

⑧ [새 탭(➕)]을 클릭하여 플레이 리스트 첫 번째 노래의 가사를 검색하고 마우스를 드래그하여 가사를 영역 선택한 후 복사합니다.

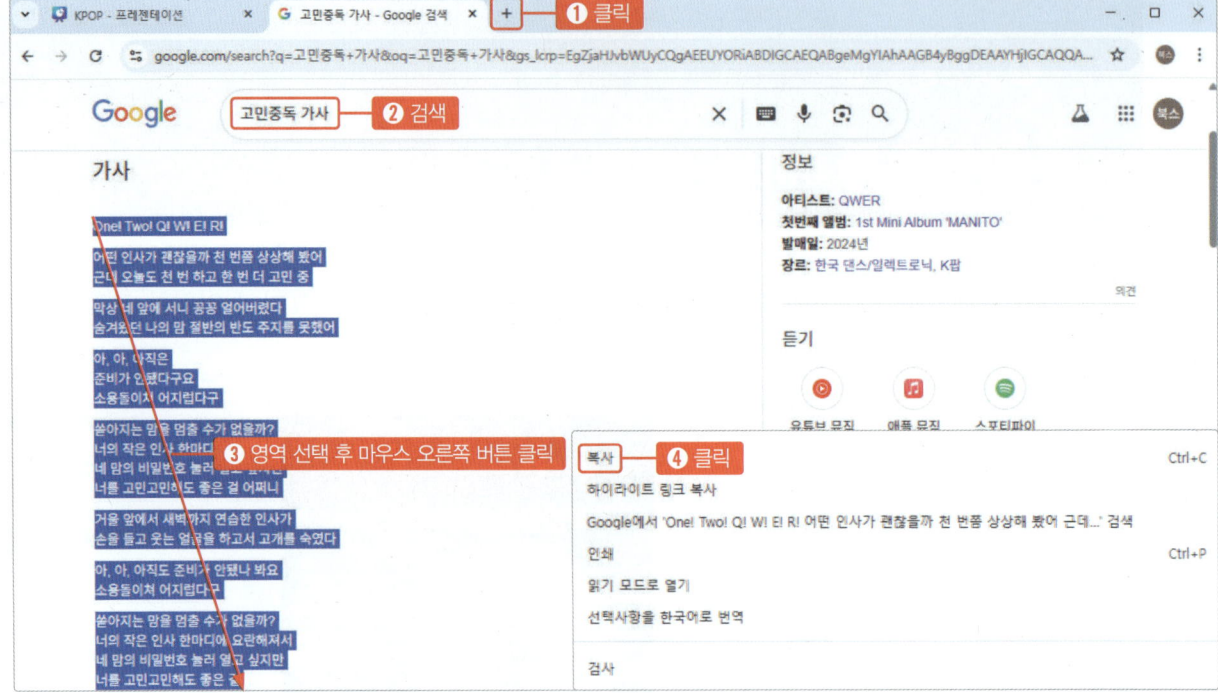

⑨ 캔바 화면으로 돌아와 텍스트 상자에 입력되어 있는 "가사" 텍스트를 삭제하고 복사한 가사를 붙여 넣은 후 크기와 위치를 조절합니다.

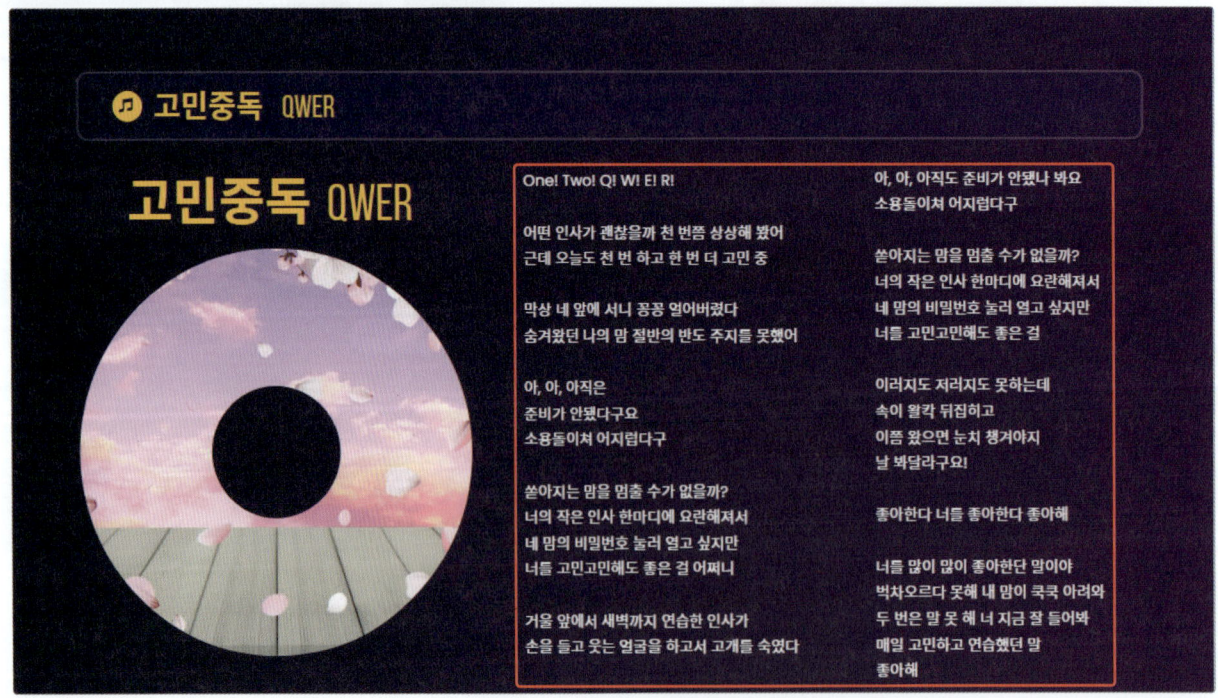

CD 모양 프레임을 선택한 후 [편집 요소] 창에서 [애니메이션]-[추가 효과]-[회전]을 클릭해도 좋아요.

03 개체에 노래 링크 연결하기

1. 유튜브 사이트('https://www.youtube.com')에 접속하고 플레이 리스트의 첫 번째 노래를 검색하여 실행한 후 [공유]-[복사]를 클릭합니다.

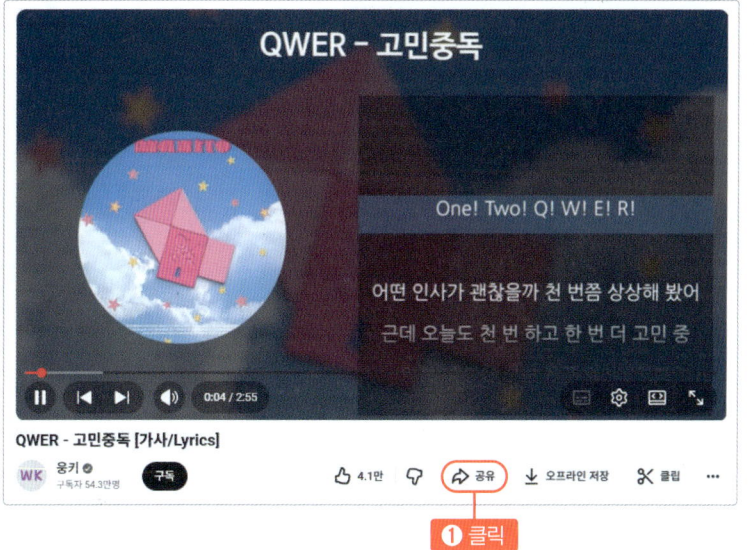
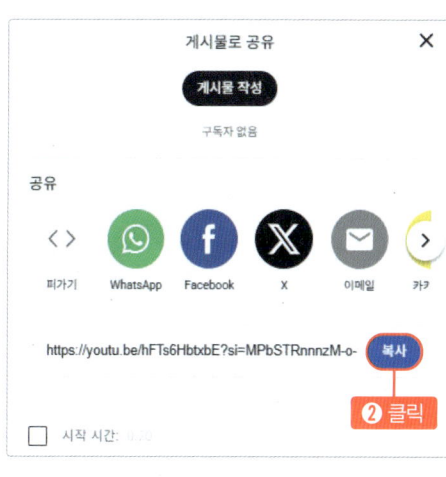

2. 캔바 화면으로 돌아와 프레임을 마우스 오른쪽 버튼으로 클릭하여 [링크]를 클릭하고 복사한 노래 링크를 붙여 넣은 후 [완료]를 클릭합니다.

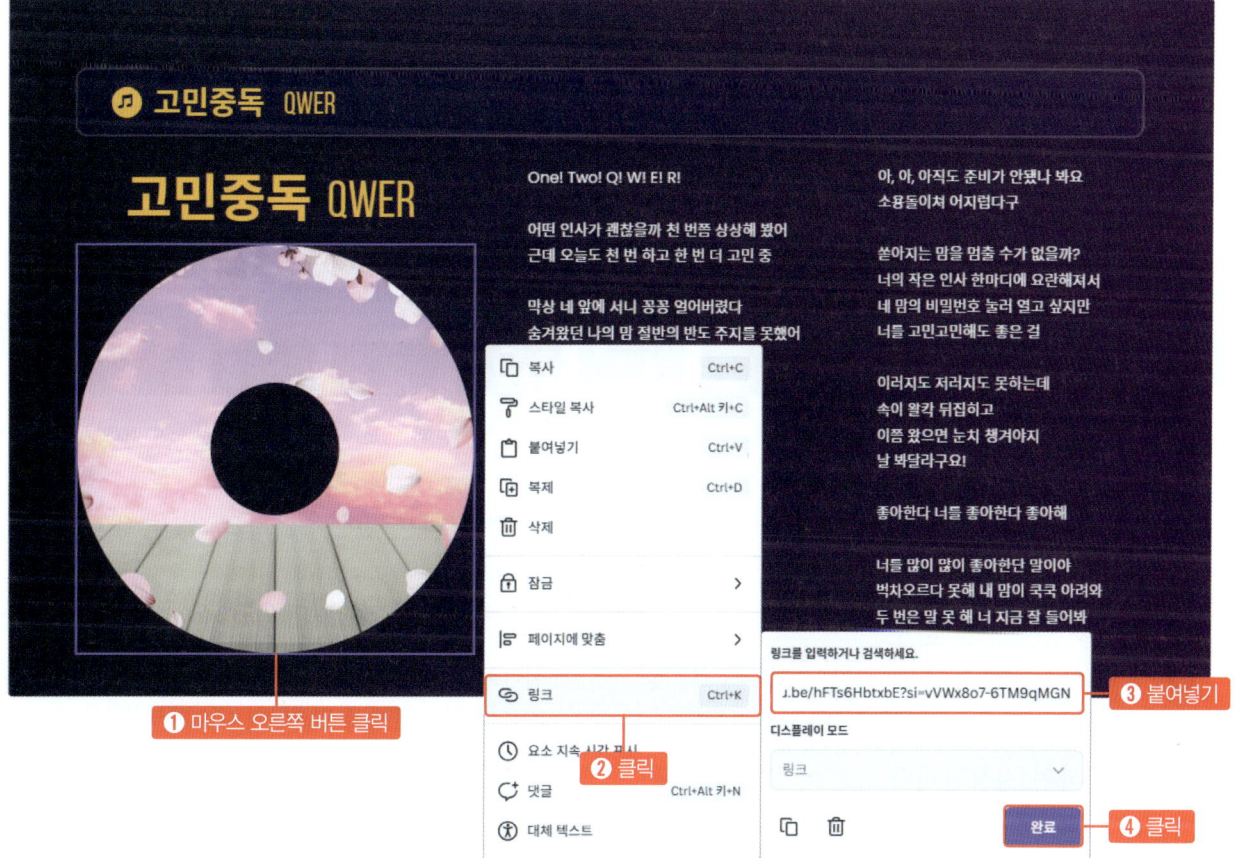

Chapter 11. 뮤직 카드 만들기

❸ [요소] 탭-[그래픽]에서 '홈'을 검색하여 페이지에 홈 버튼을 추가한 후 ❷와 같은 방법으로 첫 번째 페이지('1 - 제목 없음')를 링크로 연결합니다.

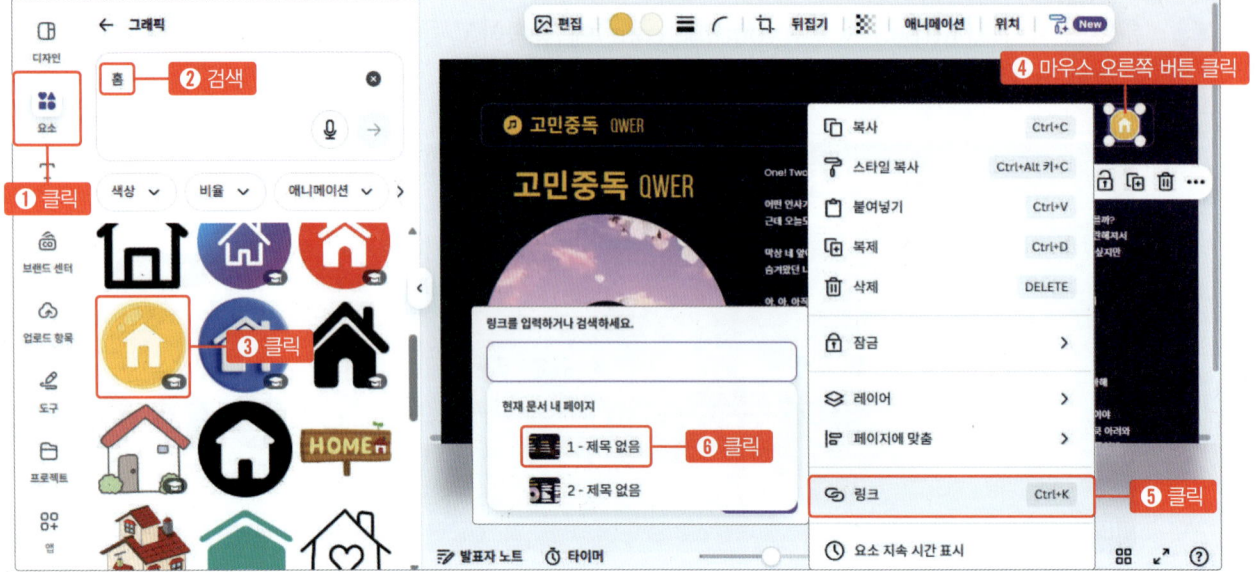

❹ 페이지 하단에서 '1페이지'를 선택하고 '고민중독 QWER' 텍스트 상자를 마우스 오른쪽 버튼으로 클릭한 후 ❸과 같은 방법으로 두 번째 페이지('2 - 제목 없음')를 링크로 연결합니다.

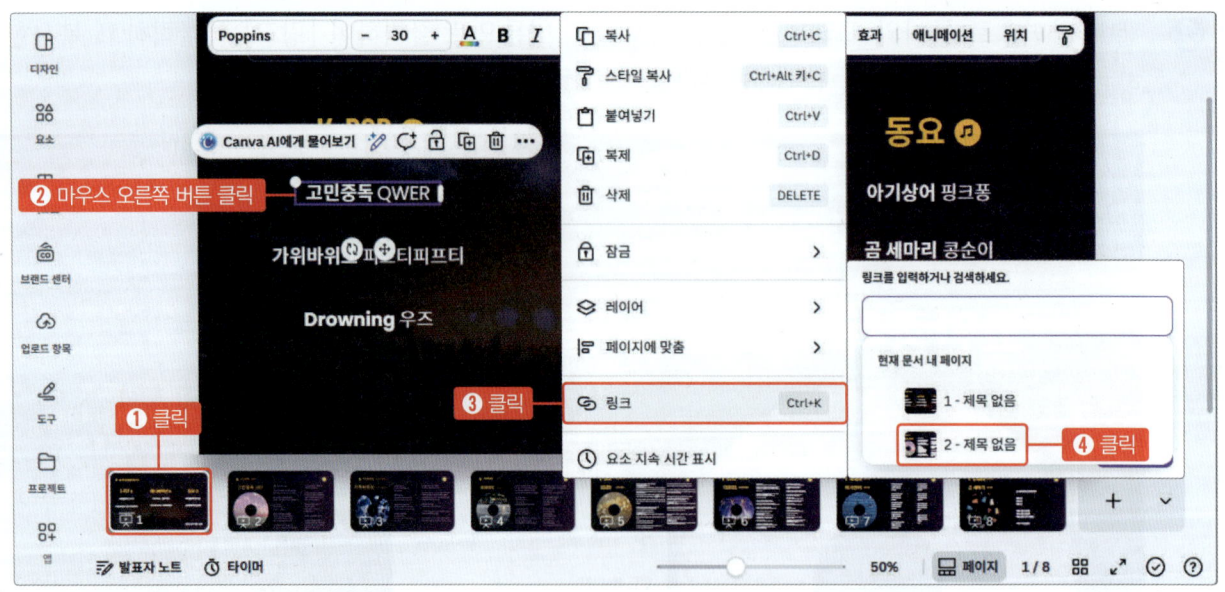

❺ 앞서 배운 내용을 바탕으로 플레이 리스트의 모든 노래를 페이지에 추가하고 첫 번째 페이지에서 각 노래 제목을 링크로 연결합니다.

❻ [파일]-[다운로드]를 클릭하여 파일 형식('PDF')을 지정하고 [다운로드]를 클릭하여 저장합니다.

디자인 팁
- 페이지 하단에서 '2페이지'를 마우스 오른쪽 버튼으로 클릭하고 [페이지 복제]를 클릭하여 작업해 보세요.
- 파일 형식을 'PPTX'로 지정해도 되지만 PPT 파일을 실행했을 때 텍스트가 깨질 수 있어 'PDF' 형식으로 저장해요.

CHAPTER 11 재미 팡팡! 레벨 UP

▶ 예제 파일 : 없음   ▶ 완성 파일 : 11강 레벨업 완성.pptx

1 즐겨찾기 페이지를 만들기 위해 페이지 이름과 주소를 확인해 봅니다.

구분	페이지 이름	주소
게임	대포 키우기	https://diep.io
	지렁이 키우기	http://slither.com/io
검색 엔진	구글	https://www.google.com
	네이버	https://www.naver.com

❗ 본인이 즐겨찾는 사이트에 대한 즐겨찾기 페이지를 만들어도 좋아요.

2 즐겨찾기 페이지를 만들고 해당 주소로 링크를 연결해 봅니다.

❗ • [디자인] 탭에서 '게임'을 검색하여 원하는 템플릿 페이지를 선택해요.
   • 인터넷에서 게임 이미지, 검색 엔진 로고 이미지를 저장하여 프레임 개체에 삽입해 보세요.

CHAPTER 12 냥이 소개 웹사이트 만들기

▶ 예제 파일 : [12강 예제파일] 폴더　▶ 완성 파일 : 12강 완성

오늘의 학습목표

- 웹사이트 주제와 사이트에 담을 내용을 정리할 수 있습니다.
- 웹사이트에 사용할 템플릿을 검색하여 적용할 수 있습니다.
- 정리한 내용을 섹션에 입력하여 웹사이트를 꾸밀 수 있습니다.
- 완성된 웹사이트를 게시할 수 있습니다.

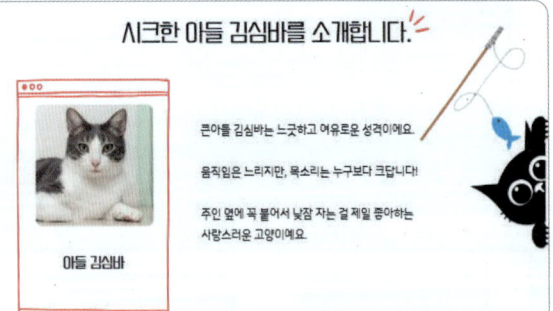

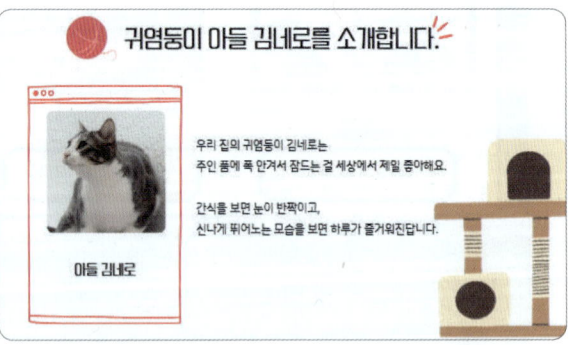

핵심 POINT

▶ 웹사이트 : 여러 사람들이 정보를 공유할 수 있는 인터넷 페이지입니다.
▶ 미리 보기 : 작업 중인 웹사이트를 미리 확인할 수 있습니다.
▶ 공유 : 내가 디자인한 작품을 다른 사람들과 함께 확인할 수 있습니다.

01 웹사이트 주제와 내용 정리하기

❶ 웹사이트의 주제를 정하고 담고 싶은 내용을 정리해 봅니다.

웹사이트 제목		
1페이지	제목	
	내용	
2페이지	제목	
	내용	
3페이지	제목	
	내용	
4페이지	제목	
	내용	

💡 우리 가족 소개, 좋아하는 음식, 기억에 남는 여행지 등 본인이 만들고 싶은 웹사이트를 생각하며 내용을 정리해 보세요.

[예시]

웹사이트 제목		내 이름은 김다홍입니다.
1페이지	제목	우리는 한가족

	내용	꾸러기 삼총사 한 가족을 소개합니다.
		
		• 엄마 : 김다홍
		  – 성별 : 암컷
		  – 성격 : 까칠함
		• 쌍둥이
		  – 김심바 : 성별 – 수컷 / 성격 – 둔함
		  – 김네로 : 성별 – 수컷 / 성격 – 예민함

2페이지	제목	엄마 다홍이를 소개합니다.
	내용	엄마 다홍이는 아들 둘보다 덩치가 작아 사람들에게 "동생이냐"는 소리를 듣습니다. 하지만 한 카리스마로 두 아들을 휘어잡는 리더예요. 흰색과 검정색 털이 섞여 있어 수컷처럼 보이지만 아주 예쁜 암컷이랍니다.
3페이지	제목	시크한 아들 김심바를 소개합니다.
	내용	큰아들 김심바는 느긋하고 여유로운 성격이에요. 움직임은 느리지만, 목소리는 누구보다 크답니다! 주인 옆에 꼭 붙어서 낮잠 자는 걸 제일 좋아하는 사랑스러운 고양이에요.
4페이지	제목	귀염둥이 아들 김네로를 소개합니다.
	내용	우리 집의 귀염둥이 김네로는 주인 품에 폭 안겨서 잠드는 걸 세상에서 제일 좋아해요. 간식을 보면 눈이 반짝이고, 신나게 뛰어노는 모습을 보면 하루가 즐거워진답니다.

02 웹사이트 꾸미기

① 크롬( ) 브라우저를 실행하고 캔바 사이트('https://www.canva.com')에 접속하여 로그인한 후 [웹사이트]를 클릭합니다.

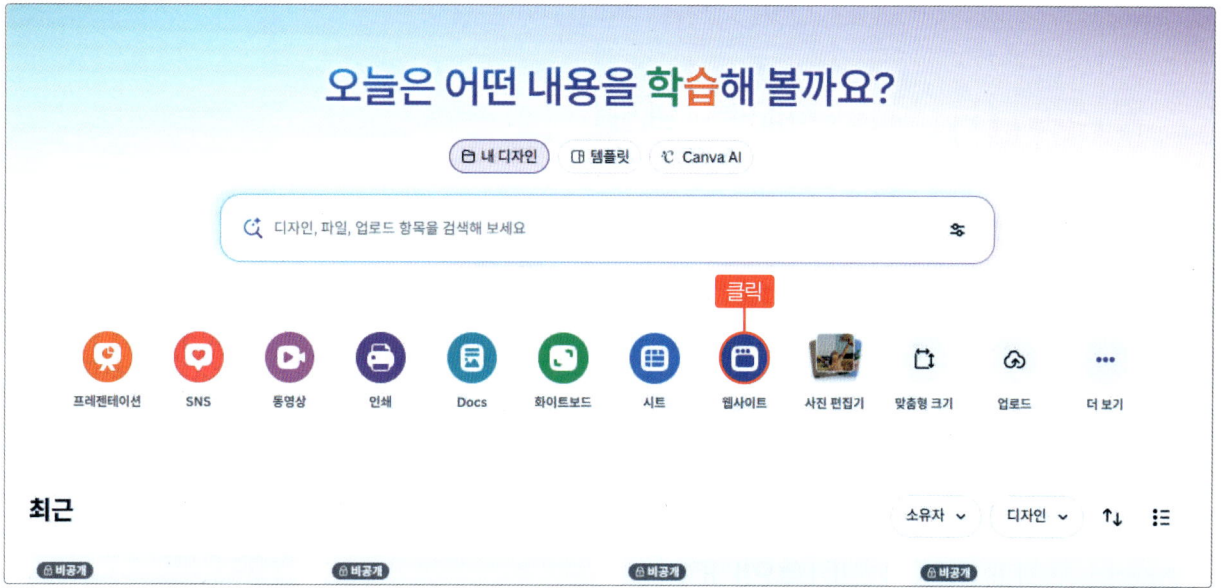

② [디자인] 탭의 설명 칸에 제작할 웹사이트의 분위기('귀여운')를 검색하여 템플릿 목록이 나타나면 원하는 템플릿을 선택한 후 [6개 섹션 모두 적용]을 클릭합니다.

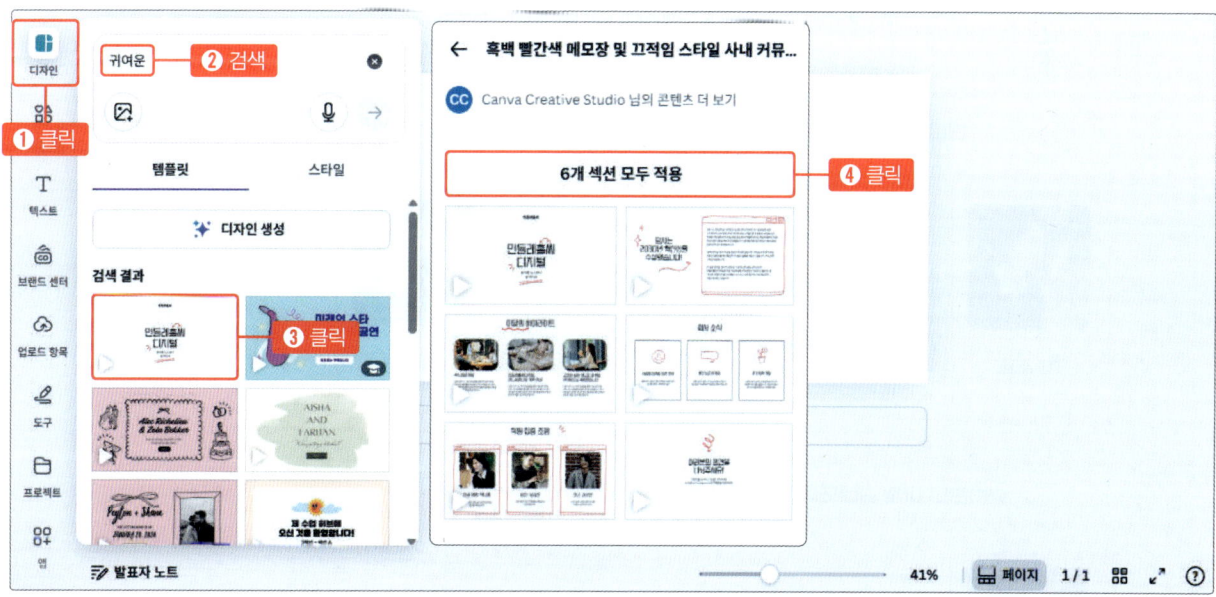

섹션을 모두 적용하면 선택된 섹션이 하나의 페이지에 길게 연결돼요.

Chapter 12. 냥이 소개 웹사이트 만들기 **107**

❸ 페이지에서 스크롤을 아래쪽으로 드래그하여 적용된 섹션을 확인하고 불필요한 섹션이 있다면 해당 섹션을 클릭한 후 [섹션 삭제(🗑)]를 클릭합니다.

디자인 팁
섹션의 순서를 변경하고 싶을 땐 해당 섹션을 선택하고 [위로 이동(^)], [아래로 이동(v)]을 클릭해요.

❹ 앞서 정리한 웹사이트의 내용을 각 섹션에 기록해 봅니다.

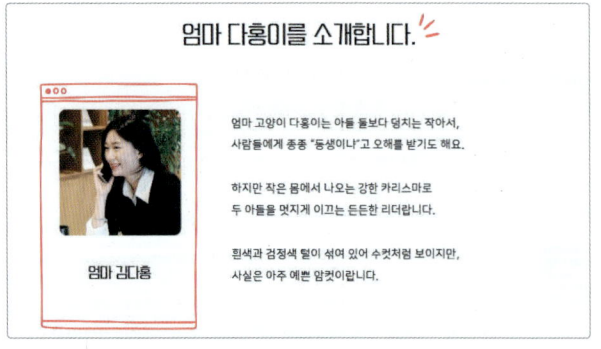

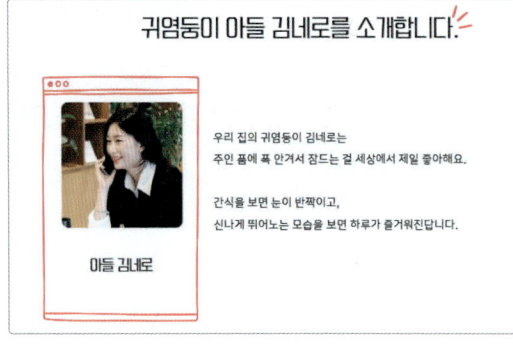

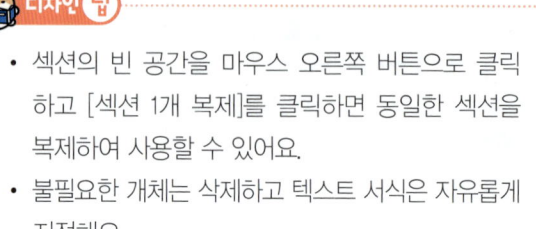

디자인 팁
- 섹션의 빈 공간을 마우스 오른쪽 버튼으로 클릭하고 [섹션 1개 복제]를 클릭하면 동일한 섹션을 복제하여 사용할 수 있어요.
- 불필요한 개체는 삭제하고 텍스트 서식은 자유롭게 지정해요.

❺ [업로드 항목] 탭-[파일 업로드]를 클릭하여 웹사이트에 사용할 이미지를 업로드하고 섹션에 이미지를 추가한 후 [편집 요소] 창에서 [배경 제거]를 클릭하여 배경을 제거합니다.

디자인 팁

웹사이트에서 사용할 이미지는 인터넷에서 다운로드해도 되고 [12강 예제파일] 폴더의 이미지를 사용해도 돼요.

❻ 업로드한 이미지를 각 섹션에 추가하여 웹사이트를 꾸며 봅니다.

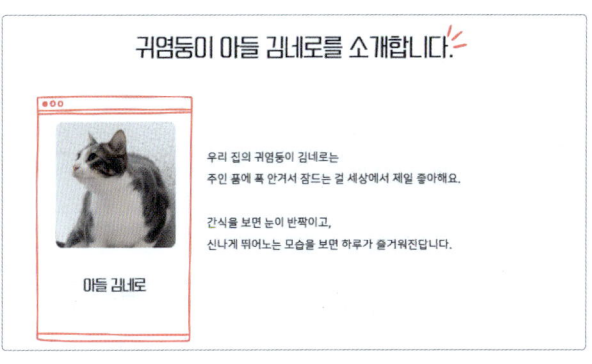

디자인 팁 프레임 속 이미지 크기 조절하기

- 업로드된 이미지를 클릭하여 섹션에 추가합니다.
- 이미지의 크기를 조절하거나 불필요한 부분을 잘라낸 후 프레임으로 드래그합니다.

Chapter 12. 냥이 소개 웹사이트 만들기

❼ [요소] 탭-[그래픽]에서 원하는 그래픽 개체를 추가하여 섹션을 꾸며 봅니다.

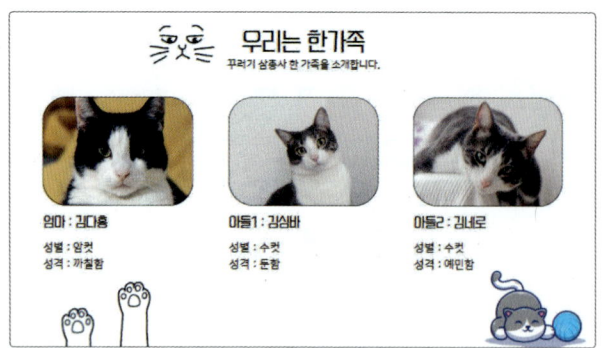
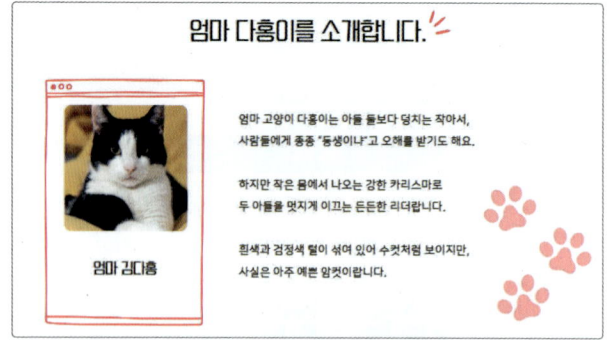
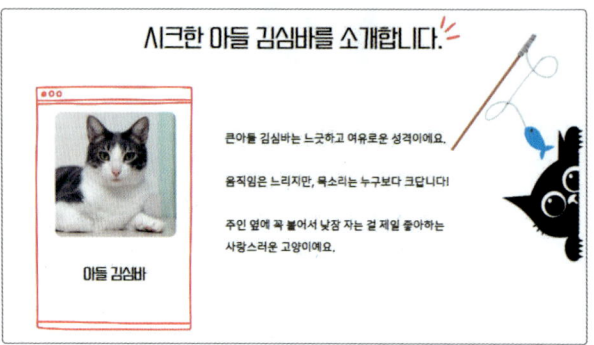
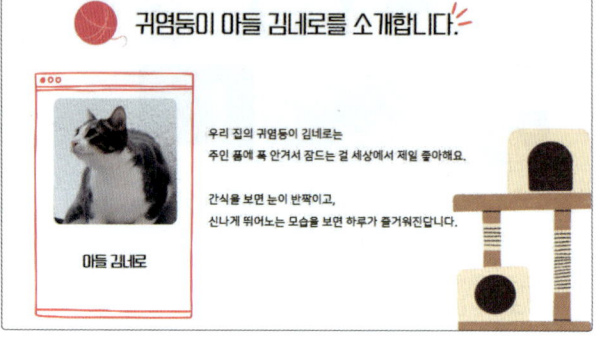

❽ 상단 메뉴에서 [미리 보기]를 클릭하여 웹사이트에서 수정할 부분이 없는지 확인한 후 [공유]-[웹사이트]를 클릭하고 [게시]를 클릭합니다.

❾ 웹사이트 게시가 완료되면 [웹사이트 보기]를 클릭하여 웹사이트를 확인해 봅니다.

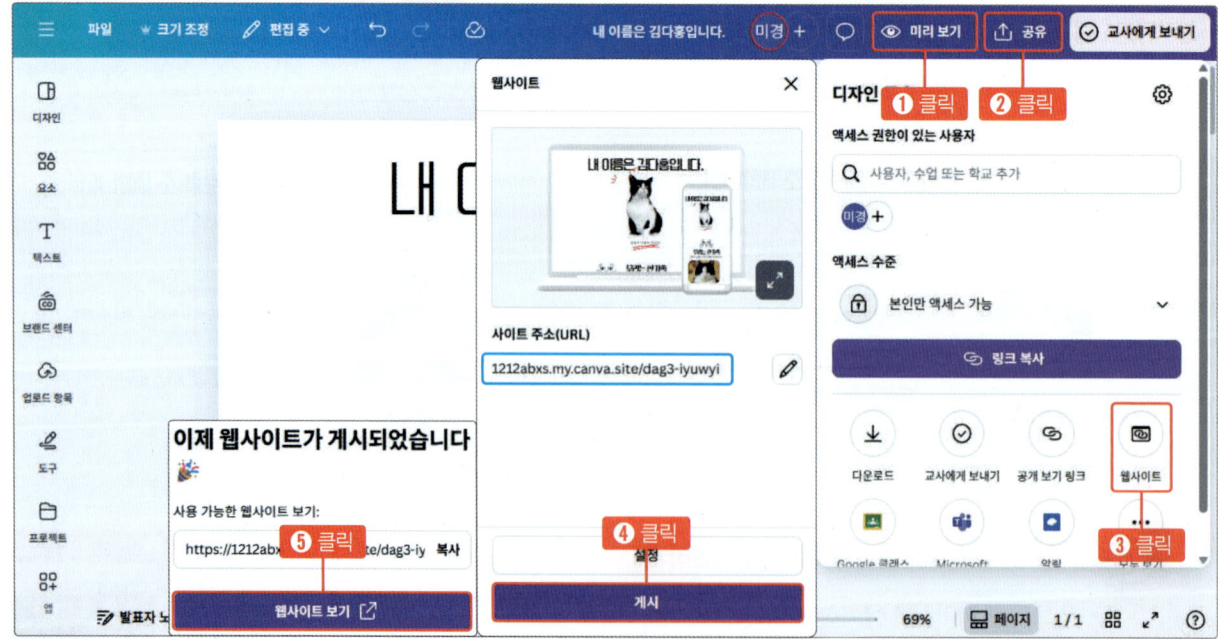

 디자인 팁

웹사이트 주소를 복사한 후 주소 표시줄에 붙여넣어 완성된 웹사이트를 확인할 수도 있어요.

CHAPTER 12 재미 팡팡! 레벨 UP

▶ 예제 파일 : 없음 ▶ 완성 파일 : 12강 레벨업 완성

1 '대한민국 맛집 지도' 웹사이트를 만들기 위한 내용을 확인해 봅니다.

웹사이트 제목		대한민국 맛집 지도 - 서울 편
1페이지	제목	강남 맛집
	내용	마녀김밥 홍미닭발 뉴만두집 블루클린 더 버거 조인트
2페이지	제목	용산 맛집
	내용	세미계 동빙고 소바야청담 핏제리아 디 부자피자

2 캔바에서 '대한민국 맛집 지도' 웹사이트를 만들고 웹사이트를 게시해 봅니다.

CHAPTER 13 모바일 초대장 만들기

> 예제 파일 : 없음　　완성 파일 : 13강 완성

오늘의 학습목표

- 모바일 초대장에 사용할 템플릿을 검색하여 적용할 수 있습니다.
- 페이지 이름을 변경하고 애니메이션 효과를 적용할 수 있습니다.
- 모바일 초대장에 배경음악을 추가할 수 있습니다.
- 웹사이트 보기 형식을 멀티페이지로 지정할 수 있습니다.

핵심 POINT

- ▶ 웹사이트 : 여러 사람들이 정보를 공유할 수 있는 인터넷 페이지입니다.
- ▶ 멀티페이지 웹사이트 : 여러 장의 페이지를 표시할 때 사용합니다.
- ▶ 탐색 메뉴 : 화면 오른쪽 상단에 페이지 이름이 나타나 해당 페이지로 이동할 수 있습니다.

01 모바일 초대장 내용 정리하기

1 모바일 초대장의 주제를 정하고 담고 싶은 내용을 정리해 봅니다.

초대장 제목	
모시는 글	
일시	
장소	
오시는 길	

> 💡 생일 파티, 크리스마스, 운동회, 발표회 등 초대장을 보낼 상황이 생겼을 때 스마트폰으로 초대장을 보내고 간단히 확인할 수 있도록 모바일 초대장을 만들려고 해요. 모바일 초대장에 담고 싶은 내용을 자유롭게 정리해 보세요.

[예시]

초대장 제목	크리스마스 이브 과자 파티
모시는 글	친구들 안녕! 크리스마스 이브에 컴교실에서 과자 파티를 열 거야! 맛있는 쿠키랑 초콜릿, 케이크도 잔뜩 준비할 거야. 같이 놀며 즐거운 시간을 보내고 싶은 친구들은 파티에 놀러와~
일시	2025년 12월 24일 수요일 오후 4시
장소	본관 3층 컴퓨터 교실
오시는 길	해람초등학교 본관 3층 컴퓨터실 뒷문으로 입장

02 모바일 초대장 만들기

1. 크롬( ) 브라우저를 실행하고 캔바 사이트('https://www.canva.com')에 접속하여 로그인한 후 [더 보기]를 클릭합니다.

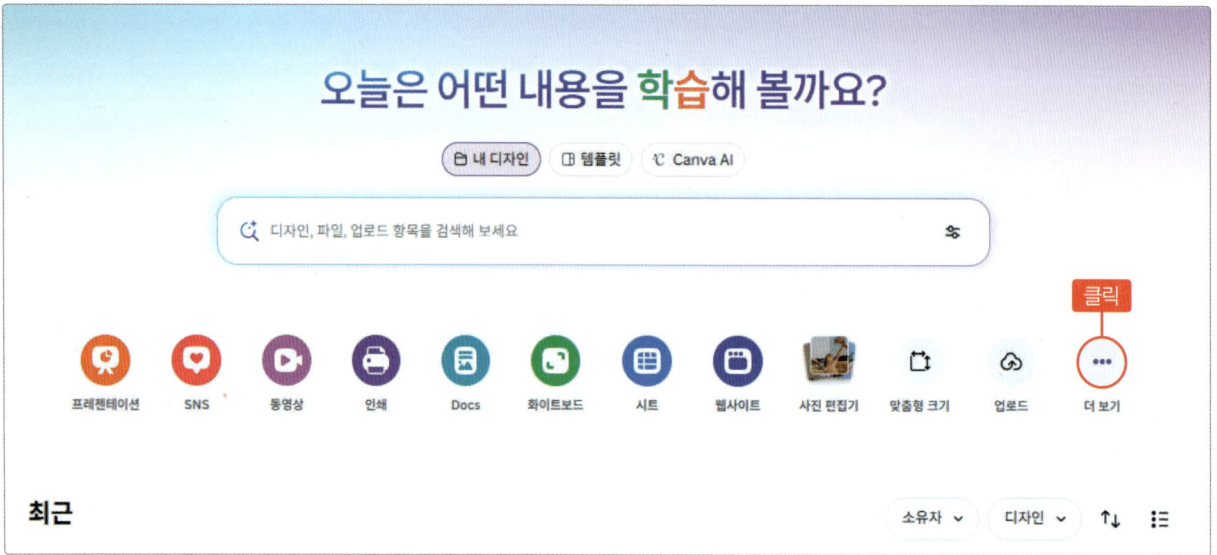

2. [디자인 만들기] 창이 나타나면 검색창에 '초대장'을 검색한 후 [초대장(세로형)]을 클릭합니다.

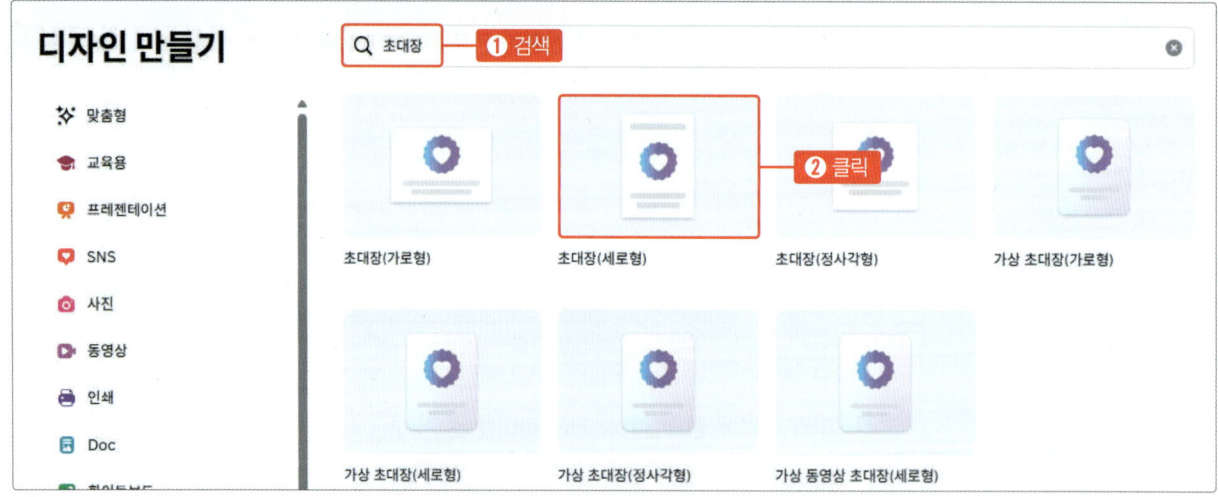

3. [디자인] 탭을 클릭하고 설명 칸에 초대장의 내용과 어울리는 템플릿('크리스마스')을 검색합니다.

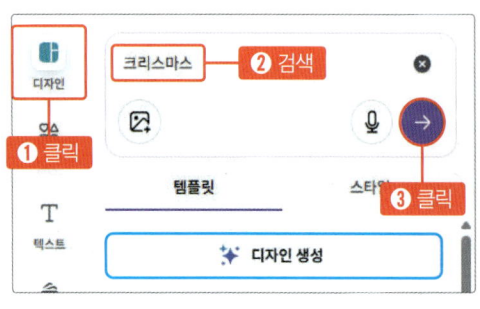

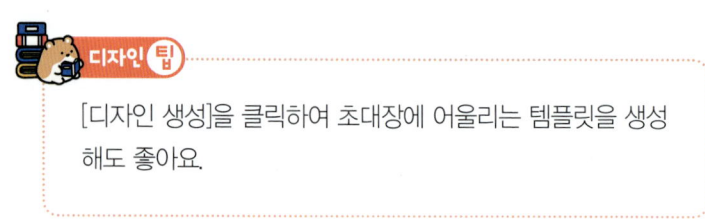

디자인 팁

[디자인 생성]을 클릭하여 초대장에 어울리는 템플릿을 생성해도 좋아요.

④ 검색된 템플릿 목록 중 원하는 템플릿을 선택하고 초대장 제목, 모시는 글, 일시, 장소 등을 입력한 후 불필요한 개체는 삭제합니다.

- 텍스트 서식, 크기, 위치를 자유롭게 조절해 초대장 내용을 입력해요.
- 그래픽 개체의 크기와 위치를 변경하여 텍스트를 가리지 않도록 조절해요.

⑤ 페이지 하단의 [페이지 추가(＋)]를 클릭한 후 [디자인] 탭에서 여러 장의 이미지를 추가했을 때 어울릴 만한 템플릿을 찾아 추가하고 불필요한 개체는 삭제합니다.

여러 장의 이미지를 추가하기 위해 텍스트 상자는 모두 삭제해요.

Chapter 13. 모바일 초대장 만들기　115

❻ [요소] 탭-[프레임]-[영화 및 사진]에서 프레임을 찾아 추가한 후 그림과 같이 크기, 위치, 방향을 조절합니다.

프레임 개체를 회전시켜 폴라로이드 사진이 바닥에 떨어져 있는 느낌을 표현해 보세요.

❼ [요소] 탭-[사진]을 클릭하고 '어린이 크리스마스 파티'를 검색하여 원하는 사진을 프레임으로 드래그하여 삽입한 후 페이지 이름을 '갤러리'로 변경합니다.

초대장에 사용할 수 있는 이미지가 있다면 [업로드 항목] 탭에서 이미지를 업로드하여 초대장에 사용해도 좋아요.

03 배경음악과 애니메이션 효과 추가하기

❶ [페이지 썸네일 표시]를 클릭한 후 '페이지 1'을 클릭하고 페이지 이름을 '초대장'으로 변경합니다.

❷ [오디오] 탭을 클릭하고 검색창에 '크리스마스 캐롤'을 검색하여 배경음악을 확인한 후 원하는 배경음악을 추가합니다.

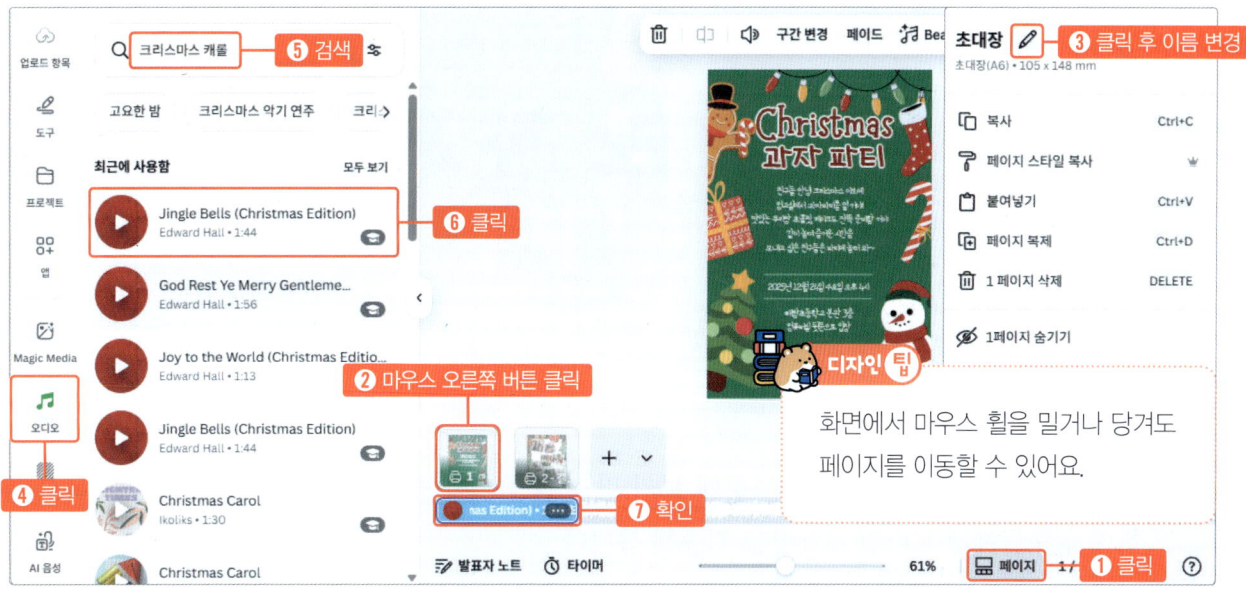

❸ '페이지 1'을 클릭하고 [편집 요소] 창에서 [애니메이션]을 클릭한 후 [일반]-[튕겨주기]-[모든 페이지에 적용]을 클릭합니다.

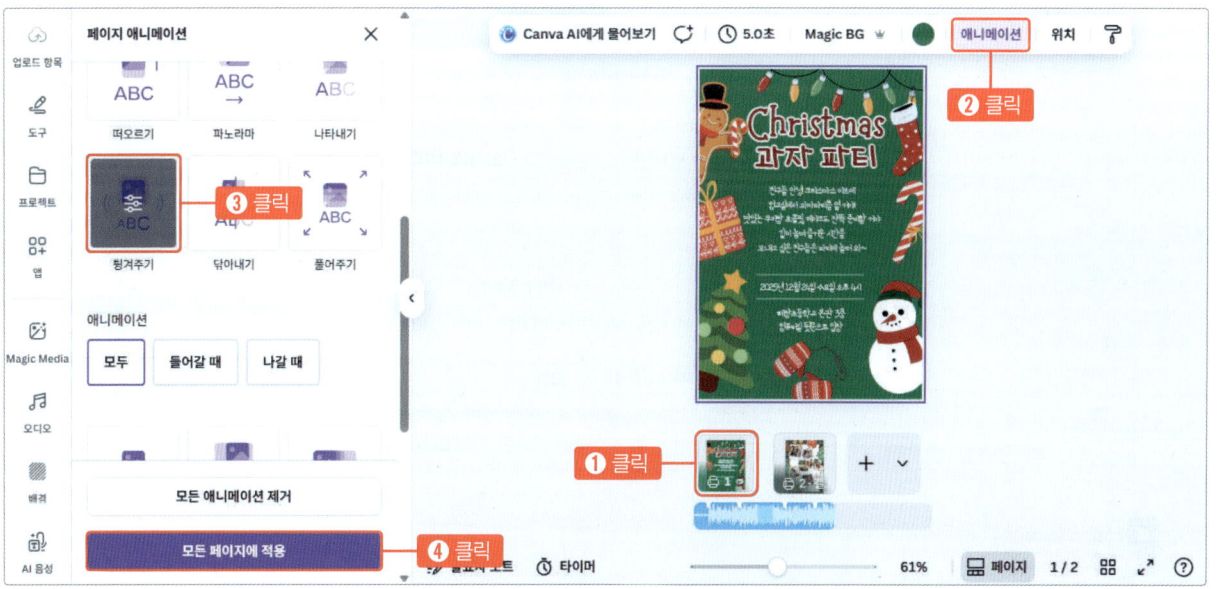

❹ 상단 메뉴의 [미리보기]를 클릭하여 완성된 모바일 초대장을 확인해 봅니다.

Chapter 13. 모바일 초대장 만들기 117

❺ 상단 메뉴의 [공유]를 클릭하고 [공개 보기 링크]를 클릭합니다.

❻ [공개 보기 링크] 창이 나타나면 [공개 보기 링크 만들기]를 클릭하고 링크가 생성되면 [복사]를 클릭하여 친구들에게 모바일 초대장을 전송해 봅니다.

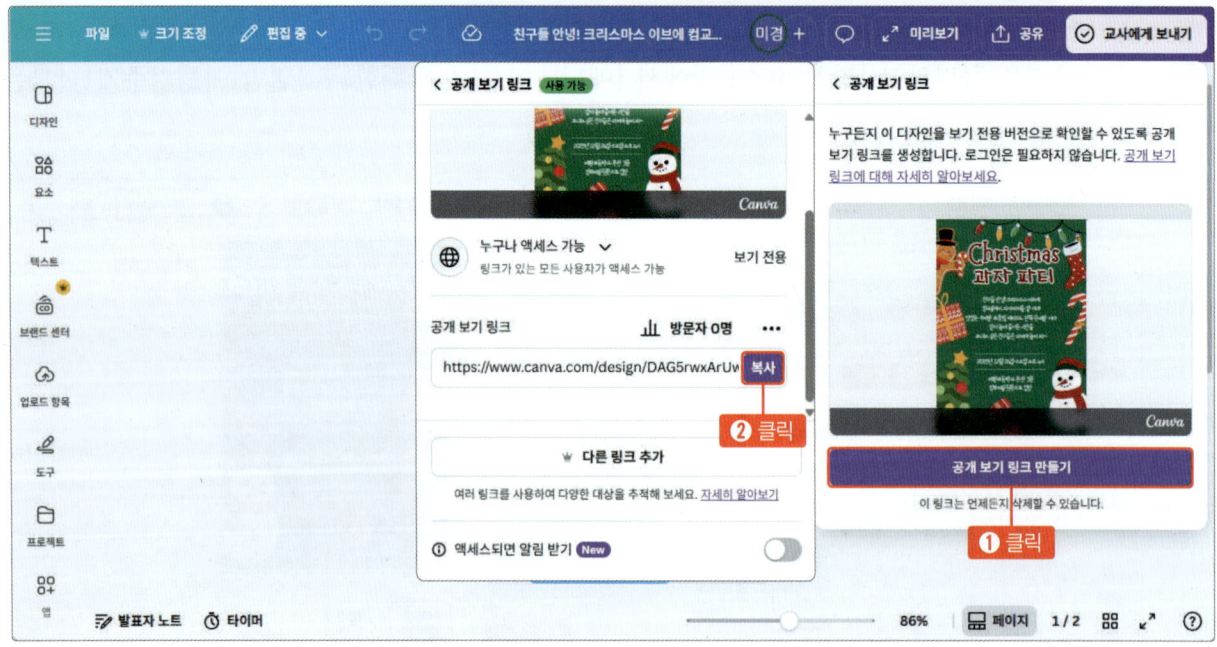

모바일 초대장을 실행하면 배경음악이 음소거되어 있으므로, 음소거를 해제한 후 모바일 초대장을 확인해 보세요.

CHAPTER 13 재미 팡팡! 레벨 UP

▶ 예제 파일 : 없음   ▶ 완성 파일 : 13강 레벨업 완성

1 모바일 생일 초대장을 만들기 위해 초대장 내용을 정리해 봅니다.

초대장 제목	
모시는 글	
일시	
장소	
오시는 길	

2 모바일 생일 초대장을 만들어 초대장 주소를 친구들에게 공유해 봅니다.

CHAPTER 14 내 마음 속 네온 톡 만들기

▶ 예제 파일 : 없음   ▶ 완성 파일 : 14강 완성

오늘의 학습목표

- 프로그램의 기능을 확인한 후 바이브 코딩으로 프로그램을 제작할 수 있습니다.
- 프롬프트를 입력하여 프로그램의 기능을 추가할 수 있습니다.
- 프롬프트를 입력하여 프로그램을 디자인할 수 있습니다.
- 웹사이트에 프로그램을 게시하여 프로그램을 사용할 수 있습니다.

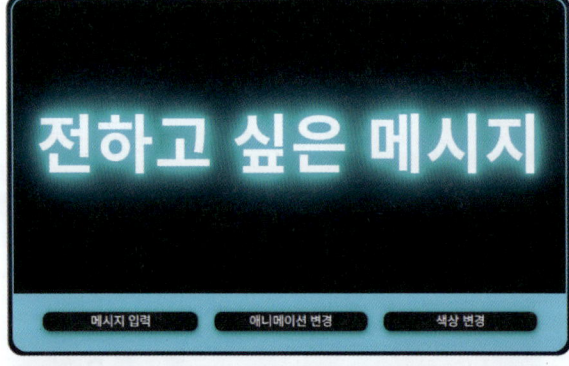 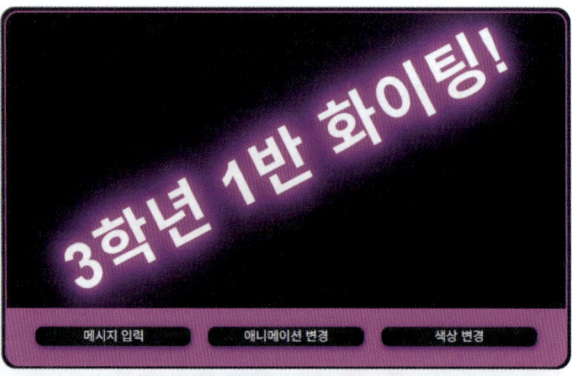

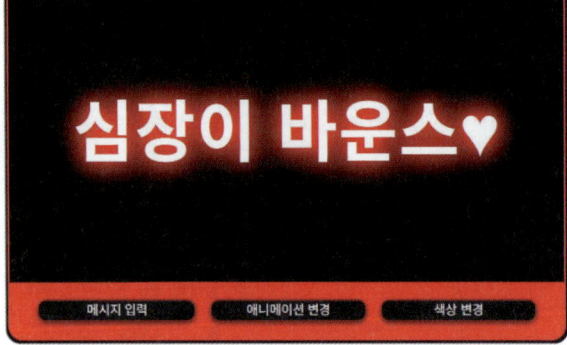 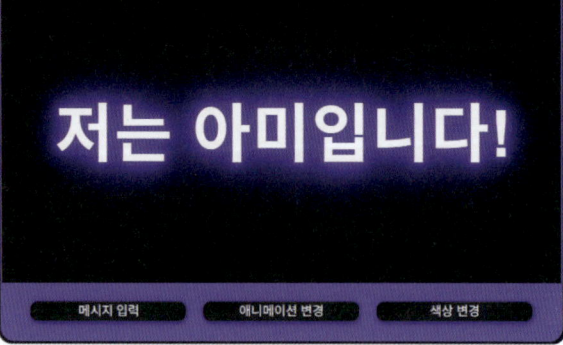

핵심 POINT

▶ Canva AI : 프롬프트를 입력하여 디자인, 이미지, 코드 등을 생성할 수 있습니다.
▶ < / > 코드 : 입력한 프롬프트에 맞게 코드를 작성하여 프로그램을 제작할 수 있습니다.

01 네온 톡 디자인하기

1 내 마음 속 한 문장을 표현할 수 있는 '네온 톡' 프로그램을 만들기 위해 다음 기능을 확인하고 프로그램을 디자인해 봅니다.

❶ 사용자가 직접 텍스트를 입력할 수 있어야 한다.
❷ 텍스트의 표시 형태가 다양해야 한다.
❸ 텍스트의 색상을 선택하거나, 랜덤으로 변경할 수 있어야 한다.

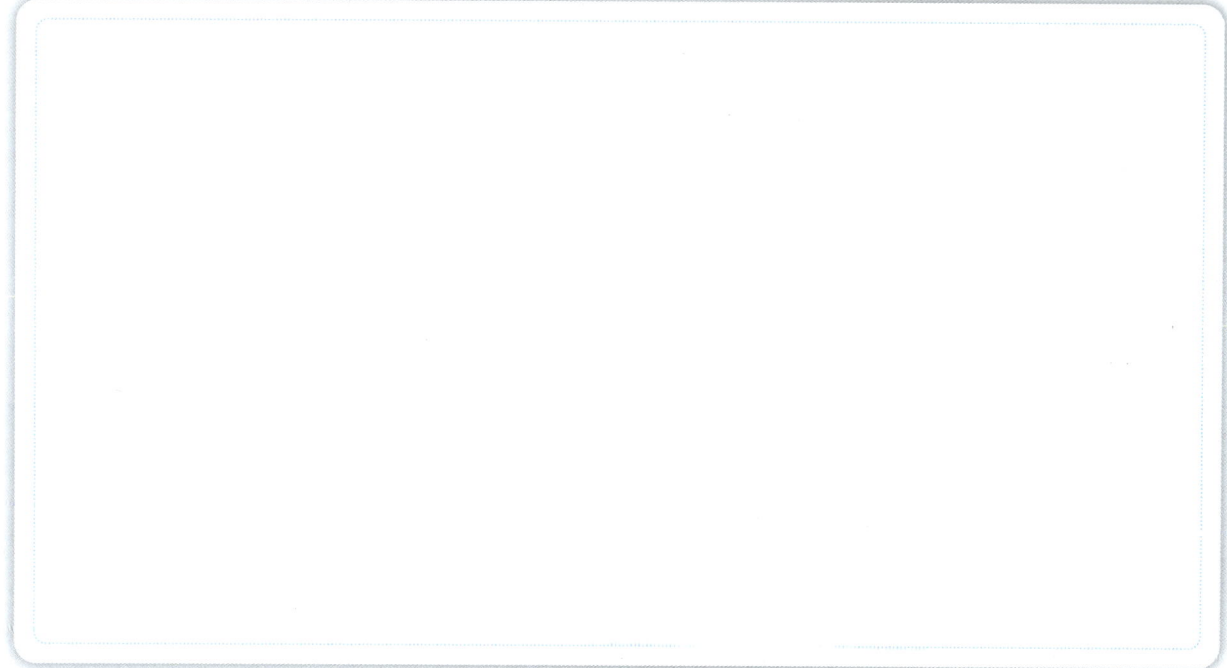

[예시]

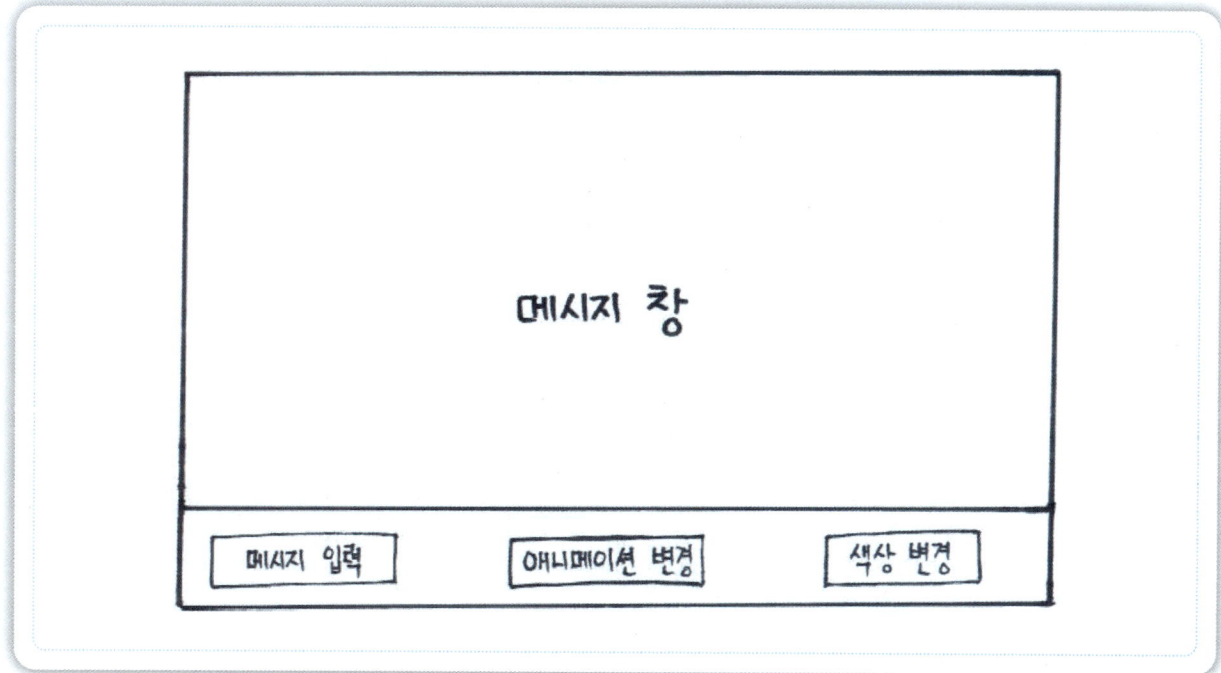

02 네온 톡 기능 추가하기

❶ 크롬( ) 브라우저를 실행하고 캔바 사이트('https://www.canva.com')에 접속하여 로그인한 후 [Canva AI]-[< / > 코드]를 클릭합니다.

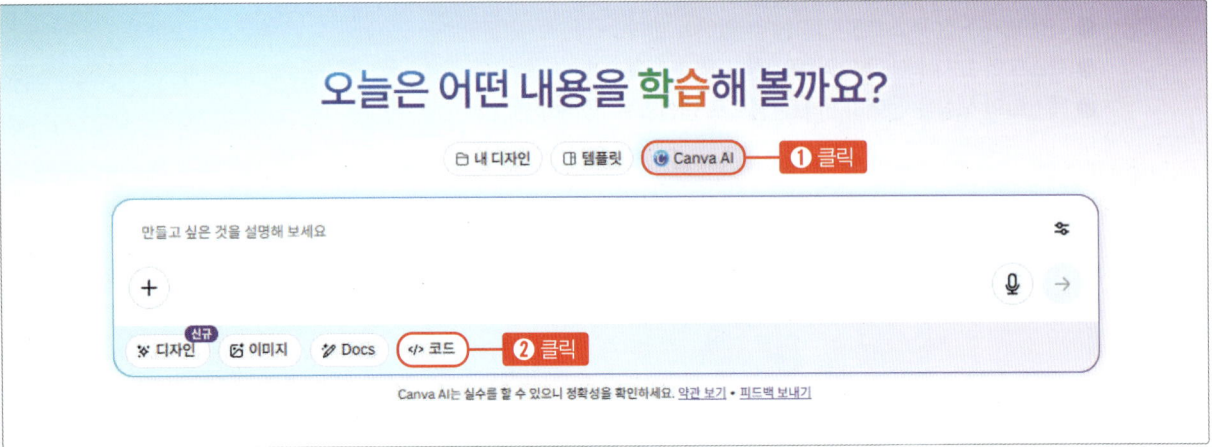

> **디자인 팁**
>
> 캔바에서 제공하는 AI 코드 기능은 '바이브 코딩'이라고 불려요. '바이브 코딩'이란 프로그램 개발자가 생성형 AI의 도움을 받아 코드를 작성하는 일을 의미해요. '바이브 코딩은' 개발 경험이 적은 사람들도 AI 기술을 활용해 프로그램을 개발할 수 있도록 도와줘요.

❷ 만들고자 하는 프로그램의 첫 번째 기능을 포함하여 프로그램에 대한 설명을 입력하고 [제출하기]를 클릭합니다.

> **디자인 팁**
>
> 프로그램의 모든 기능을 한 번에 입력하여 프로그램을 제작할 수도 있지만, 오류가 발생할 경우 어느 부분에서 발생한 오류인지 파악하기 어려우므로 기능을 하나씩 추가하며 진행하는 것이 좋아요.

❸ 캔바가 생성해준 '네온 톡' 프로그램을 확인해 봅니다.

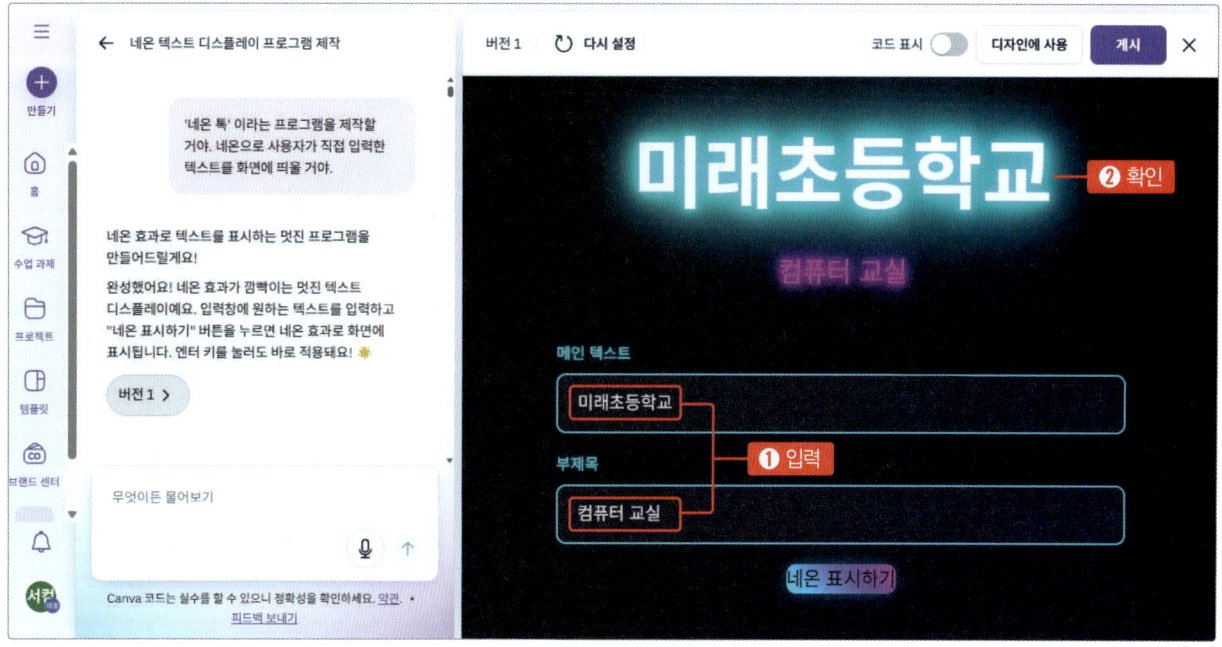

❹ 수정할 부분이 있다면 추가 설명을 입력하고 [제출하기]를 클릭합니다.

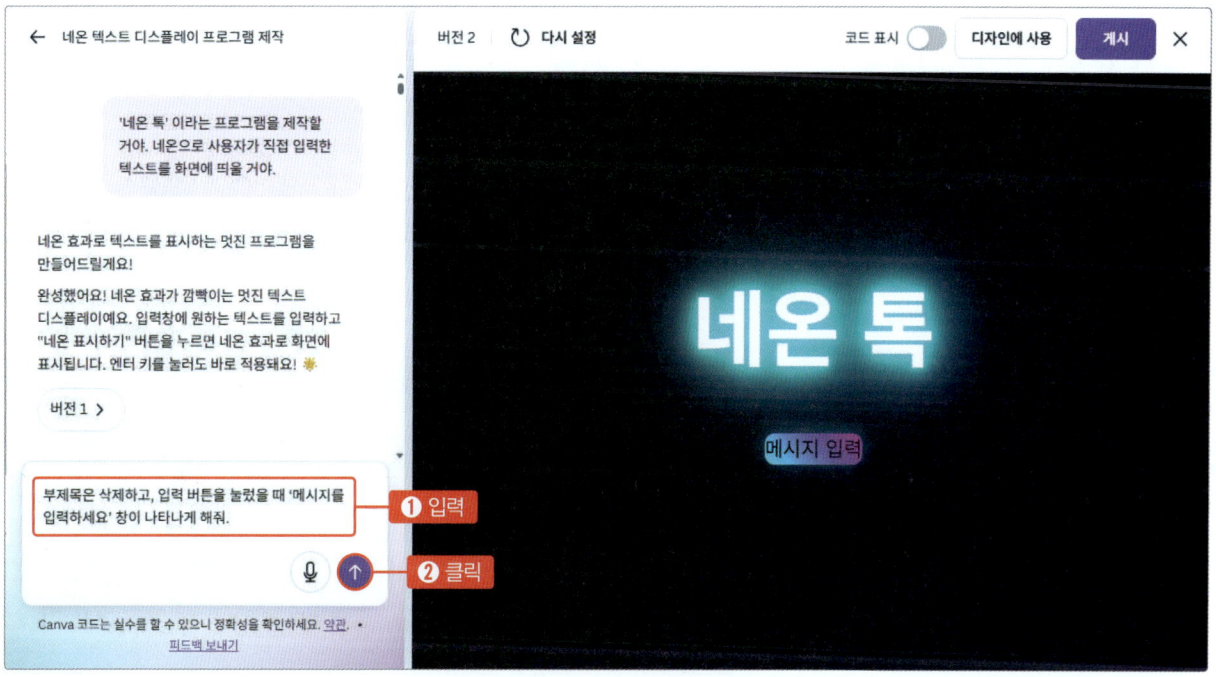

프롬프트를 동일하게 입력하더라도 생성된 프로그램의 기능, 디자인 등은 다를 수 있어요. 생성된 프로그램과 만들고 싶은 프로그램을 비교하며 기능을 수정하거나 추가해 보세요.

Chapter 14. 내 마음 속 네온 톡 만들기　123

❺ 수정이 제대로 되었다면 두 번째 기능을 추가하도록 설명을 입력하고 [제출하기]를 클릭합니다.

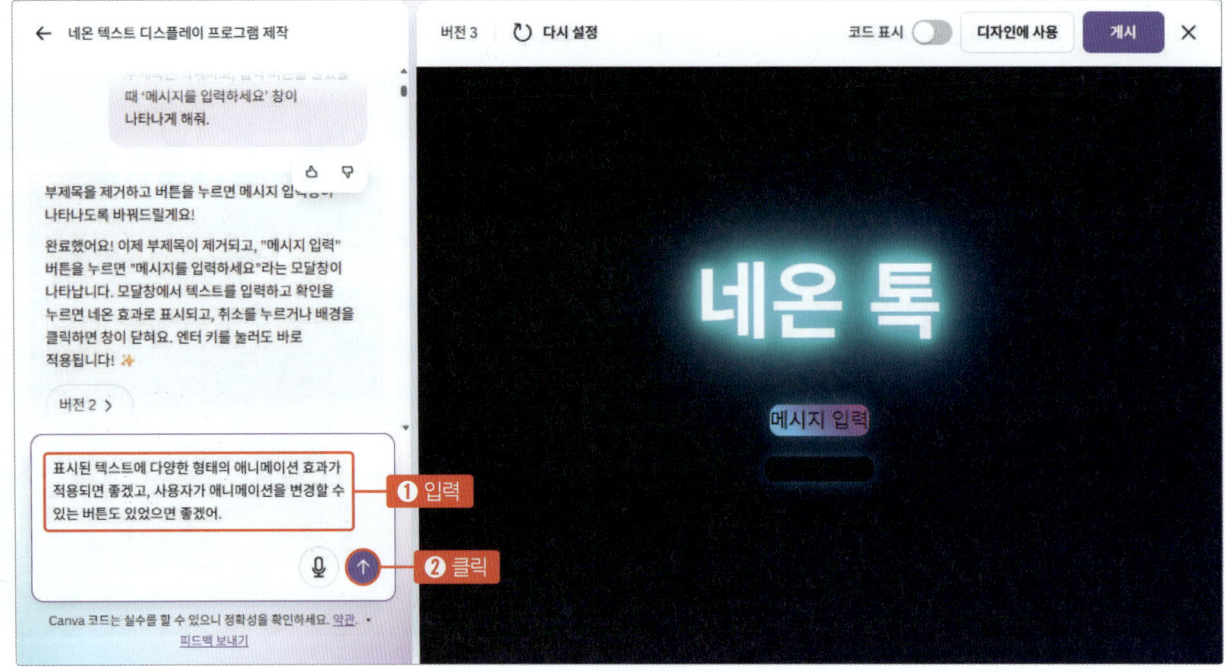

❻ ❹~❺와 같은 방법으로 기능을 수정하거나 추가하며 '네온 톡' 프로그램을 만들어 봅니다.

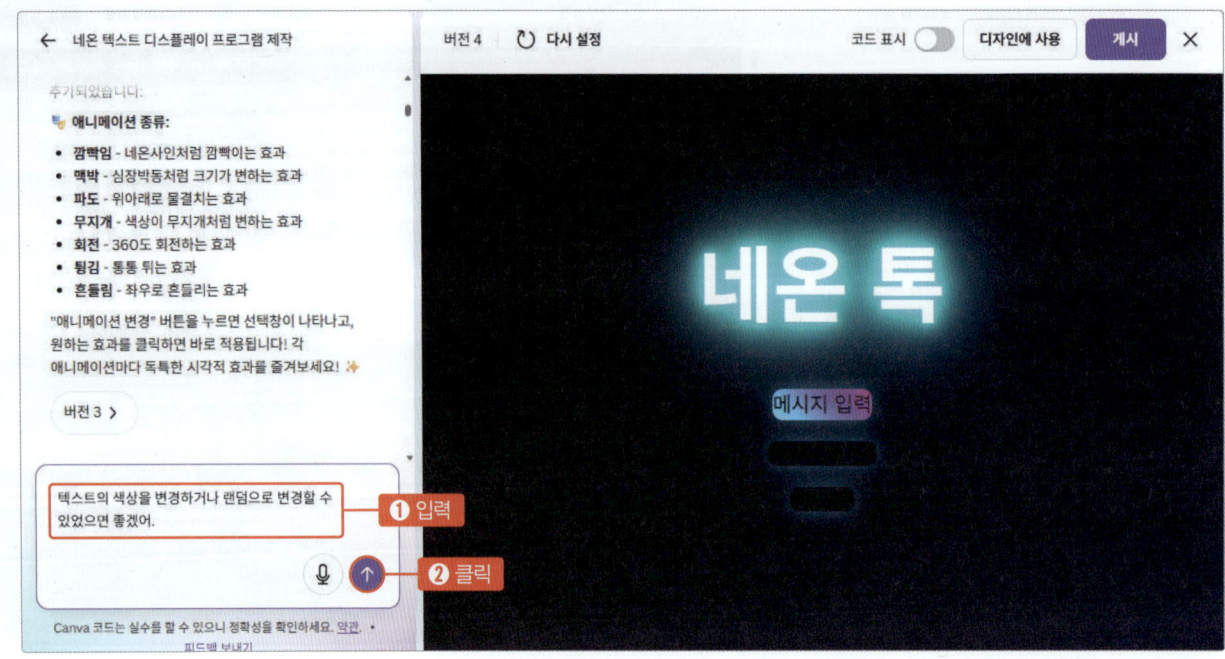

03 네온 톡 디자인 수정하기

❶ '네온 톡' 프로그램의 기능이 제대로 추가되었다면 설명을 입력하여 프로그램을 디자인해 봅니다.

설명	결과
버튼은 한 줄에 표시하고, 간격은 일정하게 띄어서 보기 좋게 정렬해줘.	
네온 톡이 표시되는 영역은 검정색으로 표시하고, 테두리를 설정하여 텍스트가 표시되는 범위를 명확히 구분해줘.	
텍스트가 표시되는 영역과 3개의 버튼이 하나의 프로그램 화면에서 조화롭게 보이도록 디자인을 변경해줘.	
네온 톡의 기본 메시지는 "전하고 싶은 메시지"로 변경해줘.	

Chapter 14. 내 마음 속 네온 톡 만들기

설명	결과
'애니메이션을 선택하세요' 창에 있는 깜빡임, 맥박, 파도, 무지개, 회전, 팅김, 흔들림 버튼의 너비가 넓어서 다른 버튼과 겹치니까 너비를 조금 줄여줘.	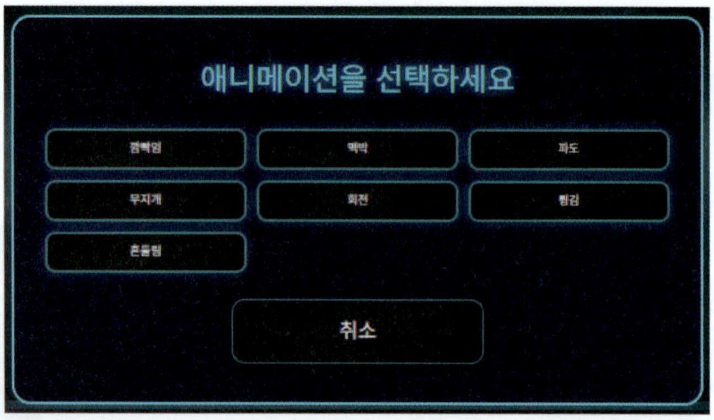
'색상을 선택하세요' 창에서 시안, 마젠타, 노랑, 빨강, 초록, 파랑, 주황, 보라, 핑크, 라임 버튼의 너비가 넓어서 다른 버튼과 겹치니까 서로 겹치지 않도록 버튼의 크기를 조금 작게 수정해줘. **디자인 팁** 캔바가 생성해준 '네온 톡' 프로그램을 확인하고 수정하고 싶은 내용을 반복적으로 입력하여 원하는 '네온 톡' 프로그램의 디자인을 완성해 보세요.	

❷ 프로그램이 완성되면 오른쪽 상단의 [게시]를 클릭하고 [게시]를 클릭하여 프로그램을 게시한 후 '네온 톡' 프로그램을 사용해 봅니다.

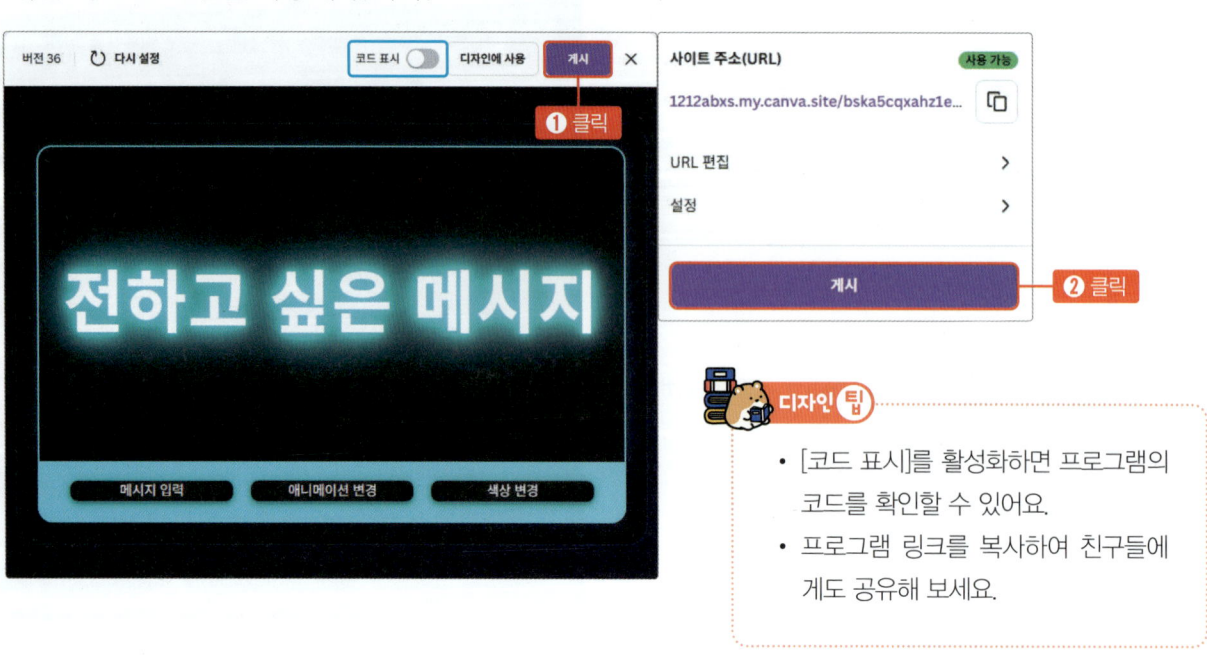

디자인 팁
- [코드 표시]를 활성화하면 프로그램의 코드를 확인할 수 있어요.
- 프로그램 링크를 복사하여 친구들에게도 공유해 보세요.

CHAPTER 14 재미 팡팡! 레벨 UP

▶ 예제 파일 : 없음　▶ 완성 파일 : 14강 레벨업 완성

1 차량용 LED 보드를 만들기 위해 프로그램에 기능을 추가해 봅니다.

> ❗ 프로그램의 기능을 확인한 후 기능을 추가해 보세요.
> - 사용자가 직접 텍스트를 입력할 수 있어야 한다.
> - 여러 메시지를 입력하고, 일정한 시간이 지나면 다음 메시지가 보이도록 한다.
> - 텍스트 색상은 랜덤으로 변경되어야 한다.

2 차량용 LED 보드의 디자인을 변경해 봅니다.

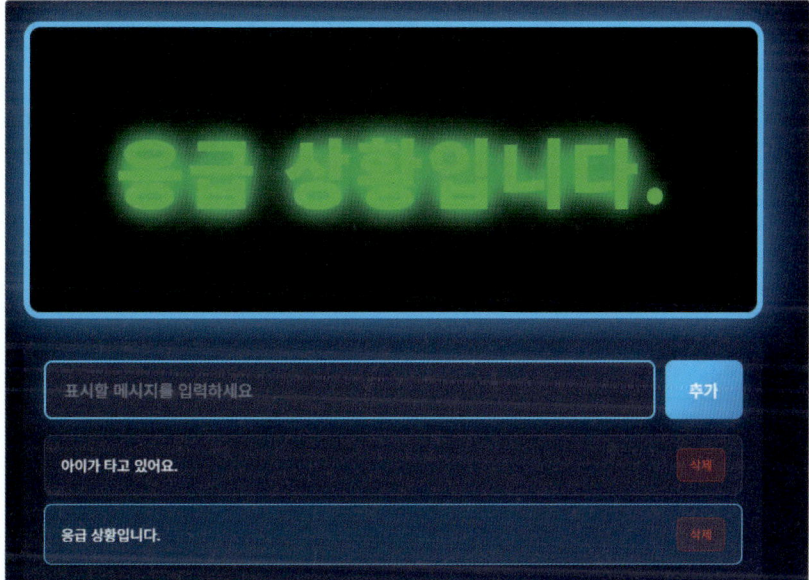

CHAPTER 15 포도알 칭찬 스티커 프로그램 만들기

▶ 예제 파일 : 없음   ▶ 완성 파일 : 15강 완성

오늘의 학습목표

- 칭찬 스티커 프로그램에 필요한 기능을 정리할 수 있습니다.
- 프롬프트를 입력하여 프로그램의 기능을 추가할 수 있습니다.
- 프롬프트를 입력하여 프로그램을 디자인할 수 있습니다.
- 웹사이트에 프로그램을 게시하여 프로그램을 사용할 수 있습니다.

핵심 POINT

▶ Canva AI : 프롬프트를 입력하여 디자인, 이미지, 코드 등을 생성할 수 있습니다.
▶ </> 코드 : 입력한 프롬프트에 맞게 코드를 작성하여 프로그램을 제작할 수 있습니다.

128 AI 디지털 콘텐츠 디자이너

01 칭찬 스티커 프로그램 기획하기

① '칭찬 스티커' 프로그램을 만들기 위해 칭찬 스티커 배부 방법, 개수 확인 방법, 제거 방법, 초기화 방법 등을 생각하여 프로그램을 기획해 봅니다.

프로그램 이름	
칭찬 스티커 배부 방법	
칭찬 스티커 개수 확인 방법	
칭찬 스티커 제거 방법	
프로그램 초기화 방법	

[예시]

프로그램 이름	포도알을 모아요.
칭찬 스티커 배부 방법	• 프로그램에 포도알을 받을 수 있는 그룹명 입력하기 • 그룹 삭제 버튼 만들기 • 포도알 버튼을 클릭하면 포도알을 하나씩 추가하기 • 1등 그룹 확인하기
칭찬 스티커 개수 확인 방법	그룹명 옆에 포도알 개수 표시하기
칭찬 스티커 제거 방법	삭제 버튼 만들기
프로그램 초기화 방법	초기화 버튼 만들기

02 칭찬 스티커 프로그램 만들기

① 크롬( ) 브라우저를 실행하고 캔바 사이트('https://www.canva.com')에 접속하여 로그인한 후 [Canva AI]-[< / > 코드]를 클릭합니다.

② 만들고자 하는 '칭찬 스티커' 프로그램의 첫 번째 기능을 포함하여 프로그램에 대한 설명을 입력하고 [제출하기]를 클릭합니다.

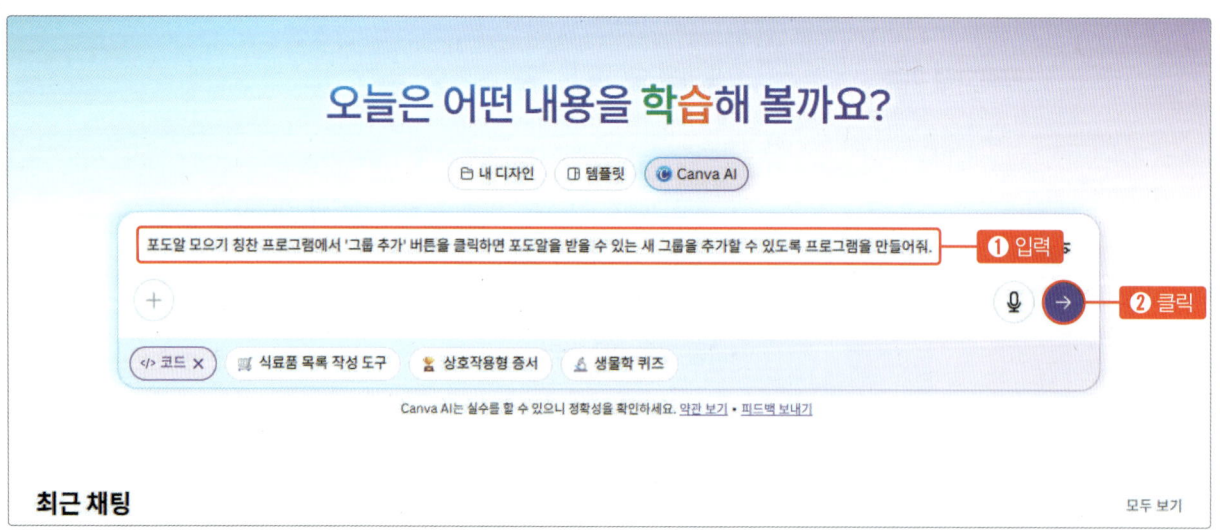

프로그램의 모든 기능을 한 번에 입력하여 프로그램을 제작할 수도 있지만, 오류가 발생할 경우 어느 부분에서 발생한 오류인지 파악하기 어려우므로 기능을 하나씩 추가하며 진행하는 것이 좋아요.

❸ 캔바가 생성해준 '칭찬 스티커' 프로그램을 확인해 봅니다.

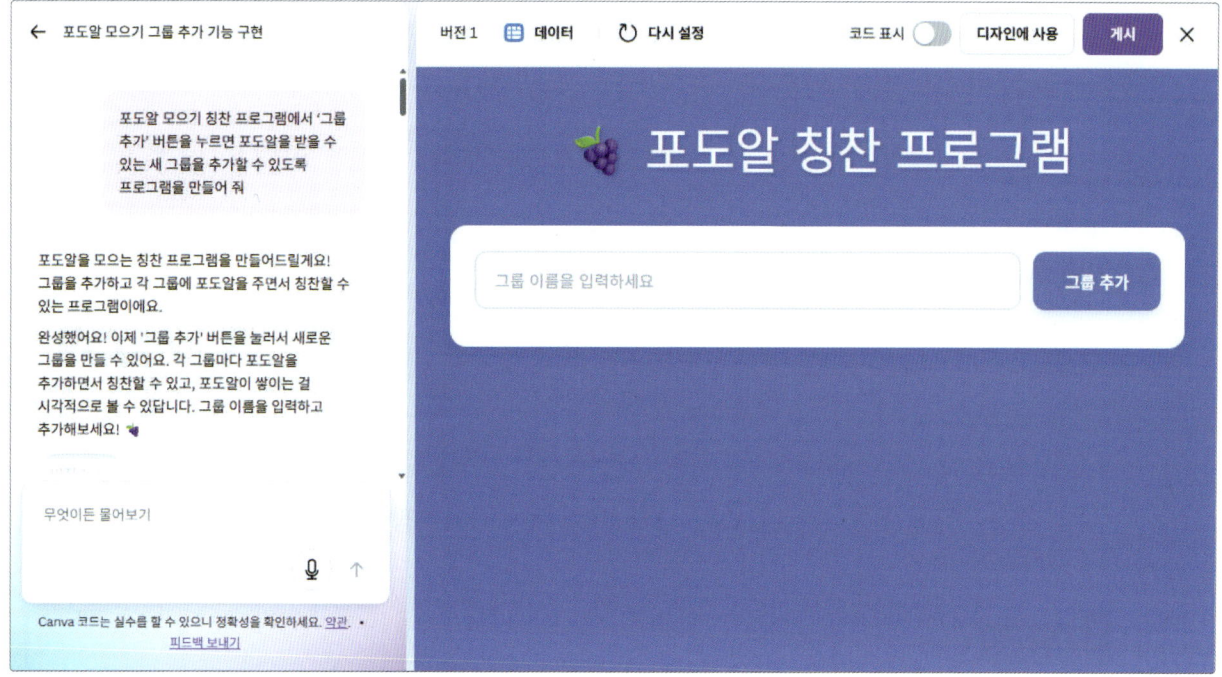

❹ 수정할 부분이 있다면 추가 설명을 입력하고 [제출하기]를 클릭합니다.

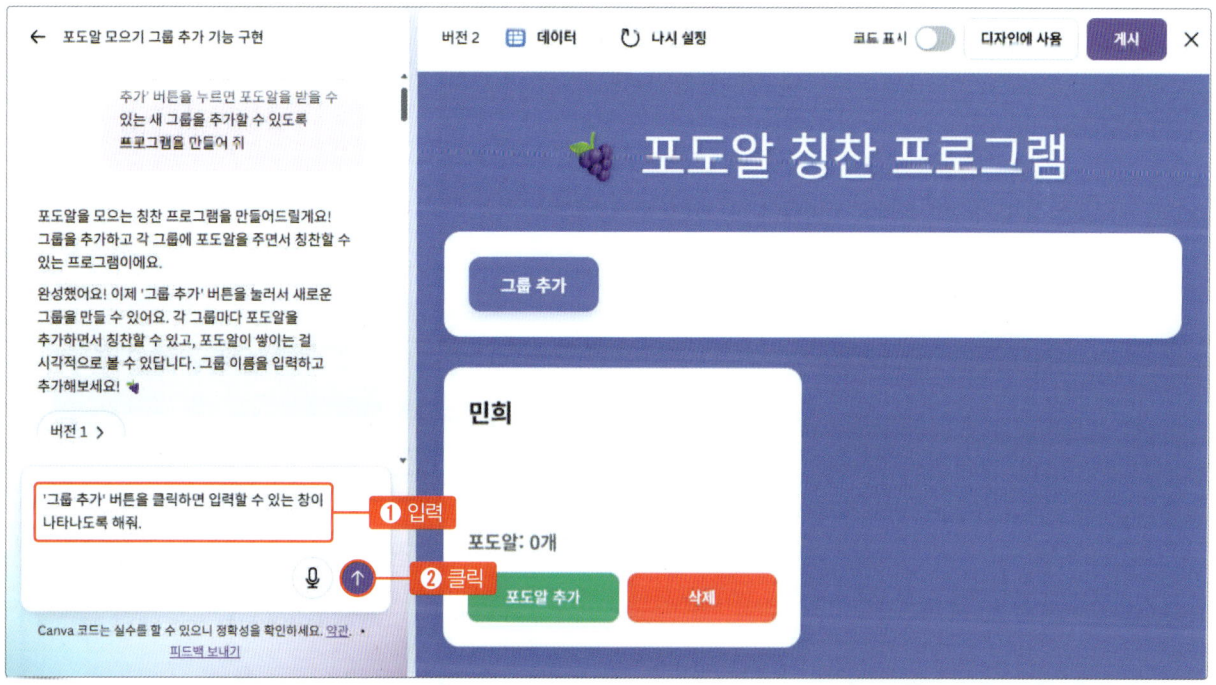

프롬프트를 동일하게 입력하더라도 프로그램의 기능, 디자인 등은 다를 수 있어요. 생성된 프로그램과 만들고 싶은 프로그램을 비교하며 기능을 수정하거나 추가해 보세요.

❺ ❸~❹와 같은 방법으로 '칭찬 스티커' 프로그램의 기능들을 추가해 봅니다.

설명	결과
그룹명 옆에 '삭제' 버튼을 만들어서 사용하지 않는 그룹은 삭제할 수 있도록 해줘.	창의 / 포도알: 0개 / 포도알 추가
'포도알 추가' 버튼을 보라색으로 변경하고, 글자 대신 포도 그림을 넣어줘. **디자인 팁** AI가 내 생각대로 프로그램 기능을 추가했다면 수정할 부분만 설명해요.	창의 / 포도알: 0개
포도알이 추가되면 실제로 포도알이 가지에 붙는 것처럼 표현해줘.	창의 / 포도알: 6개
가지에 붙는 포도알을 보라색 동그라미로 표현해줘.	창의 / 포도알: 6개

설명	결과
포도알 1개를 삭제할 수 있는 버튼을 만들어줘.	
'그룹 추가' 버튼 옆에 '초기화' 버튼을 추가하고, '초기화' 버튼을 클릭하면 프로그램이 초기화되도록 설정해줘.	
'그룹 추가', '초기화' 버튼이 있는 칸에 어느 그룹이 1등 인지 확인할 수 있게 해줘.	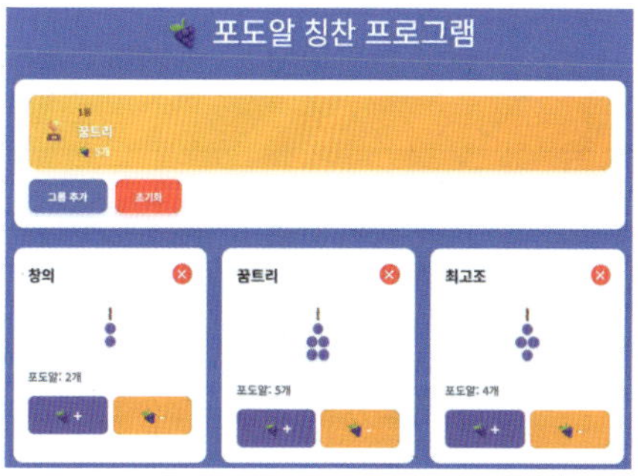

 **디자인 팁**

캔바가 생성해준 '칭찬 스티커' 프로그램을 확인하고 수정하고 싶은 내용을 반복적으로 입력하여 원하는 '칭찬 스티커' 프로그램의 디자인도 완성해 보세요.

❻ 프로그램이 완성되면 오른쪽 상단의 [게시]를 클릭하고 [게시]를 클릭하여 프로그램을 게시한 후 '칭찬 스티커' 프로그램을 사용해 봅니다.

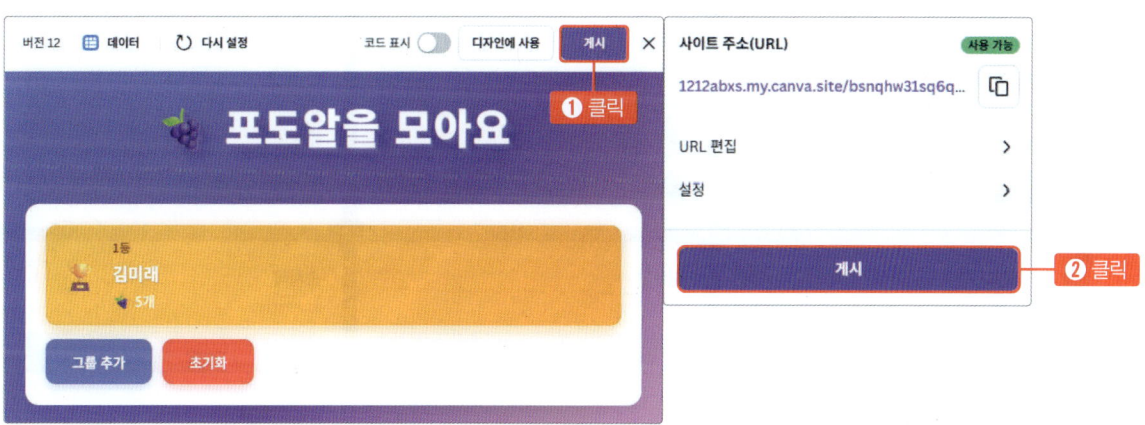

Chapter 15. 포도알 칭찬 스티커 프로그램 만들기 **133**

CHAPTER 15 재미 팡팡! 레벨 UP

▶ 예제 파일 : 없음 ▶ 완성 파일 : 15강 레벨업 완성

1 고객 쿠폰 관리 프로그램을 만들기 위해 프로그램의 기능을 정리해 봅니다.

프로그램 이름	
쿠폰 적립 방법	
고객 검색 방법	
고객 삭제 방법	
사용 쿠폰 제거 방법	

2 캔바의 바이브 코딩을 활용하여 고객 쿠폰 관리 프로그램을 만들어 봅니다.

CHAPTER 16
슬기로운 등교 생활 브이로그

▶ 예제 파일 : [16강 예제파일] 폴더   ▶ 완성 파일 : 16강 완성.mp4

오늘의 학습목표

- 캡컷의 화면 구성을 확인할 수 있습니다.
- 트랙에 영상을 추가하고 분할할 수 있습니다.
- 영상과 영상 사이에 전환 효과를 추가할 수 있습니다.
- 트랙에 배경음악을 추가하고 볼륨을 조절할 수 있습니다.

핵심 POINT

- ▶ **분할** : 영상을 분할하여 장면을 나누거나 불필요한 부분을 제거할 수 있는 기능입니다.
- ▶ **전환** : 장면과 장면이 자연스럽게 연결되도록 영상 사이에 다양한 전환 효과를 적용합니다.
- ▶ **오디오** : 효과음, 배경음악 등 다양한 음악을 영상에 추가할 수 있습니다.

01 슬기로운 등교 생활 브이로그 스토리 확인하기

1 '슬기로운 등교 생활 브이로그'의 스토리를 확인해 봅니다.

상쾌한 아침이에요.

아침에 건강하게 볼 일도 보고요.

깨끗하게 양치도 하고요.

맛있는 아침을 먹어요.

학교에 지각하지 않고 등교해요.

친구들과 열심히 공부해요.

디자인 팁

> 본인이 만들고 싶은 '슬기로운 등교 생활 브이로그'의 스토리를 생각해 보고, 캔바에서 각 장면을 자유롭게 디자인한 후 해당 장면을 사용해 브이로그 영상을 만들어도 좋아요.

02 캡컷 화면 구성 확인하기

❶ 바탕화면의 캡컷(✂)을 실행하고 [프로젝트 만들기]를 클릭합니다.

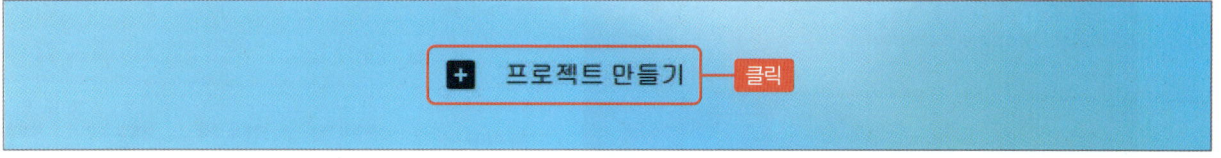

❷ 캡컷 동영상 편집 화면의 화면 구성을 확인합니다.

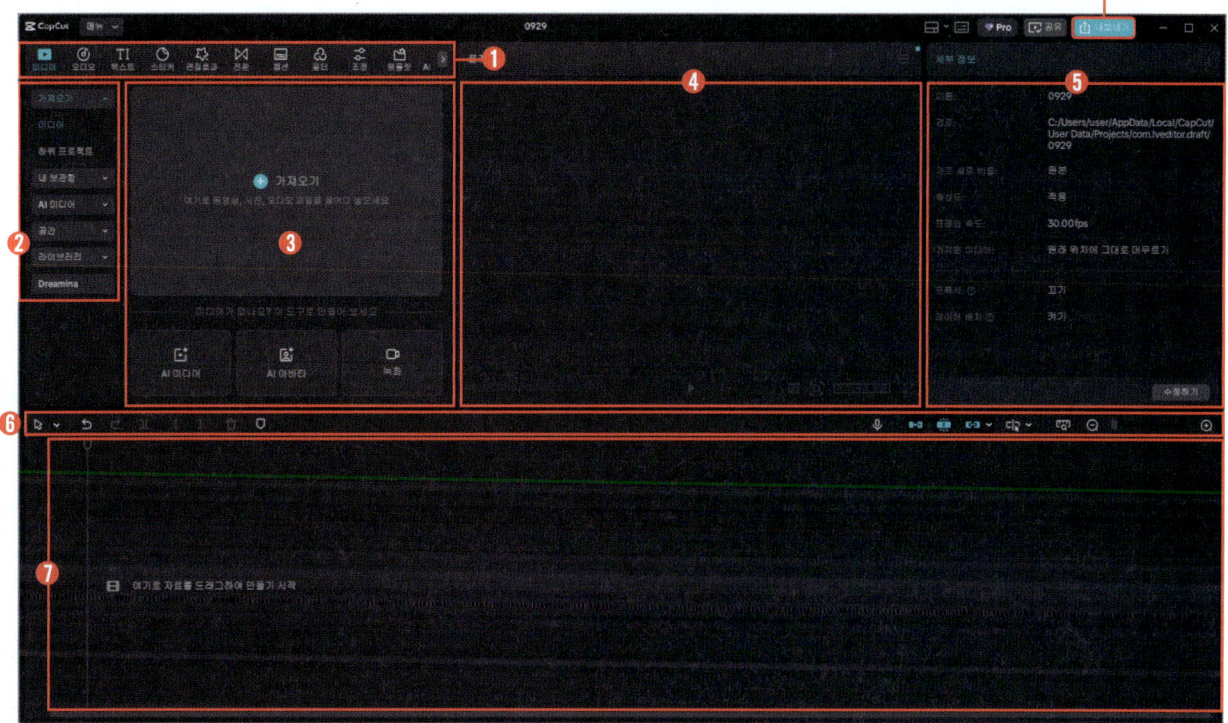

❶ 메인 메뉴 : 편집, 오디오, 텍스트, 편집효과, 전환 등 주요 메뉴가 표시됩니다.

❷ 세부 메뉴 : 메인 메뉴에서 선택한 메뉴의 세부적인 내용을 설정할 수 있습니다.

❸ 라이브러리 : 컴퓨터에 저장된 영상, 사진, 오디오 파일을 불러와 관리할 수 있습니다.

❹ 플레이어 : 편집 중인 영상을 확인할 수 있습니다.

❺ 세부 정보 : 영상의 속도, 볼륨, 애니메이션 등 세부적인 편집을 할 수 있습니다.

❻ 세부 설정 : 선택한 클립을 분할하거나 삭제하는 등 수정할 수 있습니다.

❼ 타임라인 : 영상, 오디오, 텍스트 등 여러 트랙으로 구성되어 있어 영상을 편집할 수 있습니다.

❽ 내보내기 : 편집이 완료된 영상을 동영상 파일로 내보냅니다.

03 타임라인에 영상 추가하고 분할하기

❶ [미디어]-[가져오기]를 클릭하고 [16강 예제파일] 폴더에서 '영상1'~'영상6' 파일을 불러옵니다.

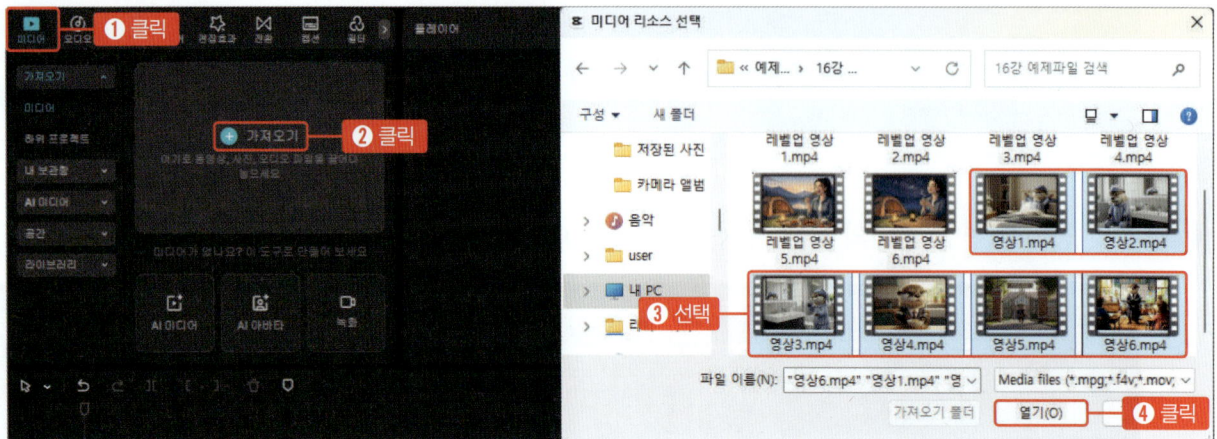

❷ [라이브러리]에 영상이 추가되면 '영상1.mp4' 파일을 드래그하여 트랙에 추가합니다.

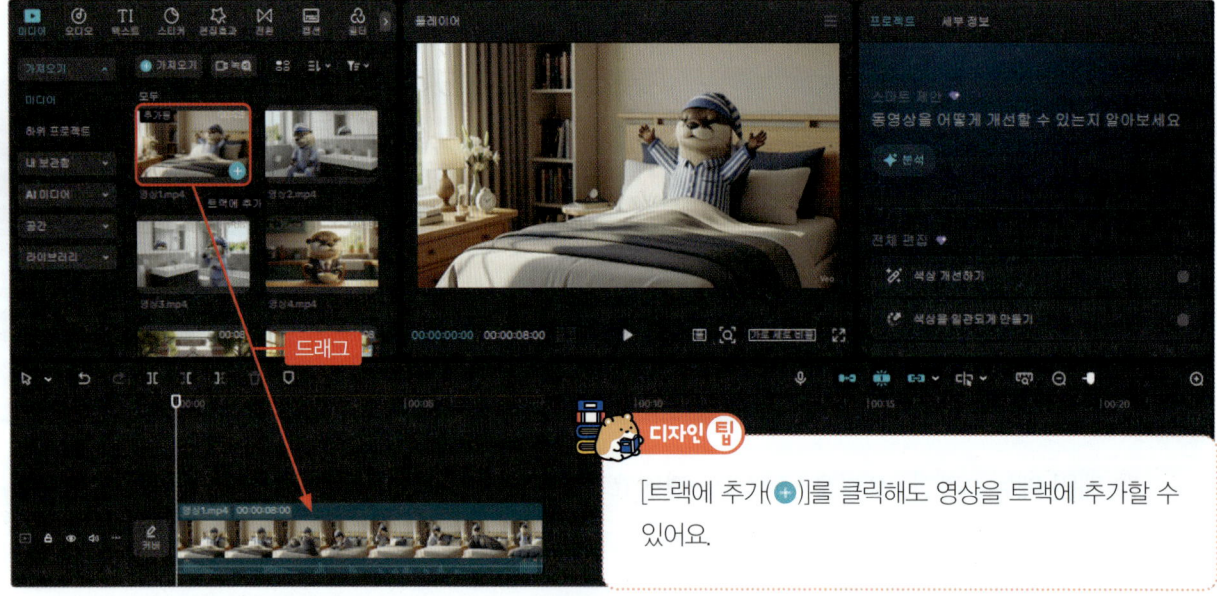

> **디자인 팁**
> [트랙에 추가(＋)]를 클릭해도 영상을 트랙에 추가할 수 있어요.

❸ [플레이어] 화면에서 [재생(▶)]을 클릭하여 영상을 확인하고 타임라인을 좌우로 드래그하여 영상을 분할할 위치('00:00:04:24')로 이동시킨 후 [분할(⊥)]을 클릭합니다.

❹ 영상이 분할되면 오른쪽 영상을 선택하고 Delete 키를 눌러 삭제합니다.

> **디자인 팁**
> 영상을 분할하지 않고 타임라인 기준 오른쪽에 위치한 영상을 삭제하려면 [오른쪽 삭제(⊥)]를 클릭하면 돼요.

❺ ❷~❹와 같은 방법으로 트랙에 '영상2'~'영상4' 파일을 추가한 후 영상을 자유롭게 분할해 봅니다.

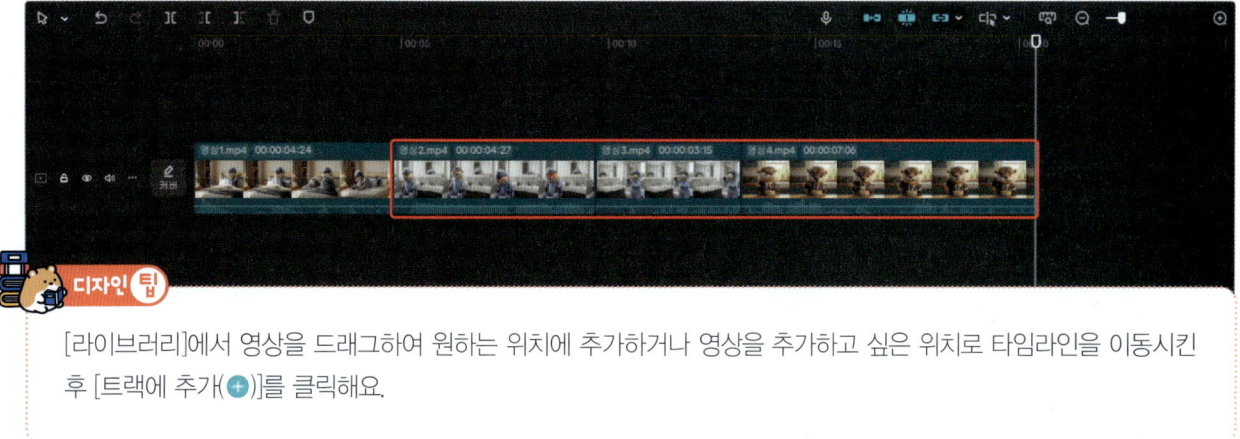

> **디자인 팁**
> [라이브러리]에서 영상을 드래그하여 원하는 위치에 추가하거나 영상을 추가하고 싶은 위치로 타임라인을 이동시킨 후 [트랙에 추가(➕)]를 클릭해요.

❻ ❺와 같은 방법으로 '영상5.mp4' 파일을 트랙에 추가하고 영상을 분할할 위치로 타임라인을 이동시킨 후 [왼쪽 삭제(▮◀)]를 클릭하여 영상 앞부분을 삭제합니다.

❼ 같은 방법으로 '영상6.mp4' 파일을 트랙에 추가한 후 영상을 분할하고 불필요한 부분을 삭제합니다.

타임라인 영역에서 Ctrl 키를 누른 상태로 마우스 휠을 밀거나 당기면 타임라인 화면을 확대하거나 축소할 수 있어요.

Chapter 16. 슬기로운 등교 생활 브이로그 **139**

04 영상에 전환 효과 추가하기

❶ [전환]을 클릭한 후 전환 효과 목록이 나타나면 원하는 전환 효과('행복한 섬광')를 드래그하여 '영상1'과 '영상2' 사이에 추가합니다.

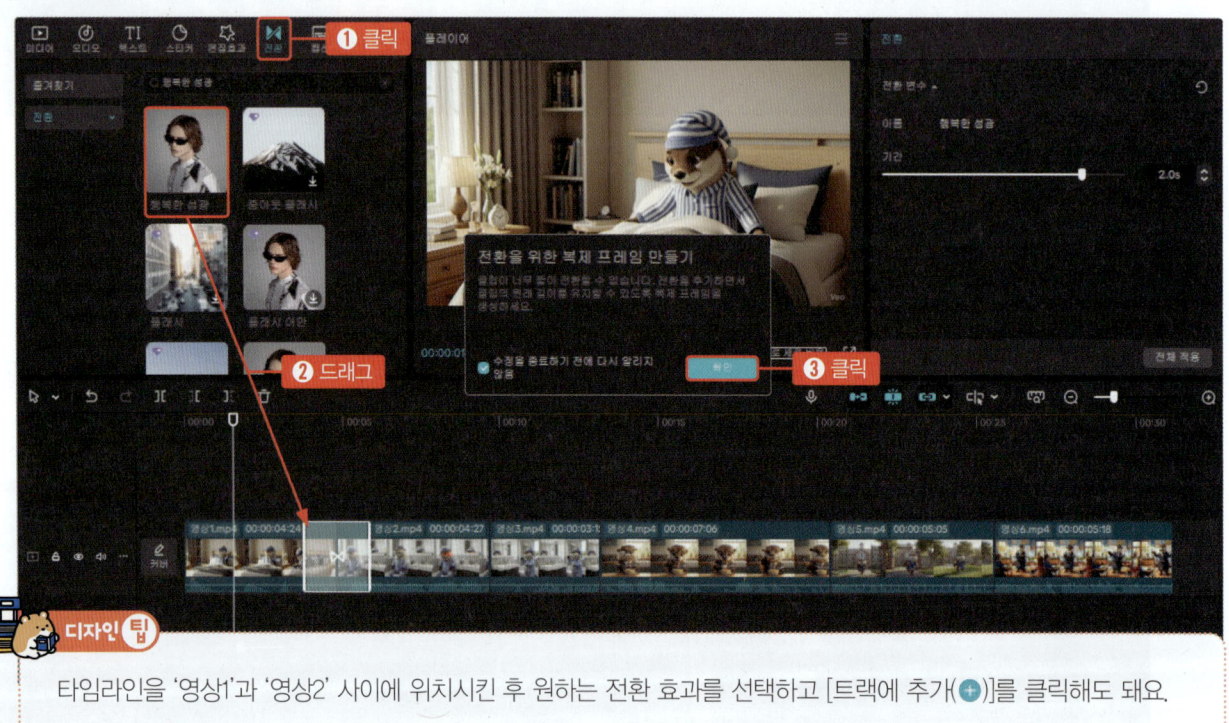

디자인 팁
타임라인을 '영상1'과 '영상2' 사이에 위치시킨 후 원하는 전환 효과를 선택하고 [트랙에 추가(➕)]를 클릭해도 돼요.

❷ ❶과 같은 방법으로 각 영상 사이에 전환 효과를 추가해 봅니다.

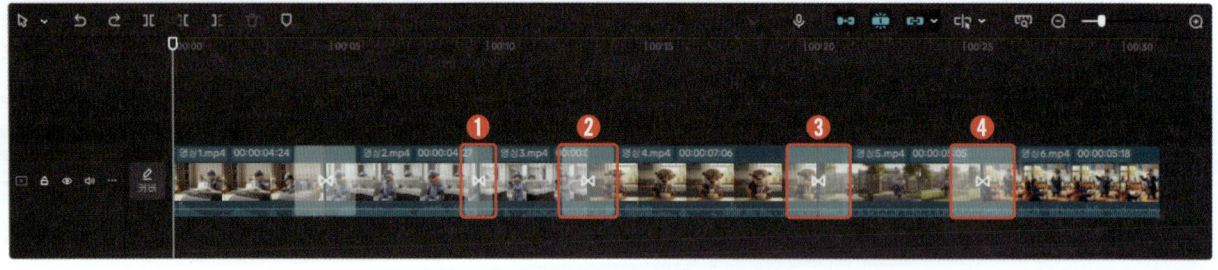

❶ 영상2와 영상3 사이	❷ 영상3과 영상4 사이
다이빙 앤 바운스	상향 와이퍼
❸ 영상4와 영상5 사이	❹ 영상5와 영상6 사이
기본 슈퍼줌	확장 페이드

디자인 팁
'' 표시가 되어 있는 개체는 유료 버전에서 사용할 수 있는 개체예요.

05 영상에 배경음악 추가하기

① 타임라인을 시작 위치로 이동시킨 후 [오디오]-[음악]-[브이로그]를 클릭하고 원하는 배경음악을 트랙에 추가합니다.

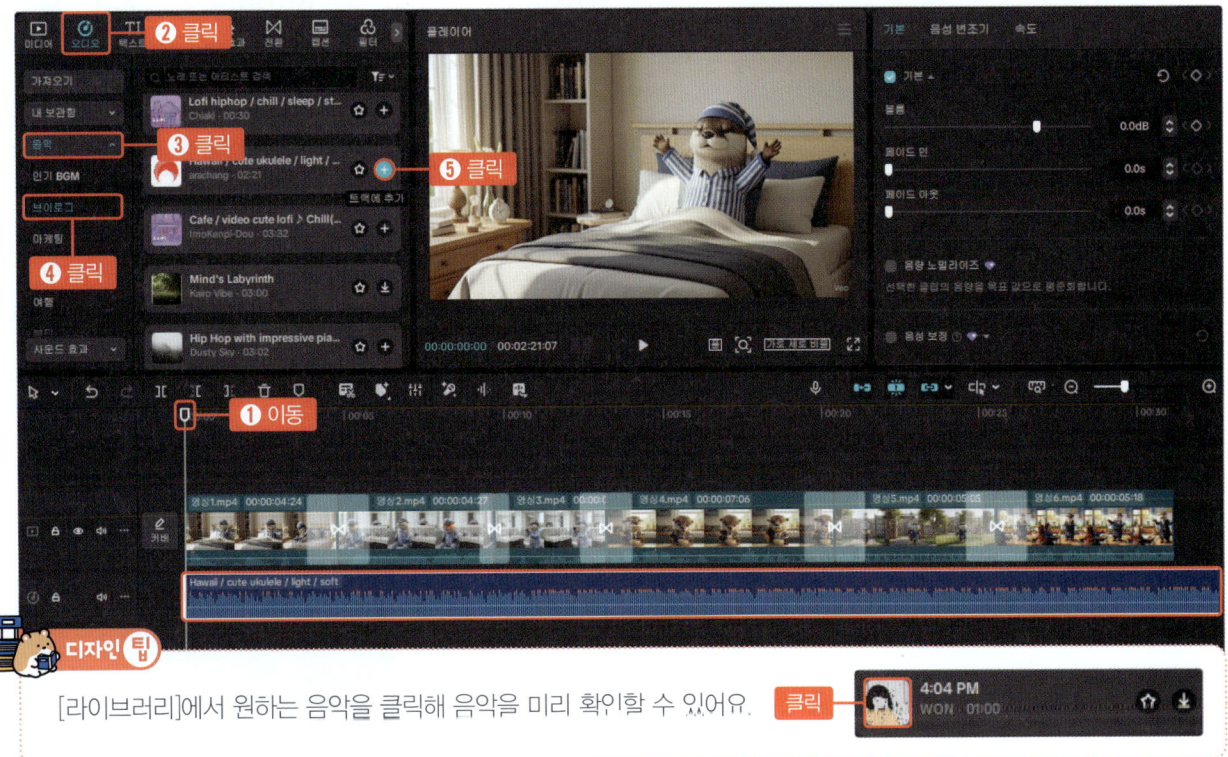

[라이브러리]에서 원하는 음악을 클릭해 음악을 미리 확인할 수 있어요.

② 추가된 배경음악을 선택하고 영상이 끝나는 위치로 타임라인을 이동시킨 후 [오른쪽 삭제()]를 클릭하여 불필요한 부분을 삭제합니다.

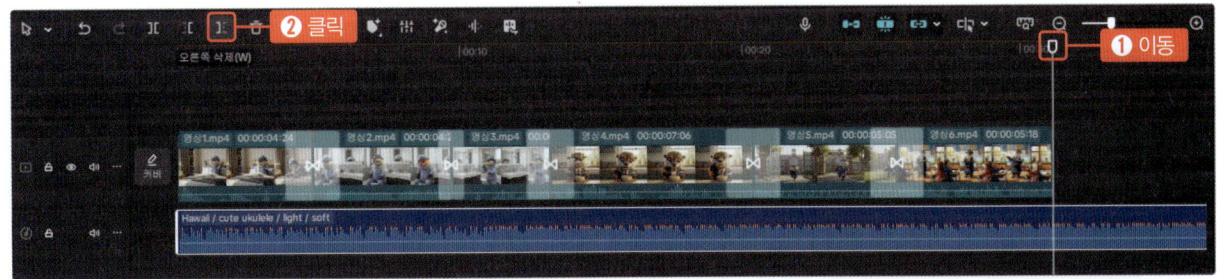

③ [세부 정보] 창에서 [기본]-[기본]을 클릭하고 볼륨('-15.0dB'), 페이드 인('5.0s'), 페이드 아웃('5.0s') 값을 조절합니다.

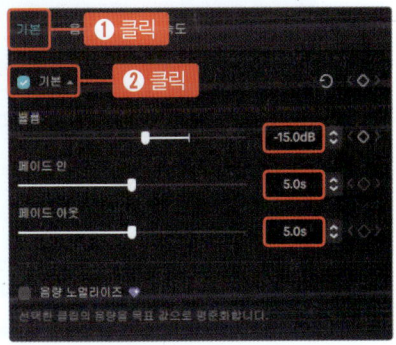

배경음악이 자연스럽게 시작되고 종료되도록 '페이드 인', '페이드 아웃' 값을 설정해요.

Chapter 16. 슬기로운 등교 생활 브이로그

④ 타임라인을 시작 위치로 이동시킨 후 [플레이어] 화면에서 [재생(▶)]을 클릭하여 완성된 영상을 확인하고 오른쪽 상단의 [내보내기]를 클릭합니다.

디자인 팁

왼쪽 상단의 [메뉴]-[설정]을 클릭하면 프로젝트 파일, 다운로드 파일, 화면 녹화 파일의 저장 위치를 확인하고 설정할 수 있어요.

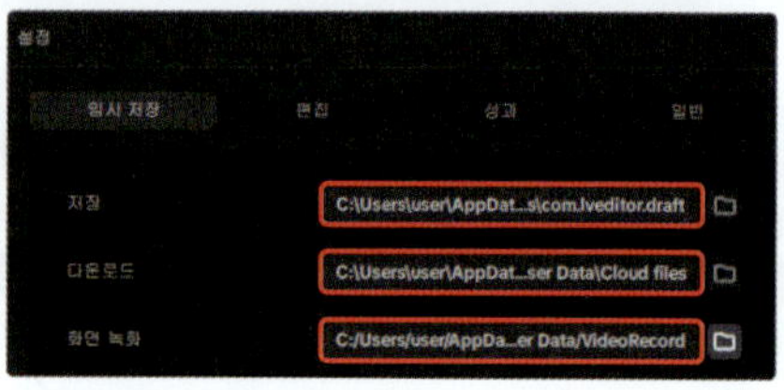

⑤ [내보내기] 창이 나타나면 이름('슬기로운 등교 생활')을 변경하고 [내보내기]를 클릭하여 영상을 저장합니다.

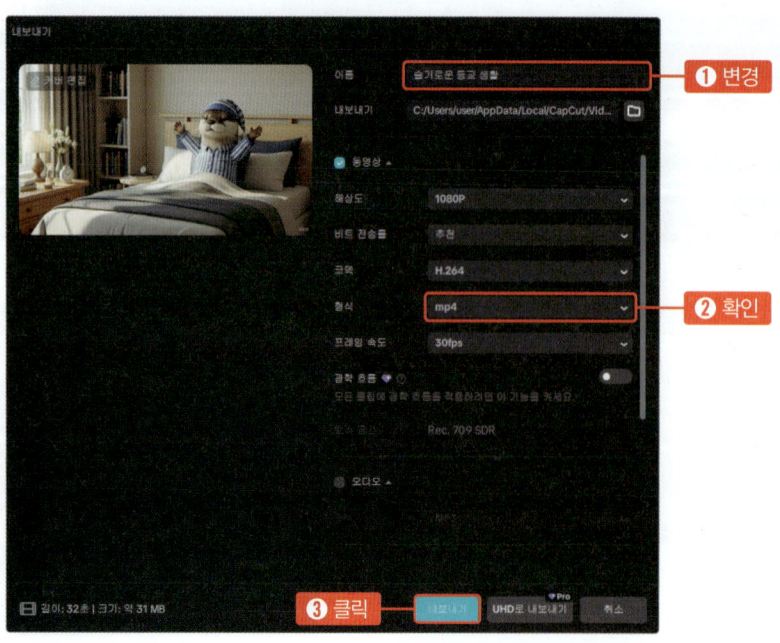

CHAPTER 16 재미 팡팡! 레벨 UP

▶ 예제 파일 : [16강 예제파일] 폴더　▶ 완성 파일 : 16강 레벨업 완성.mp4

1 캠핑 브이로그를 만들기 위해 스토리를 확인해 봅니다.

여행 가기 전 짐을 챙겨요.	룰루랄라 여행은 즐거워! 출발~	텐트 치는 건 정말 힘들어요.

화로에 고기를 구워요.	캠핑의 꽃! 먹방 타임	캄캄한 밤하늘의 별을 구경해요.

2 캡컷에서 영상을 분할하고 전환 효과, 배경음악을 추가하여 캠핑 브이로그를 완성해 봅니다.

❗ '레벨업 영상1'~'레벨업 영상6' 파일을 불러와요.

Chapter 16. 슬기로운 등교 생활 브이로그　**143**

CHAPTER 17 게임 크리에이터 인터뷰하기

▶ 예제 파일 : [17강 예제파일] 폴더　▶ 완성 파일 : 17강 완성.mp4

오늘의 학습목표

- 영상에 텍스트를 추가할 수 있습니다.
- 영상의 속도를 조절할 수 있습니다.
- 텍스트를 음성으로 변환할 수 있습니다.

핵심 POINT

▶ 텍스트 : 영상에 텍스트를 추가하고 다양한 스타일로 꾸밀 수 있습니다.
▶ 속도 : 영상의 속도를 조절하여 영상의 흐름을 다채롭게 변화시킬 수 있습니다.
▶ 텍스트를 음성으로 : 입력한 텍스트를 음성으로 변환할 수 있습니다.

01 게임 크리에이터 인터뷰 스토리 확인하기

❶ '게임 크리에이터 인터뷰'의 스토리를 확인해 봅니다.

크리에이터의 진짜 이야기
솔직 토크!

지금 바로 만나러 갑니다.
게임만 하는 줄 알았는데.. 직업이라고?

크리에이터가 된 계기는?
게임을 너무 좋아해 친구들에게 팁을 주다가
'영상으로 더 많은 사람들과 나눌까?' 생각했죠.
취미로 시작한 영상이 사랑받아
지금의 직업이 되었어요!

하루 일과는?
제가 게임만 하는 줄 알지만 오전엔 기획,
오후엔 유튜브 촬영, 저녁엔 편집과 소통으로 바빠요.
게임 시간보다 기획과 편집 시간이 더 길지만,
이 모든 과정이 정말 즐겁답니다!

힘들거나 포기하고 싶었던 적은?
물론, 낮은 조회수, 악플, 아이디어 고갈로 힘들었죠.
하지만 이 일을 시작한 의미, 팬들의 응원으로
극복했어요. 좋아하는 마음과 응원이 가장 중요하죠!

미래 크리에이터들에게 한 마디!
좋아하는 것을 찾아 일단 시작하고,
너만의 색깔을 보여줘. 힘든 순간도 있겠지만,
너의 열정은 분명 멋진 결과로 이어질 거야. 파이팅!

02 타임라인에 영상과 텍스트 추가하기

❶ 캡컷(✂)을 실행하고 [프로젝트 만들기]를 클릭합니다.

❷ [미디어]-[가져오기]를 클릭하고 [17강 예제파일] 폴더에서 '영상1'~'영상6' 파일을 불러옵니다.

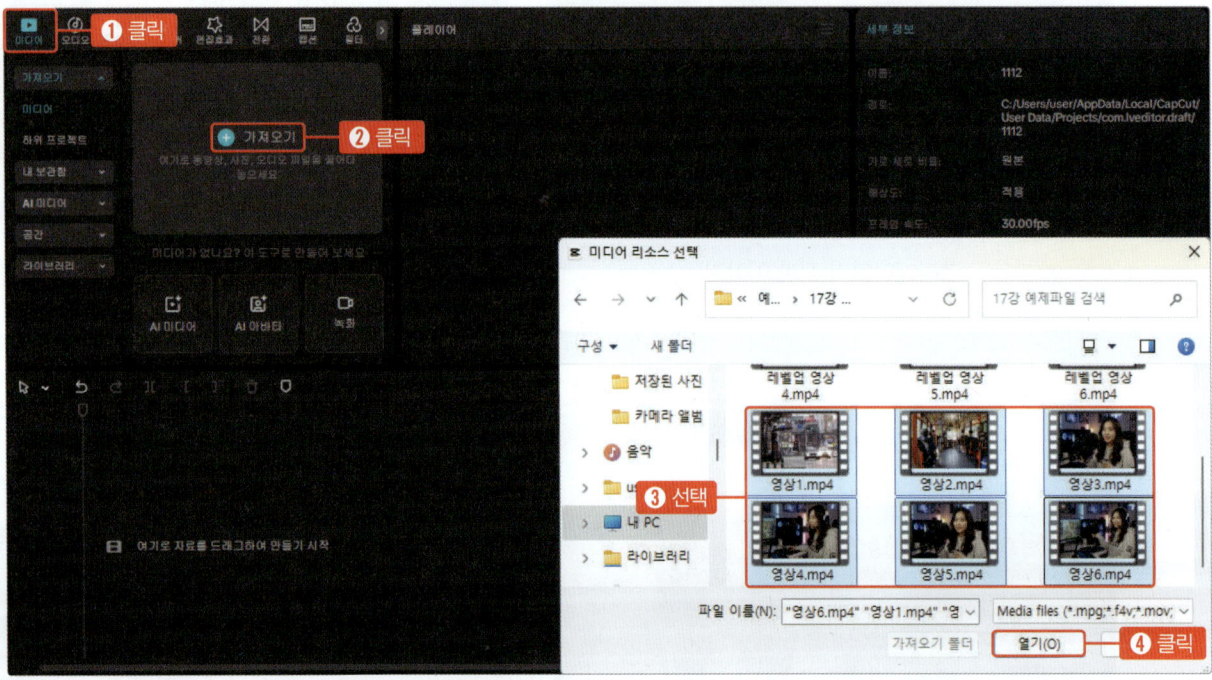

❸ [라이브러리]에 영상이 추가되면 '영상1'~'영상6' 파일을 순서대로 트랙에 추가합니다.

④ 타임라인을 '00:00:01:23' 위치로 이동시킨 후 [텍스트]-[텍스트 템플릿]-[제목]을 클릭하여 텍스트 템플릿 목록이 나타나면 원하는 텍스트 템플릿을 트랙에 추가합니다.

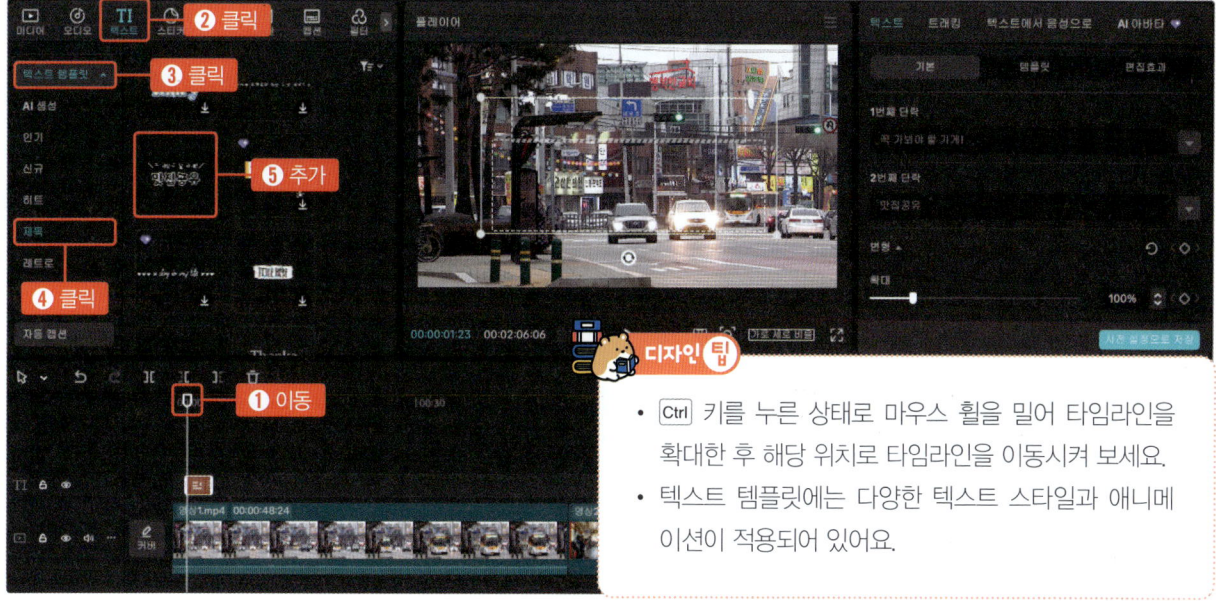

- Ctrl 키를 누른 상태로 마우스 휠을 밀어 타임라인을 확대한 후 해당 위치로 타임라인을 이동시켜 보세요.
- 텍스트 템플릿에는 다양한 텍스트 스타일과 애니메이션이 적용되어 있어요.

⑤ 트랙에 추가된 텍스트를 선택하고 [세부 정보] 창에서 [텍스트]-[기본]을 클릭하여 1번째 단락('크리에이터의 진짜 이야기')과 2번째 단락('솔직 토크!')의 내용을 변경합니다.

⑥ 텍스트를 선택하고 오른쪽 끝 부분을 드래그하여 길이를 조절합니다.

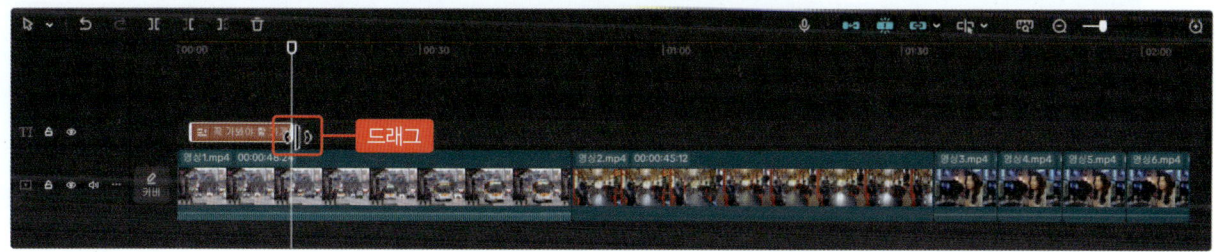

Chapter 17. 게임 크리에이터 인터뷰하기 **147**

❼ 트랙에서 '영상1'을 선택하고 타임라인을 이동시켜 '영상1'에서 불필요한 부분은 삭제합니다.

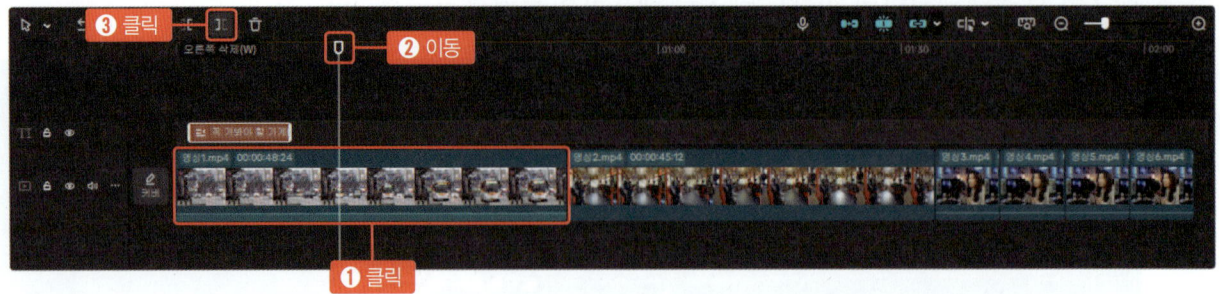

❽ [플레이어] 화면에서 텍스트를 선택한 후 크기와 위치를 조절합니다.

❾ 트랙에서 '영상2'를 선택한 후 ❹~❽과 같은 방법으로 텍스트를 추가하고 길이를 조절합니다.

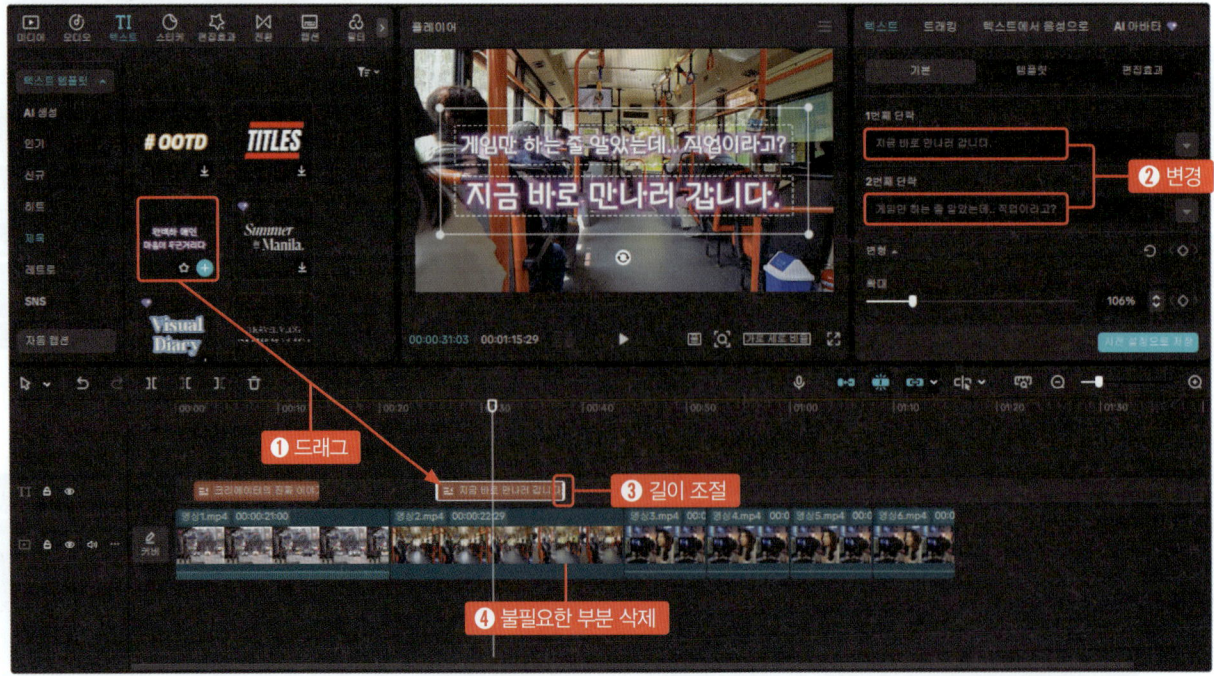

03 영상 속도 조절하고 음성 추가하기

❶ 트랙에서 '영상2'를 선택하고 [세부 정보] 창에서 [속도]-[표준]을 클릭한 후 속도('3.50x')를 조절합니다.

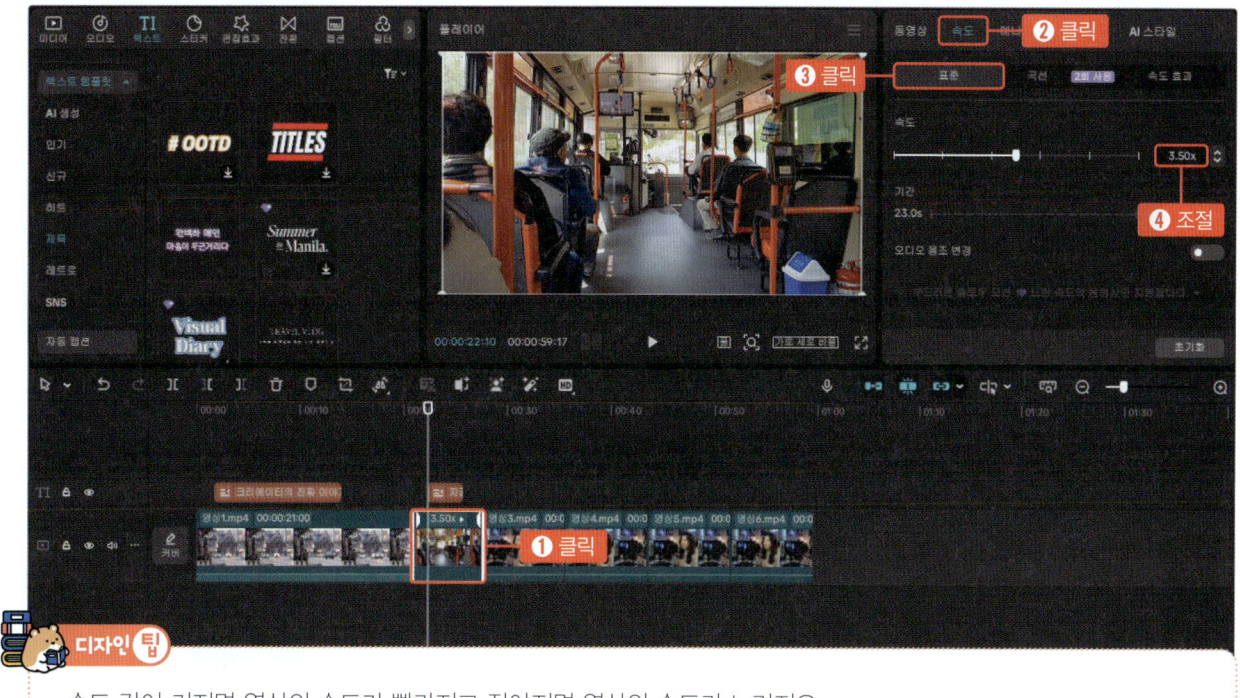

디자인 팁
속도 값이 커지면 영상의 속도가 빨라지고 작아지면 영상의 속도가 느려져요.

❷ [텍스트]-[텍스트 추가]-[기본 텍스트]를 드래그하여 '영상3' 위치에 추가합니다.

Chapter 17. 게임 크리에이터 인터뷰하기 **149**

❸ 트랙에 추가된 텍스트를 선택하고 [세부 정보] 창에서 [텍스트]-[기본]을 클릭한 후 앞서 확인한 '게임 크리에이터 인터뷰' 스토리의 내용을 입력합니다.

❹ [텍스트에서 음성으로]를 클릭한 후 [한국어]-[언니]-[음성 생성]을 클릭하여 텍스트를 음성으로 변환합니다.

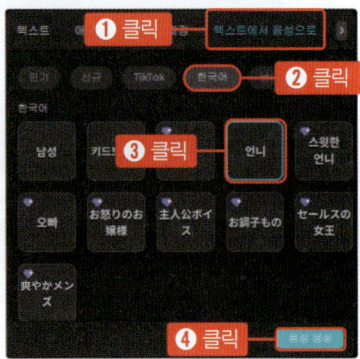

❺ 트랙에 추가된 음성을 선택하고 [세부 정보] 창에서 [속도]를 클릭한 후 '영상3'의 길이에 맞게 음성의 속도를 조절합니다.

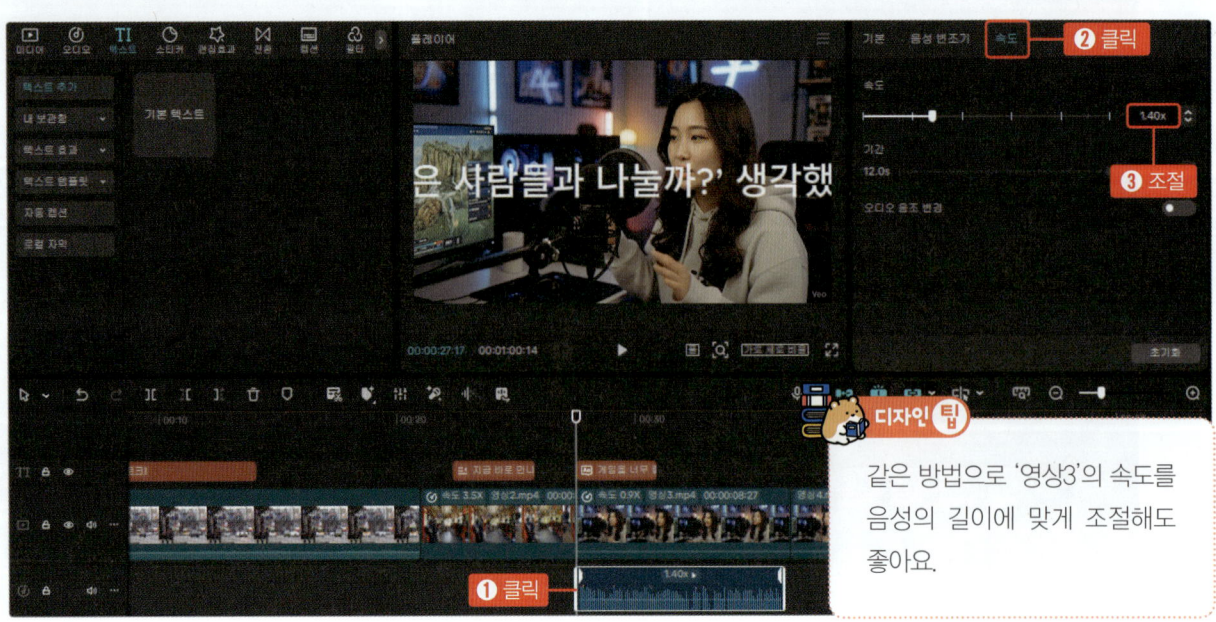

디자인 팁
같은 방법으로 '영상3'의 속도를 음성의 길이에 맞게 조절해도 좋아요.

⑥ 다시 '영상3' 위치에 추가한 텍스트를 선택하여 [텍스트]-[기본]에서 내용('크리에이터가 된 계기는?')을 수정하고 텍스트 서식을 자유롭게 지정한 후 [편집효과]를 클릭하여 텍스트에 효과를 적용합니다.

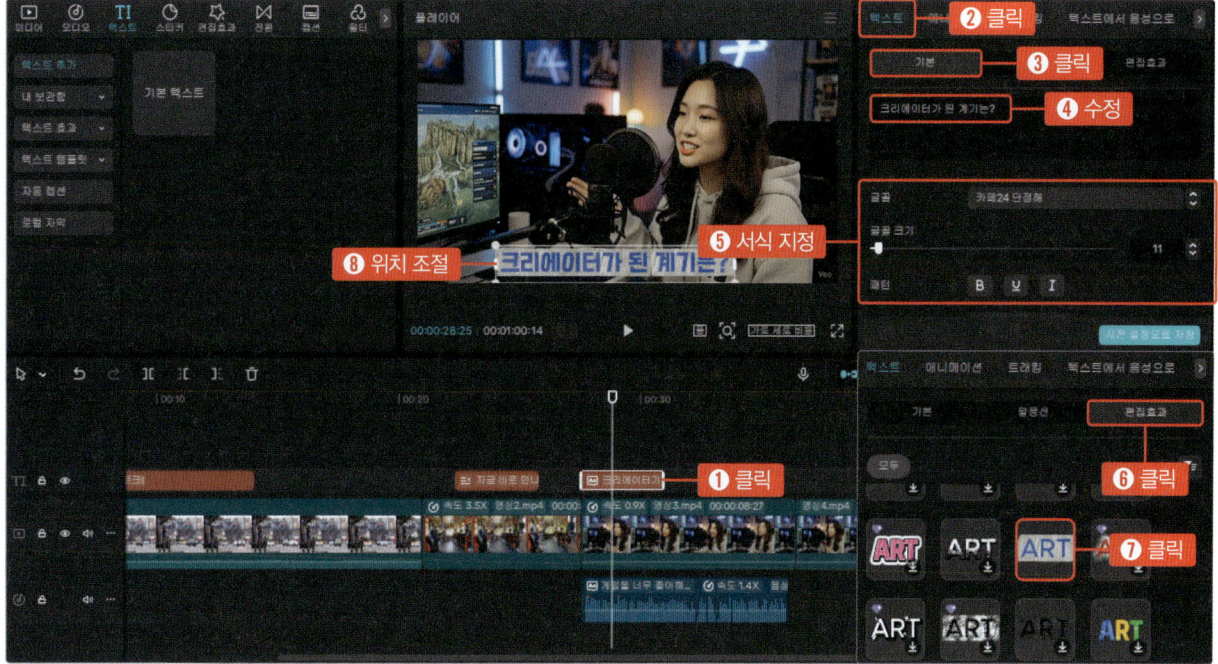

⑦ 자막이 '영상3'이 끝날 때까지 나타나도록 트랙에서 텍스트의 길이를 조절합니다.

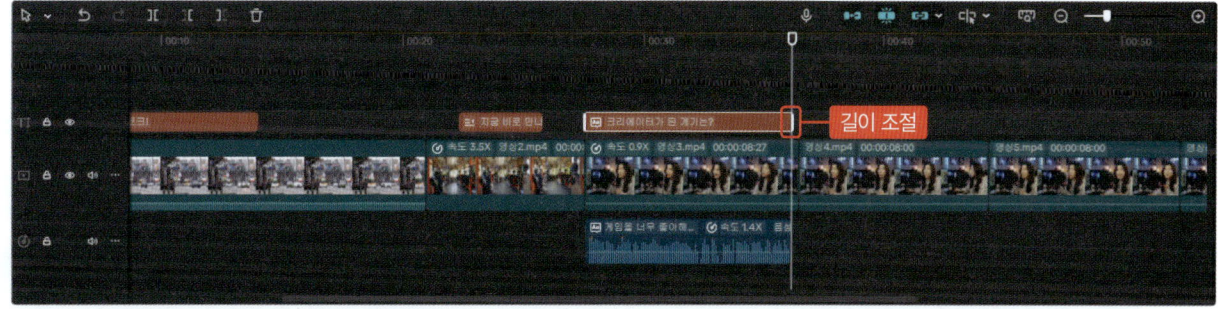

⑧ ❷~❼과 같은 방법으로 '게임 크리에이터 인터뷰' 스토리를 확인하여 '영상4'~'영상6'에 음성과 자막을 추가해 봅니다.

Chapter 17. 게임 크리에이터 인터뷰하기 **151**

04 전환 효과와 배경음악 추가하기

❶ [전환]을 클릭하여 원하는 전환 효과를 각 영상 사이에 추가합니다.

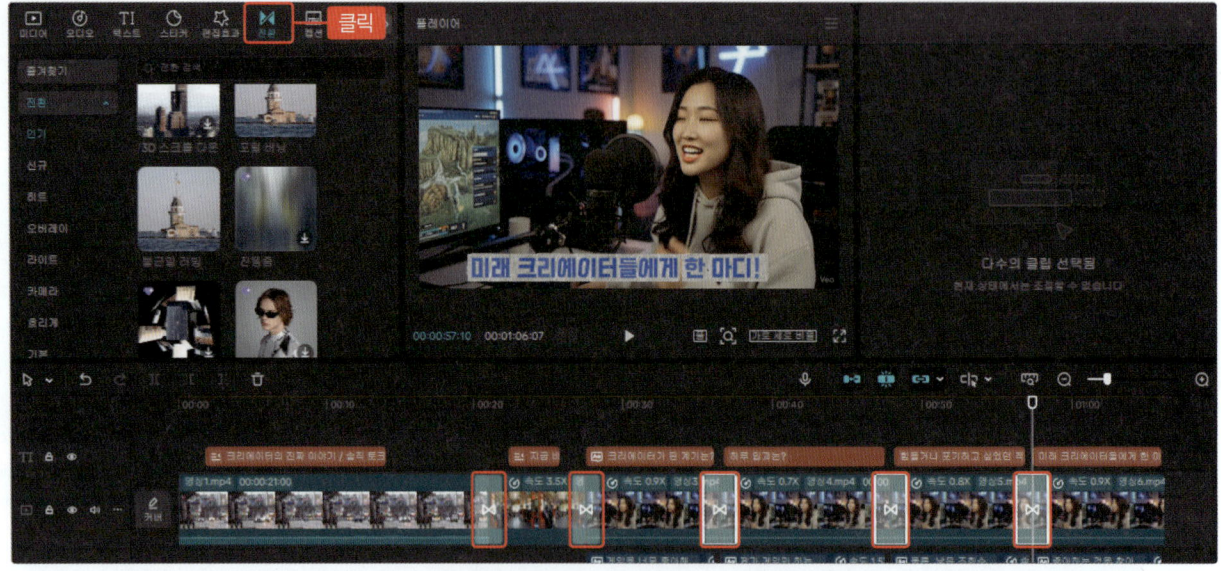

❷ [오디오]-[음악]을 클릭하여 원하는 배경음악을 트랙에 추가하고 불필요한 부분은 삭제합니다.

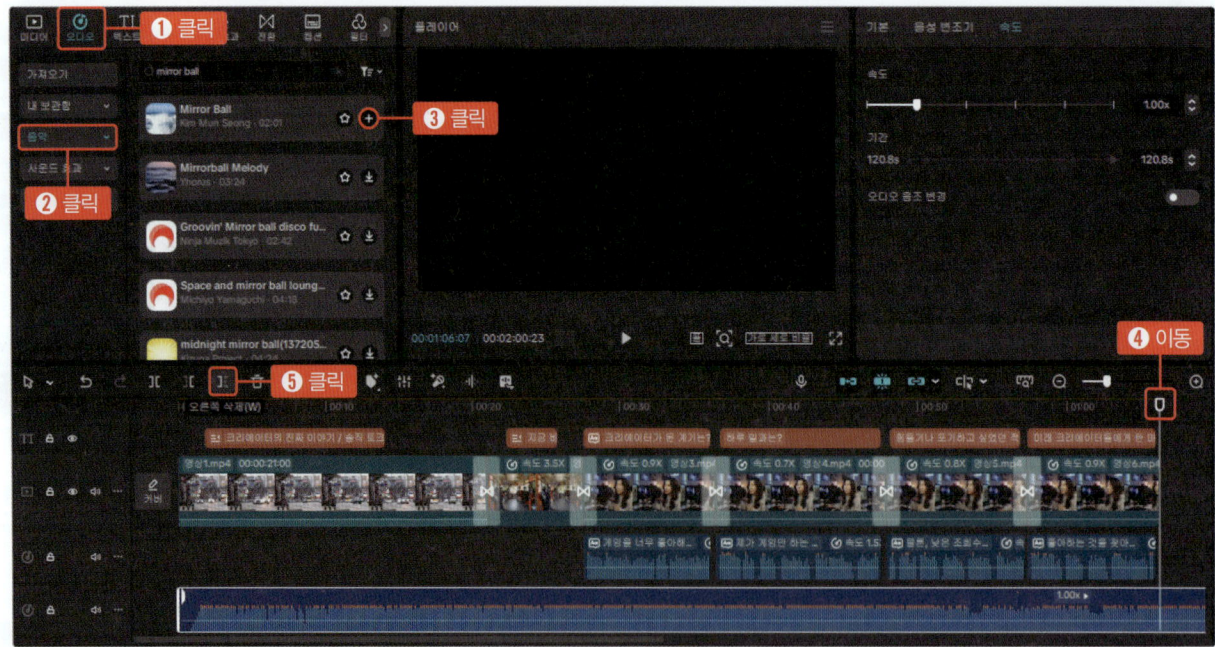

❸ [세부 정보] 창에서 배경음악의 볼륨('-15.0dB'), 페이드 인('2.0s'), 페이드 아웃('2.0s') 값을 지정한 후 [내보내기]를 클릭하여 영상을 저장합니다.

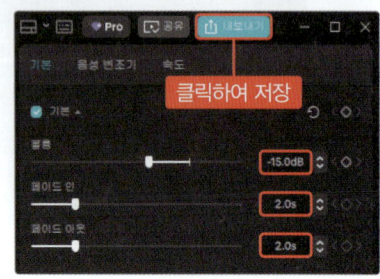

CHAPTER 17 재미 팡팡! 레벨 UP

▶ 예제 파일 : [17강 예제파일] 폴더   ▶ 완성 파일 : 17강 레벨업 완성.mp4

1 아이돌 인터뷰 영상을 만들기 위해 스토리를 확인해 봅니다.

무대 뒤 숨겨진 이야기
케이팝 아이돌

지금 바로 만나러 갑니다.
꿈의 아이콘, 아이돌의 세계로!

아이돌이 된 계기는?
어릴 때부터 무대를 꿈꿨고, 많은 오디션을 거쳤죠. 캐스팅 후 힘든 연습생 생활도 열정으로 견뎠어요. 긴 노력 끝에 지금의 아이돌로 데뷔하게 되었어요.

가장 뿌듯했던 순간은?
음악방송 1위 했을 때? 팬들이 노래를 따라 부를 때 큰 보람을 느껴요. 노력이 헛되지 않음을 확인하는 가장 뿌듯한 순간이랍니다!

무대에서 팬들과 소통할 때의 기분은?
무대는 연습의 보상이자 팬들과 에너지를 주고받는 황홀한 공간이에요. 응원봉과 함성 속에서 '하나'가 됨을 느껴요. 늘 감사해요!

미래 아이돌 친구들에게 한 마디
미래 아이돌 친구들! 열정을 잃지 말고 꾸준히 노력하며 자신을 믿어요. 몸과 마음 건강도 중요! 쉽지 않지만 빛날 거예요. 제가 응원할게요! 파이팅!

2 캡컷에서 자막과 음성을 추가하여 아이돌 인터뷰 영상을 완성해 봅니다.

> ❗ '레벨업 영상1'~'레벨업 영상6' 파일을 불러와 작업해 보세요.

CHAPTER 18 대왕 돈가스 광고 만들기

▶ 예제 파일 : [18강 예제파일] 폴더   ▶ 완성 파일 : 18강 완성.mp4

오늘의 학습목표

- 영상에 텍스트를 추가할 수 있습니다.
- 영상에 애니메이션 효과를 적용할 수 있습니다.
- 영상에 효과음을 추가할 수 있습니다.

핵심 POINT

▶ 애니메이션 : 영상에 다양한 애니메이션 효과를 적용할 수 있습니다.
▶ 효과음 : 상황에 어울리는 효과음을 적용할 수 있습니다.

01 광고 스토리 확인하기

❶ '대왕 돈가스 광고'의 스토리를 확인해 봅니다.

꼬..꼬..꼬르륵

그거 잘 됐다! 대왕 돈가스 어때? 크고 맛있어!

앗 배가.. 나 화장실이 급한 건데..

아~ 속이 다 편하네~ 하하하~

그거 잘됐다~ 속이 편안하니까 대왕 돈가스 어때?

아..아.. 뭐지..배..배가 또 아프네...

어이 없네.. 나 혼자 즐겨도 좋은 대왕 돈가스!

재미있는 상황을 설정해 혼자 즐겨도 맛있는 '대왕 돈가스'를 홍보하기 위한 광고의 스토리예요.

Chapter 18. 대왕 돈가스 광고 만들기

02 영상에 자막 추가하기

❶ 캡컷(✂)을 실행하고 [프로젝트 만들기]를 클릭합니다.

❷ [미디어]-[가져오기]를 클릭하고 [18강 예제파일] 폴더에서 '영상1'~'영상7' 파일을 불러옵니다.

❸ [라이브러리]에 영상이 추가되면 '영상1'~'영상7' 파일을 순서대로 트랙에 추가합니다.

④ [플레이어] 화면에서 [재생(▶)]을 클릭하여 각 영상을 확인한 후 자유롭게 분할하고 편집합니다.

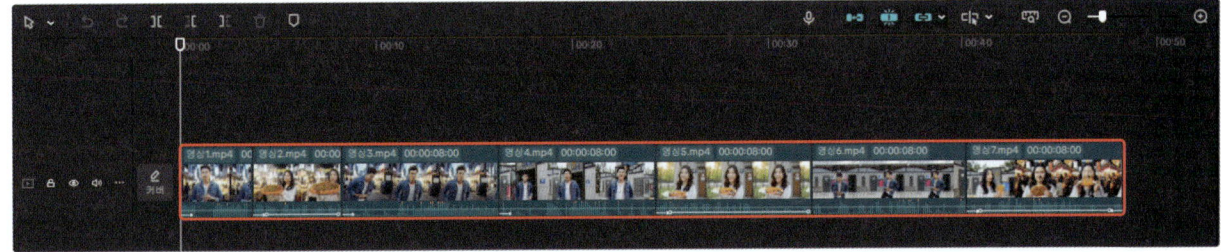

⑤ 자막을 추가할 위치로 타임라인을 이동시킨 후 [텍스트]-[텍스트 효과]를 클릭합니다.

⑥ 원하는 텍스트 효과를 선택하여 자막을 추가합니다.

Chapter 18. 대왕 돈가스 광고 만들기 **157**

❼ 트랙에 추가된 텍스트를 선택하여 [세부 정보] 창에서 자막 내용('꼬..꼬..꼬르륵')을 입력한 후 텍스트 서식을 지정하고 크기와 위치를 조절합니다.

❽ '영상1'의 길이에 맞게 자막의 길이를 조절합니다.

❾ '대왕 돈가스 광고'의 스토리를 확인하여 ❺~❽과 같은 방법으로 '영상2'~'영상7'에 자막을 추가해 봅니다.

텍스트를 삽입하고 [편집효과]에서 자막 스타일을 선택해도 좋아요.

03 영상에 애니메이션 효과 추가하기

① 트랙에서 '영상1'을 선택한 후 [세부 정보] 창에서 [애니메이션]–[인]을 클릭하고 원하는 애니메이션 효과('페이지 펴기')를 클릭합니다.

② ①과 같은 방법으로 '영상2'~'영상7'을 각각 선택하고 원하는 애니메이션 효과를 적용해 봅니다.

❶ 영상2	❷ 영상3	❸ 영상4
• [인]–[페이드 인] • [조합]–[회전 상승]	[인]–[페이드 인]	[인]–[페이드 인]
❹ 영상5	❺ 영상6	❻ 영상7
• [인]–[페이드 인] • [조합]–[회전 상승]	[인]–[페이드 인]	• [인]–[페이드 인] • [아웃]–[페이드 아웃] • [조합]–[회전 상승]

Chapter 18. 대왕 돈가스 광고 만들기

04 영상에 효과음 추가하기

① 효과음을 추가할 위치로 타임라인을 이동시키고 [오디오]-[사운드 효과]-[환호]를 클릭한 후 'Audience laughter applause TV(832259)' 효과음을 찾아 트랙에 추가합니다.

② 효과음이 추가되면 효과음의 길이를 조절합니다.

디자인 팁
효과음을 추가한 후 [세부 정보] 창에서 '페이드 아웃' 값을 지정해 웃음 소리가 자연스럽게 사라지도록 해보세요.

③ 트랙에 추가된 효과음을 선택하고 Ctrl + C, Ctrl + V 키를 눌러 복제한 후 이동시켜 다른 장면에도 효과음을 추가합니다.

④ [재생(▶)]을 클릭하여 영상을 확인한 후 [내보내기]를 클릭하여 영상을 저장합니다.

CHAPTER 18 재미 팡팡! 레벨 UP

▶ 예제 파일 : [18강 예제파일] 폴더 ▶ 완성 파일 : 18강 레벨업 완성.mp4

1 울리지 않는 알람 시계 광고의 스토리를 확인해 봅니다.

내일 일찍 일어나려면 일찍 자야겠다.

쿨쿨~

으악! 왜 알람이 울리지 않은 거야!

이 시계는 당신의 잠을 절대 방해하지 않는다우. 하나 살 텐가?

알람을 맞춰도 절대 울리지 않는 고장난 시계!

2 캡컷에서 자막, 애니메이션, 효과음을 추가하여 울리지 않는 알람 시계 광고를 완성해 봅니다.

Chapter 18. 대왕 돈가스 광고 만들기 **161**

CHAPTER 19
AI 역사 인물 소개 영상

▶ 예제 파일 : [19강 예제파일] 폴더   ▶ 완성 파일 : 19강 완성.mp4

오늘의 학습목표

- Canva AI 기능을 활용하여 역사 인물을 조사할 수 있습니다.
- 캔바를 이용하여 역사 인물 소개 장면을 만들 수 있습니다.
- 캡컷을 이용하여 역사 인물 소개 영상을 완성할 수 있습니다.

핵심 POINT

▶ **Canva AI** : 프롬프트를 입력하여 아이디어를 얻거나 내용을 정리할 수 있습니다.
▶ **애니메이션** : 개체에 다양한 애니메이션 효과를 적용할 수 있습니다.
▶ **텍스트에서 음성으로** : 입력한 텍스트를 음성으로 변환할 수 있습니다.

01 역사 인물 소개 내용 정리하기

① 크롬( ) 브라우저를 실행하고 캔바 사이트('https://www.canva.com')에 접속하여 로그인합니다.

② [Canva AI]를 클릭한 후 영상으로 소개하고 싶은 역사 인물에 대한 내용을 입력하여 내용을 정리해 봅니다.

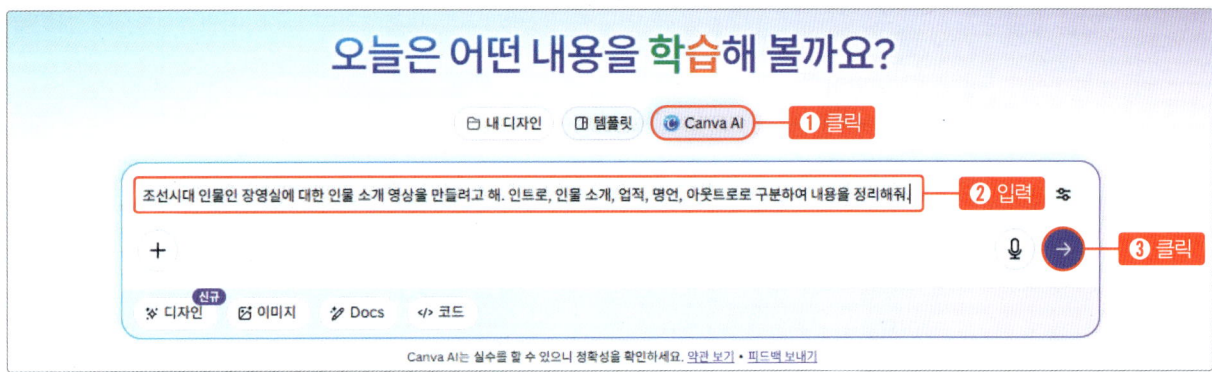

💡 **입력 프롬프트**
조선시대 인물인 장영실에 대한 인물 소개 영상을 만들려고 해. 인트로, 인물 소개, 업적, 명언, 아웃트로로 구분하여 내용을 정리해줘.

③ Canva AI가 생성한 내용을 확인하고 영상을 어떻게 제작할지 내용을 정리해 봅니다.

제목	자막	AI 음성 및 내레이션
인트로		
인물 소개		
업적		
명언		
아웃트로		

💡 Canva AI가 생성한 내용을 그대로 사용하지 말고 수정할 부분이 있으면 수정하고, 본인의 생각도 포함하여 정리해요.

[예시]

제목	자막	AI 음성 및 내레이션
인트로	AI로 만든 역사 인물 소개 - 장영실	오늘은 조선시대 위대한 과학자, 장영실을 소개합니다.
인물 소개	• 장영실(1400~1450년경) • 조선 세종 시대 최고의 과학자 • 천민 출신이지만 재능으로 세종대왕의 신임을 받았어요.	장영실은 천민 출신이었지만 뛰어난 기술력으로 세종대왕의 눈에 띄었고, 조선의 과학을 크게 발전시켰습니다.
업적	• 자격루(물시계) • 혼천의 • 측우기 • 실험을 두려워하지 않고 새로운 것을 만들었어요.	장영실은 백성을 위해 편리한 과학 기구를 만들었고, 그의 발명품은 조선의 과학 발전에 큰 영향을 주었습니다.
명언	"백성에게 도움이 되는 발명이 진짜 과학이다."	장영실은 과학이란 백성을 위한 것이어야 한다고 생각했습니다. 그의 마음에는 늘 '사람'이 있었습니다.
아웃트로	도전과 창의력으로 세상을 바꾼 사람, 장영실!	도전과 창의력으로 세상을 바꾼 사람, 장영실! 우리도 장영실처럼 포기하지 않고 도전한다면 세상을 바꾸는 멋진 사람이 될 수 있습니다.

④ [만들기] 탭을 클릭하고 [디자인 만들기] 창이 나타나면 '카드뉴스'를 검색하여 [카드뉴스(정사각형)]를 클릭합니다.

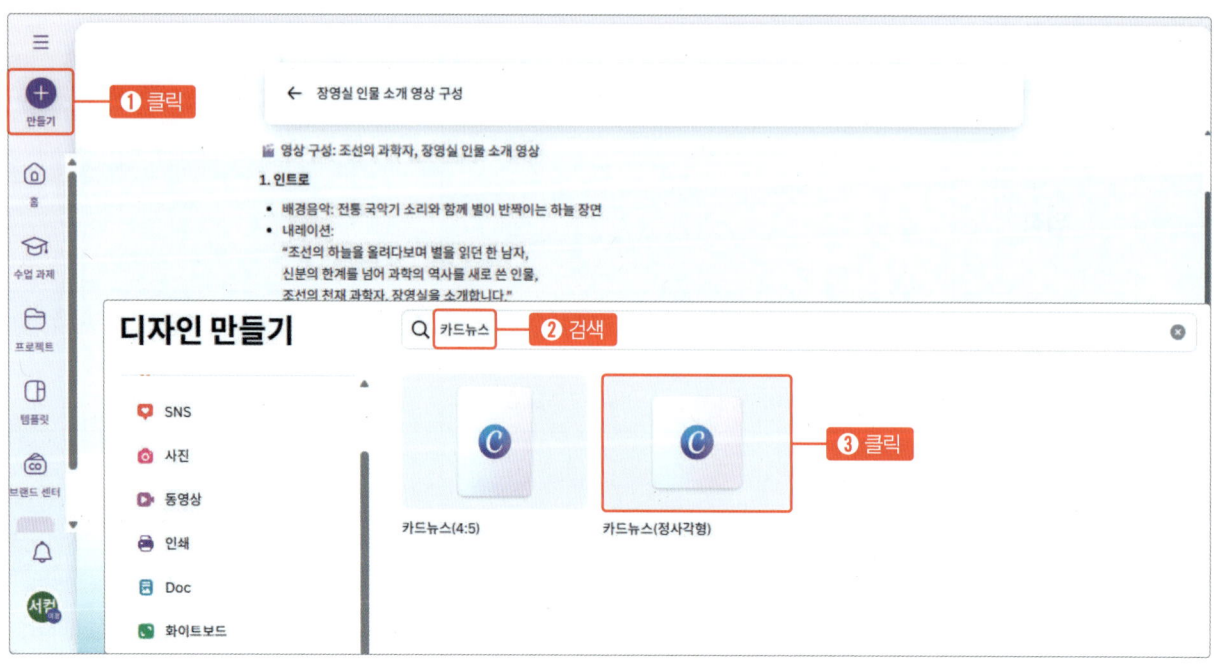

164 AI 디지털 콘텐츠 디자이너

02 역사 인물 소개 장면 만들기

1 [요소] 탭-[그래픽]을 클릭하고 검색창에 '갈색 배경'을 검색하여 배경 이미지를 추가한 후 이미지를 배경으로 설정합니다.

> 디자인 팁
> 본인이 선택한 역사 인물에 어울리는 배경을 검색하여 추가해 보세요.

2 [요소] 탭에서 다양한 개체를 추가하여 페이지를 꾸미고 앞서 정리한 내용을 바탕으로 인트로 장면을 만들어 봅니다.

3 인트로 장면이 완성되면 [페이지 추가(+)]를 클릭합니다.

> 디자인 팁
> 개체에 다양한 애니메이션 효과도 적용해 보세요.

Chapter 19. AI 역사 인물 소개 영상 **165**

❹ ❷~❸과 같은 방법으로 앞서 작성한 내용을 참고하여 각 장면을 꾸며 봅니다.

인물 소개 장면	업적 장면

명언 장면	아웃트로 장면

❺ [파일]-[다운로드]를 클릭하여 파일 형식('MP4 동영상')을 지정하고 [페이지 선택]에서 [페이지를 별도의 파일로 다운로드]에 체크한 후 [다운로드]를 클릭하여 저장합니다.

03 역사 인물 소개 영상 완성하기

1. 캡컷(✂)을 실행하고 [프로젝트 만들기]를 클릭한 후 [미디어]-[가져오기]를 클릭하여 캔바에서 저장한 파일을 불러옵니다.

완성한 장면이 없다면 [19강 예제파일] 폴더에서 '장면1'~'장면5' 파일을 불러와요.

2. [라이브러리]에 파일이 추가되면 '장면1'~'장면5' 파일을 순서대로 트랙에 추가한 후 [플레이어] 화면에서 [가로 세로 비율]-[1:1]을 선택합니다.

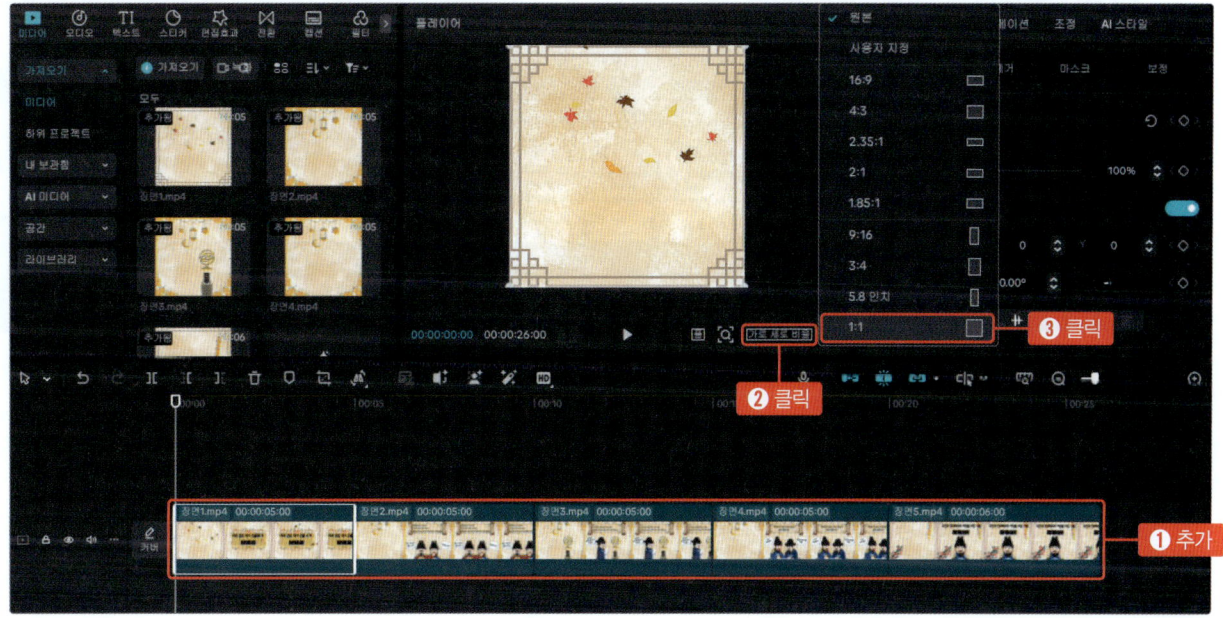

Chapter 19. AI 역사 인물 소개 영상 **167**

❸ [텍스트]-[기본 텍스트]를 트랙에 추가하고 [세부 정보] 창에서 앞서 정리한 내용을 바탕으로 내레이션 내용을 입력합니다.

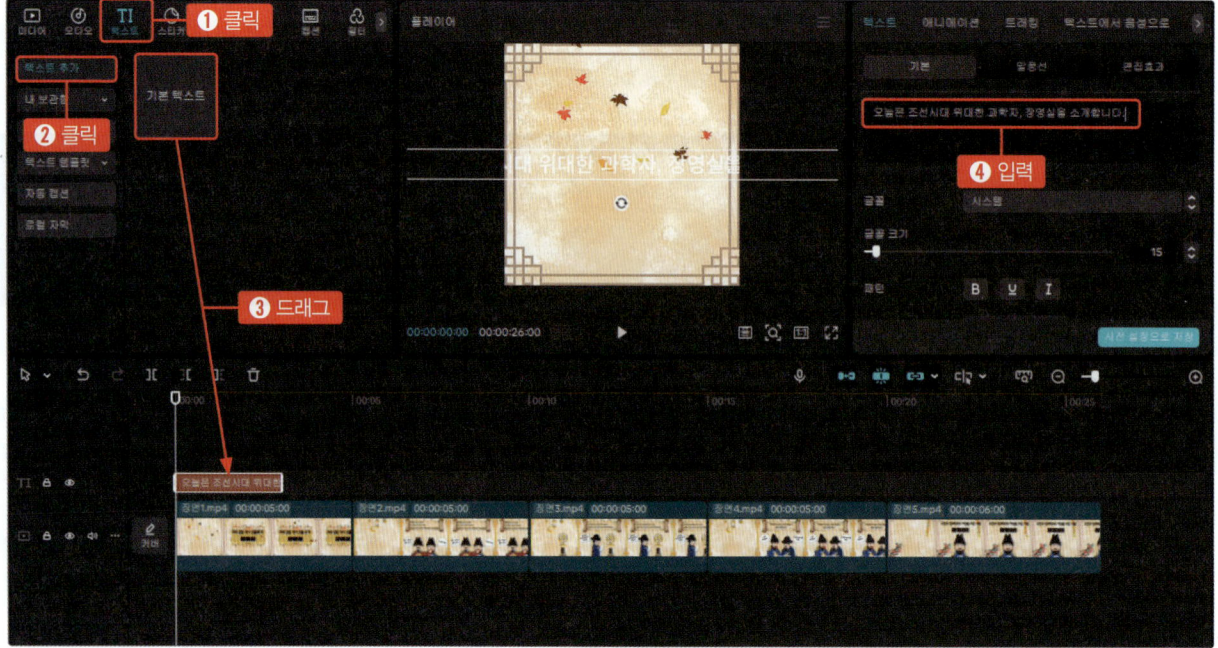

❹ [텍스트에서 음성으로]-[한국어]를 클릭하고 음성을 선택한 후 [음성 생성]을 클릭합니다.

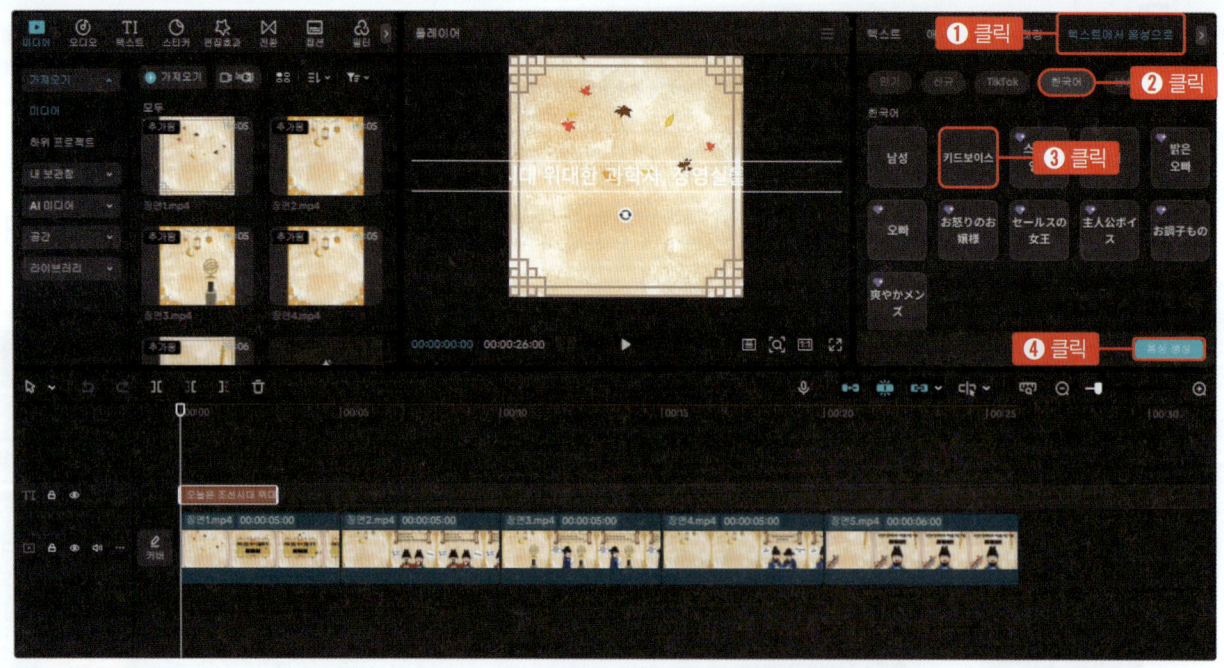

음성이 생성되면 트랙에 추가된 음성을 선택하고 [세부 정보] 창에서 음성에 다양한 효과를 적용해 보세요.

❺ ❸~❹와 같은 방법으로 각 장면에 내레이션을 추가하고 입력한 텍스트는 삭제합니다.

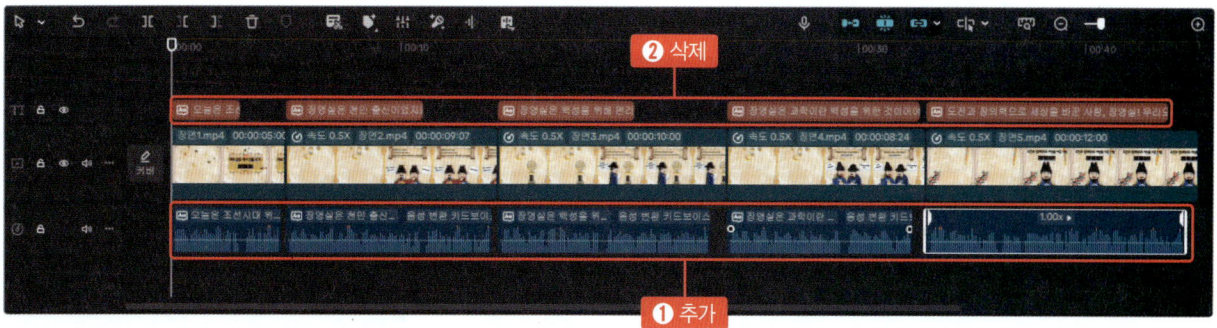

음성의 길이와 각 장면의 길이가 다르다면 트랙에서 각 장면을 선택하고 [세부 정보] 창–[속도]에서 영상의 속도를 조절해 보세요.

❻ [전환]을 클릭하고 [라이브러리]에 다양한 전환 효과가 나타나면 원하는 전환 효과를 선택하여 각 장면 사이에 추가합니다.

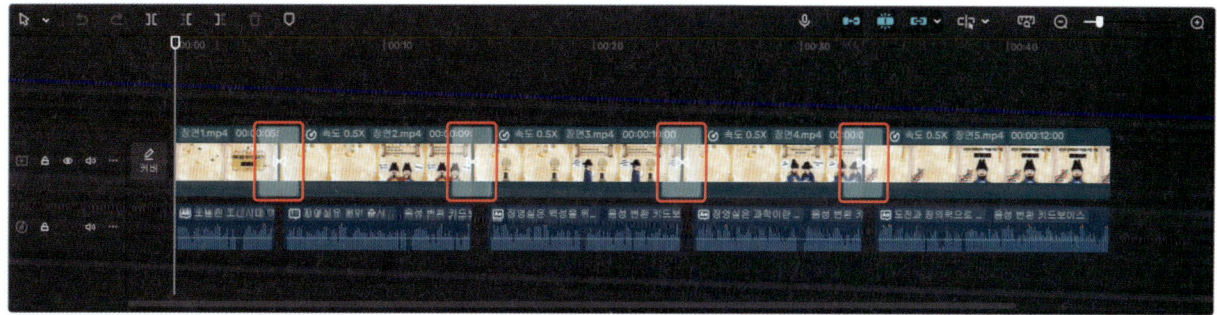

❼ [오디오]-[사운드 효과]를 클릭하여 [라이브러리]에 다양한 효과음이 나타나면 각 장면에 어울리는 효과음을 선택하여 트랙에 추가합니다.

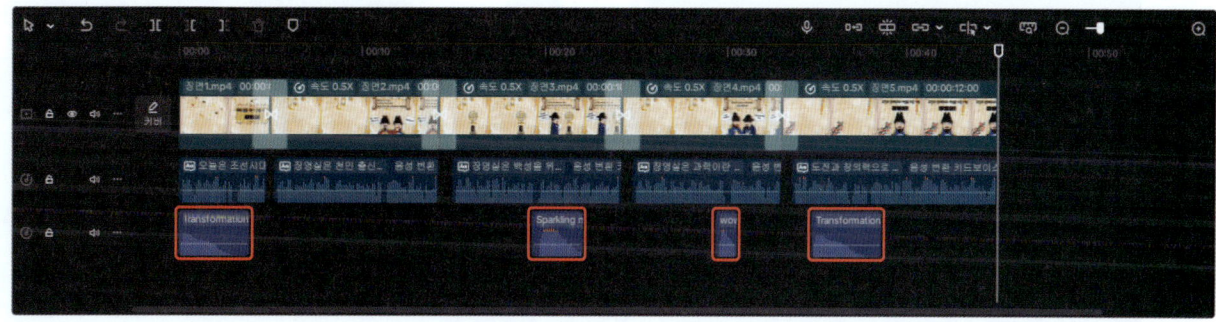

❽ [오디오]-[음악]을 클릭하여 [라이브러리]에 다양한 배경음악이 나타나면 원하는 배경음악을 선택하여 트랙에 추가한 후 불필요한 부분은 삭제합니다.

 디자인 팁

[오디오]-[음악]을 클릭하고 검색창에 'traditional'을 검색하여 영상에 어울리는 배경음악을 선택해 보세요.

❾ 배경음악을 선택하고 [세부 정보] 창에서 볼륨('-15.0dB'), 페이드 인('5.0s'), 페이드 아웃('5.0s') 값을 조절한 후 [내보내기]를 클릭하여 영상을 저장합니다.

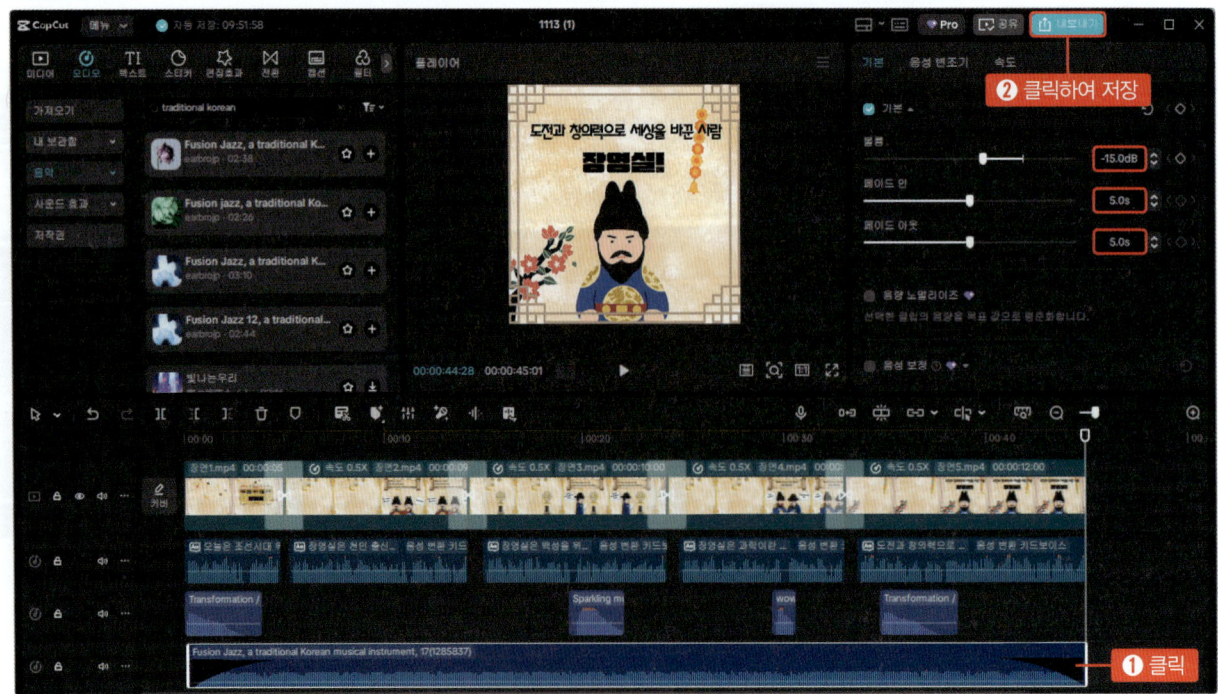

CHAPTER 19. 재미 팡팡! 레벨 UP

▶ 예제 파일 : [19강 예제파일] 폴더   ▶ 완성 파일 : 19강 레벨업 완성.mp4

1 Canva AI를 활용하여 창작 동화 스토리를 정리해 봅니다.

제목	자막	AI 음성 및 내레이션
인트로		
장면 1		
장면 2		
장면 3		
장면 4		

2 캔바에서 창작 동화 장면을 디자인하고 캡컷에서 창작 동화 영상을 완성해 봅니다.

Chapter 19. AI 역사 인물 소개 영상

CHAPTER 20 10년 뒤 나에게 쓰는 편지

▶ 예제 파일 : 20강 예제.mp4   ▶ 완성 파일 : 20강 완성.mp4

오늘의 학습목표

- 10년 뒤 나에게 하고 싶은 말을 정리할 수 있습니다.
- 캔바를 이용하여 편지지 배경을 만들 수 있습니다.
- 캡컷을 이용하여 10년 뒤 나에게 쓰는 편지 영상을 완성할 수 있습니다.

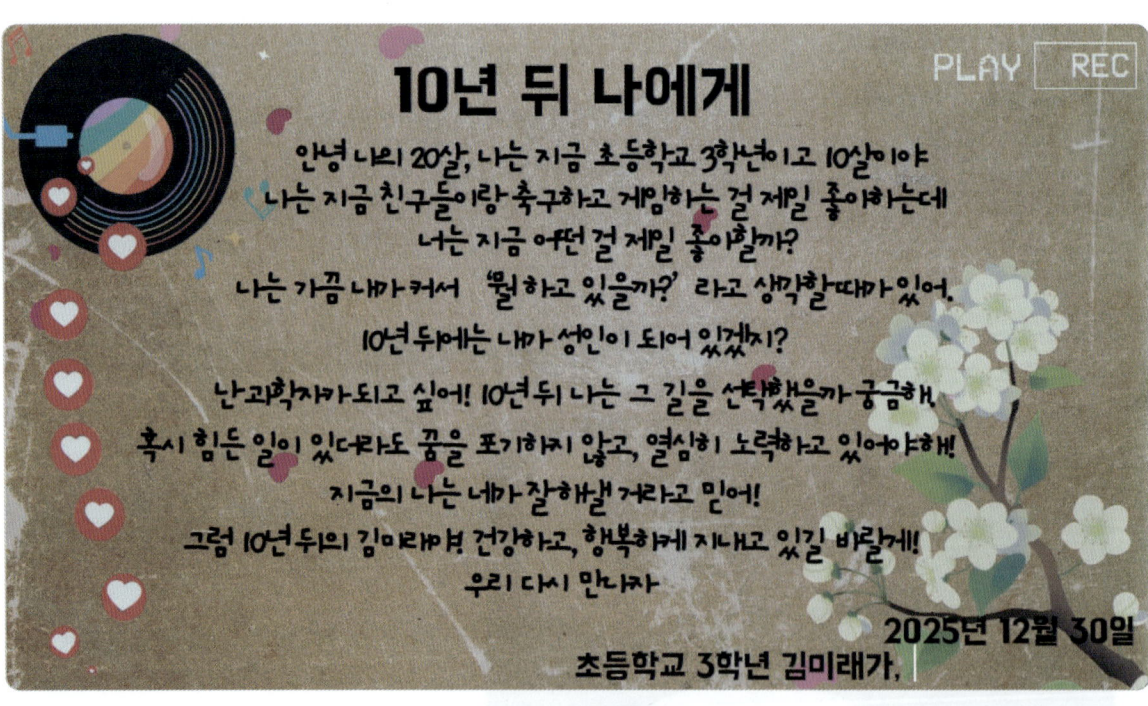

핵심 POINT

▶ 스티커 : 애니메이션이 적용된 다양한 개체를 추가할 수 있습니다.
▶ 애니메이션 : 개체에 다양한 애니메이션 효과를 적용할 수 있습니다.
▶ 필터 : 분위기에 어울리는 필터 효과를 영상에 적용할 수 있습니다.

01 10년 뒤 나에게 편지 쓰기

❶ 10년 뒤 나에게 하고 싶은 말을 정리하여 편지를 작성해 봅니다.

[예시]

10년 뒤 나에게
안녕 나의 20살, 나는 지금 초등학교 3학년이고 10살이야.

나는 지금 친구들이랑 축구하고 게임하는 걸 제일 좋아하는데 너는 지금 어떤 걸 제일 좋아할까?
나는 가끔 내가 커서 '뭘 하고 있을까?'라고 생각할 때가 있어.

10년 뒤에는 내가 성인이 되어 있겠지?
난 과학자가 되고 싶어! 10년 뒤 나는 그 길을 선택했을까 궁금해.

혹시 힘든 일이 있더라도 꿈을 포기하지 않고, 열심히 노력하고 있어야 해!
지금의 나는 네가 잘 해낼 거라고 믿어!

그럼 10년 뒤의 김미래야! 건강하고, 행복하게 지내고 있길 바랄게!
우리 다시 만나자!

2025년 12월 30일
초등학교 3학년 김미래가, 20살 김미래에게

02 편지지 배경 만들기

① 크롬( ) 브라우저를 실행하고 캔바 사이트('https://www.canva.com')에 접속하여 로그인한 후 [동영상]-[동영상(가로형)]을 클릭합니다.

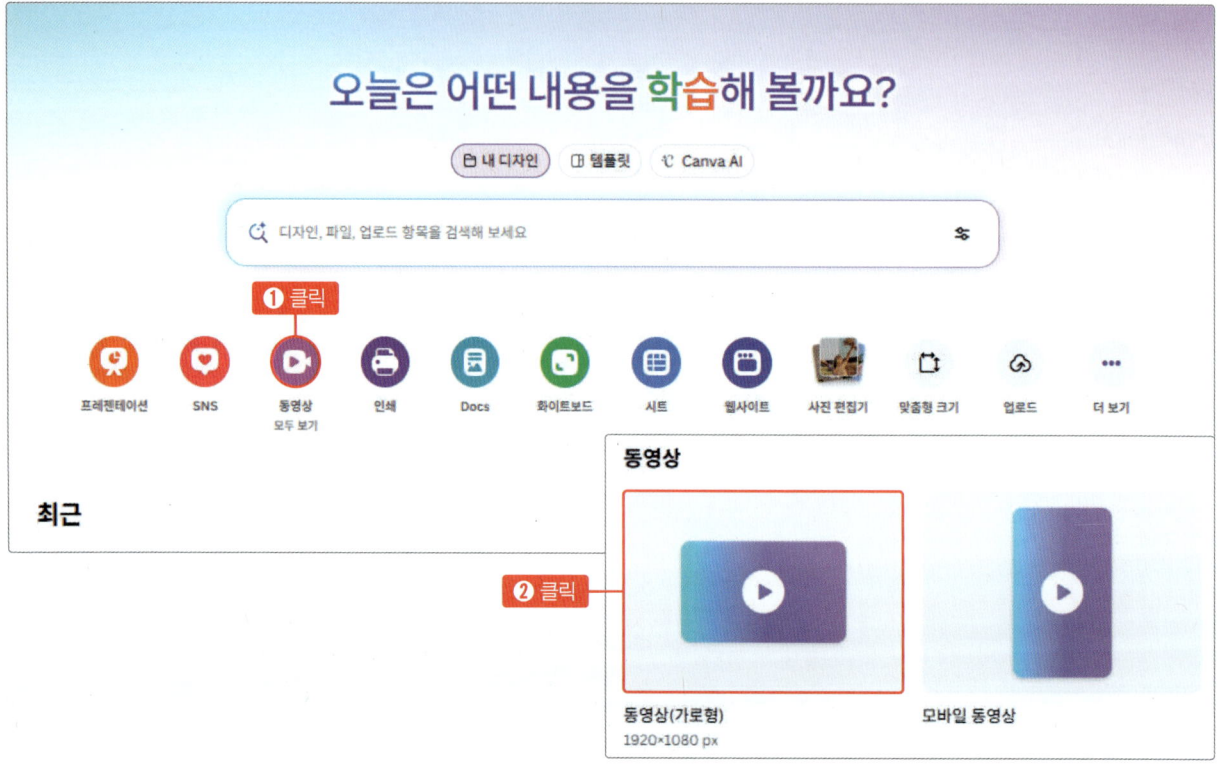

② [요소] 탭-[사진]을 클릭하고 검색창에 '오래된 편지지'를 검색하여 원하는 배경 이미지를 추가한 후 타임라인에서 배경의 길이를 조절합니다.

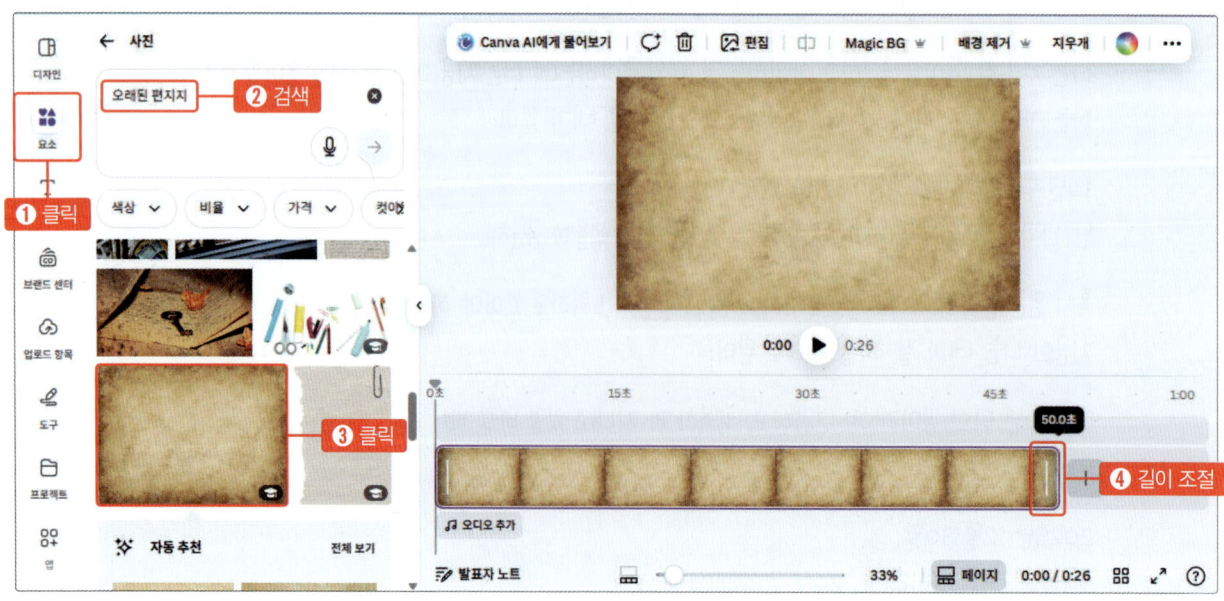

③ 타임라인을 시작 위치로 이동시키고 [요소] 탭-[스티커]에서 편지지와 어울리는 개체를 찾아 추가한 후 배경의 길이와 동일하게 길이를 조절합니다.

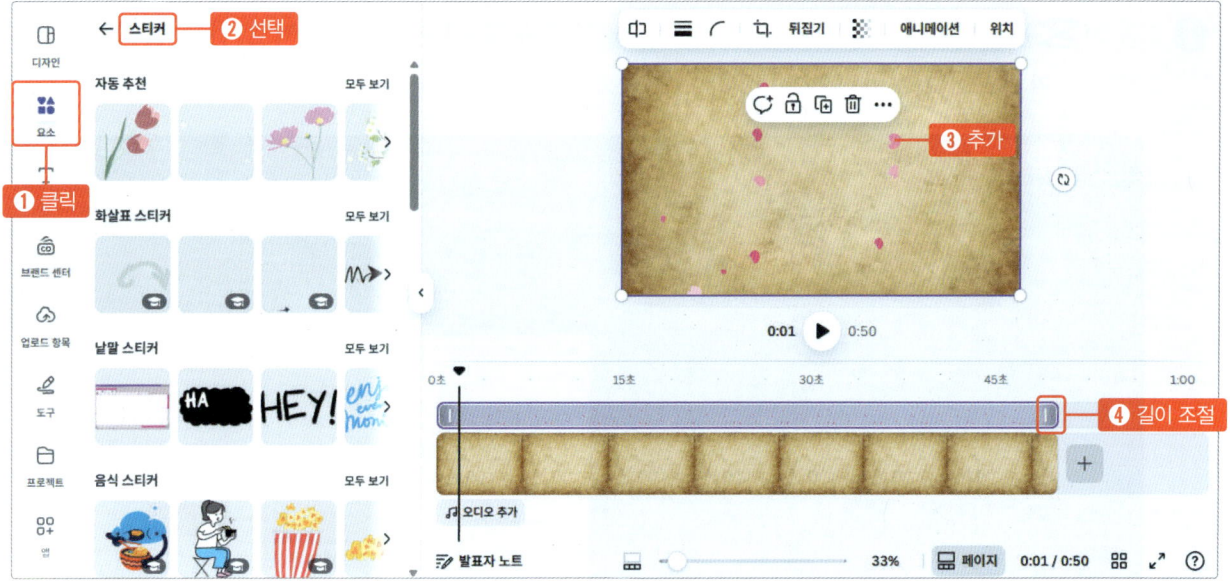

④ 같은 방법으로 다양한 개체를 추가하여 편지지 배경을 꾸며 봅니다.

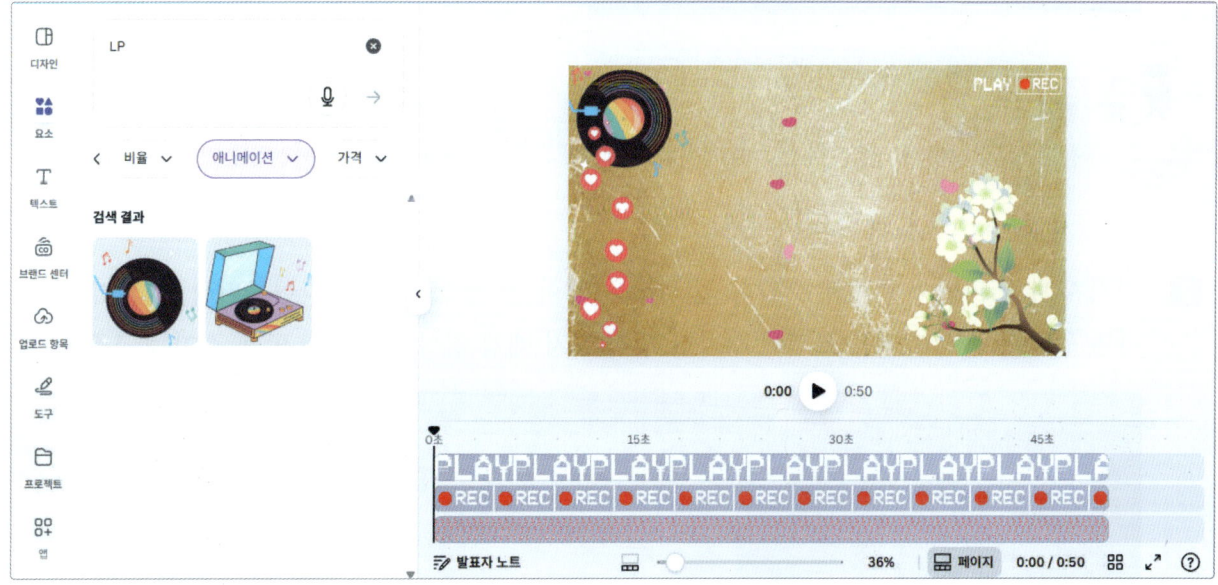

디자인 팁

추가한 개체의 길이를 다양하게 조절하여 나만의 편지지 배경을 꾸며 보세요.

⑤ 편지지 배경이 완성되면 [파일]-[다운로드]를 클릭한 후 파일 형식('MP4 동영상')을 지정하고 [다운로드]를 클릭하여 저장합니다.

03 10년 뒤 나에게 쓰는 편지 완성하기

① 캡컷(✂)을 실행하고 [프로젝트 만들기]를 클릭한 후 [미디어]-[가져오기]를 클릭하여 캔바에서 저장한 편지지 배경 파일을 불러옵니다.

 완성한 편지지 배경이 없다면 [20강 예제파일] 폴더에서 '20강 예제.mp4' 파일을 불러와요.

② 편지지 배경 파일을 트랙에 추가하고 [필터]-[영화]를 클릭합니다. [라이브러리]에 필터 목록이 나타나면 원하는 필터 효과를 트랙에 추가한 후 편지지 배경 영상의 길이에 맞게 길이를 조절합니다.

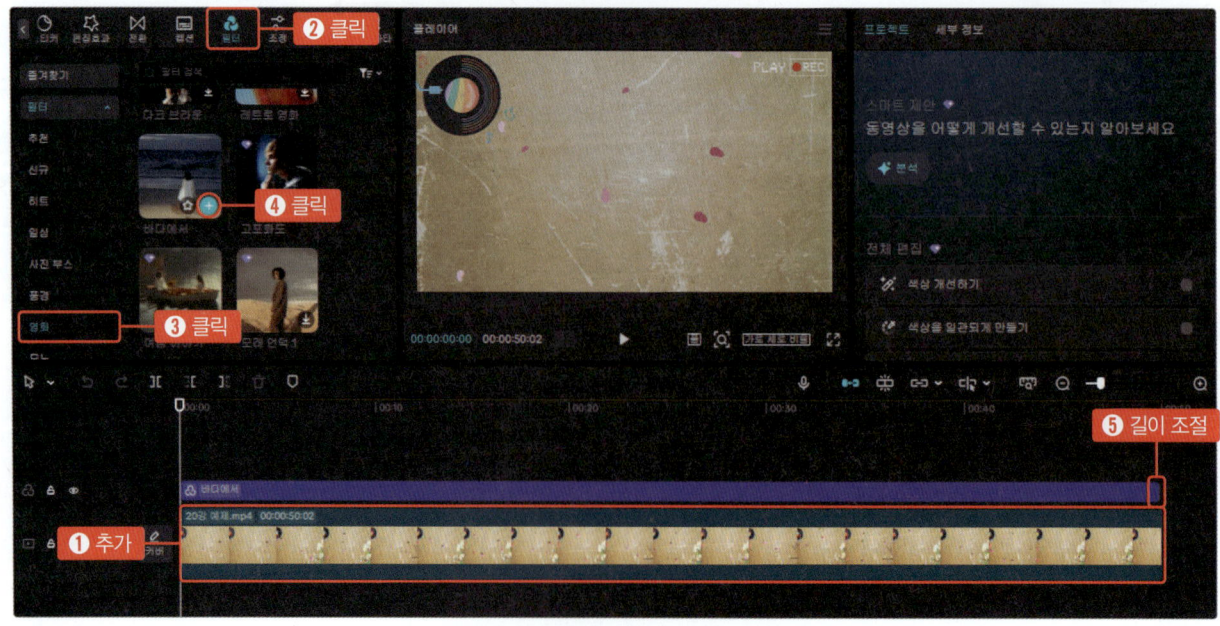

176 AI 디지털 콘텐츠 디자이너

③ [텍스트]-[기본 텍스트]를 트랙에 추가하고 [세부 정보] 창에서 내용('10년 뒤 나에게')을 입력한 후 텍스트 서식을 지정합니다.

④ 텍스트가 영상이 끝날 때까지 나타나도록 길이를 조절합니다.

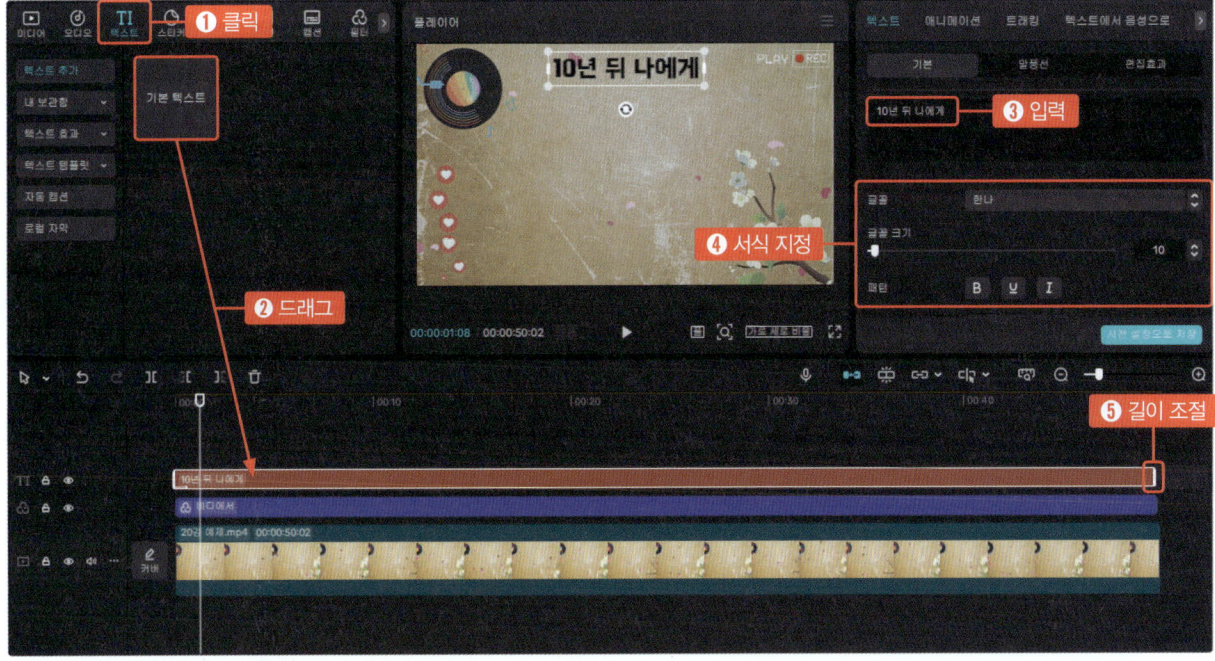

⑤ [애니메이션]-[인]-[타자기]를 클릭하여 애니메이션 효과를 적용하고 애니메이션 길이를 조절합니다.

⑥ [텍스트에서 음성으로]를 클릭하고 음성을 선택한 후 [음성 생성]을 클릭합니다.

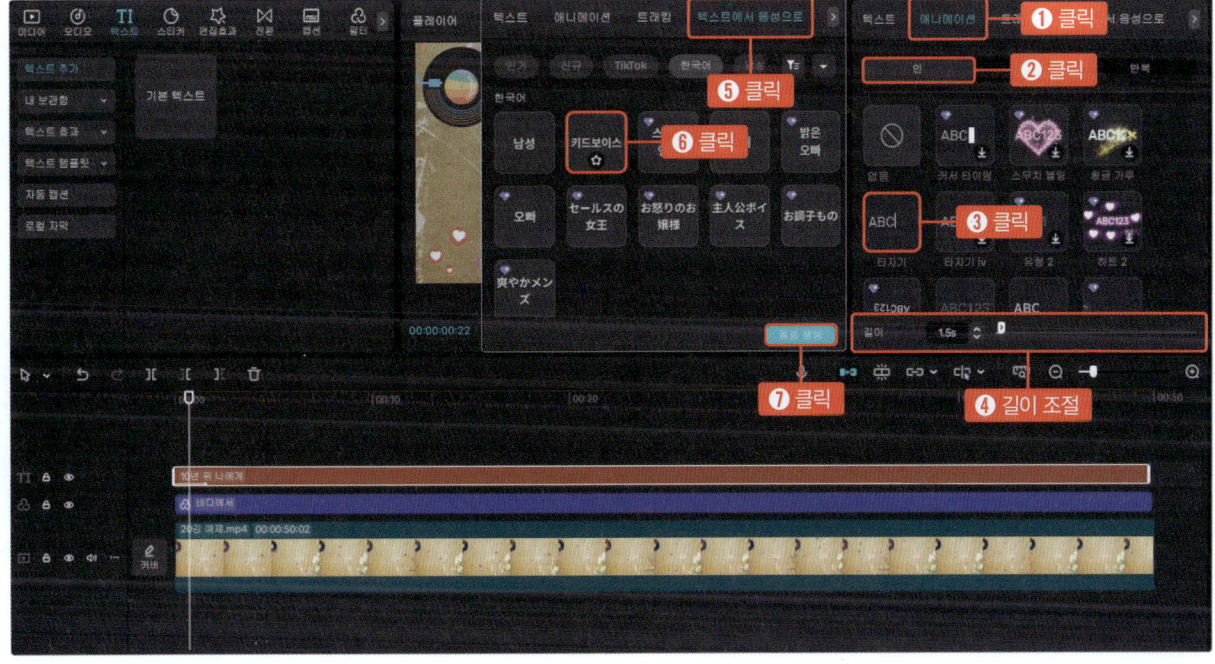

Chapter 20. 10년 뒤 나에게 쓰는 편지 **177**

❼ 음성 뒤쪽으로 타임라인을 이동시킨 후 [텍스트]-[기본 텍스트]를 트랙에 추가하고 편지 내용('안녕 나의 20살, 나는 지금 초등학교 3학년이고 10살이야')을 입력합니다.

❽ ❸~❻과 같은 방법으로 텍스트 서식, 애니메이션을 지정하고 음성을 생성하여 추가합니다.

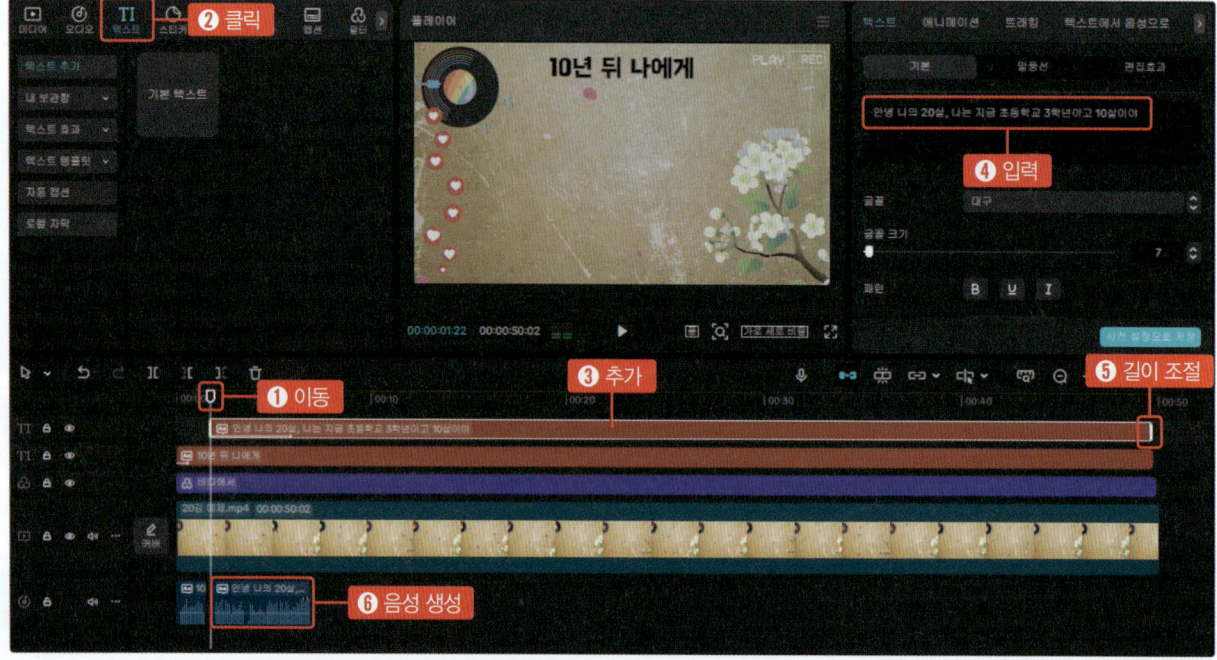

❾ 같은 방법으로 편지 내용을 한 줄씩 추가하고 음성도 생성해 봅니다.

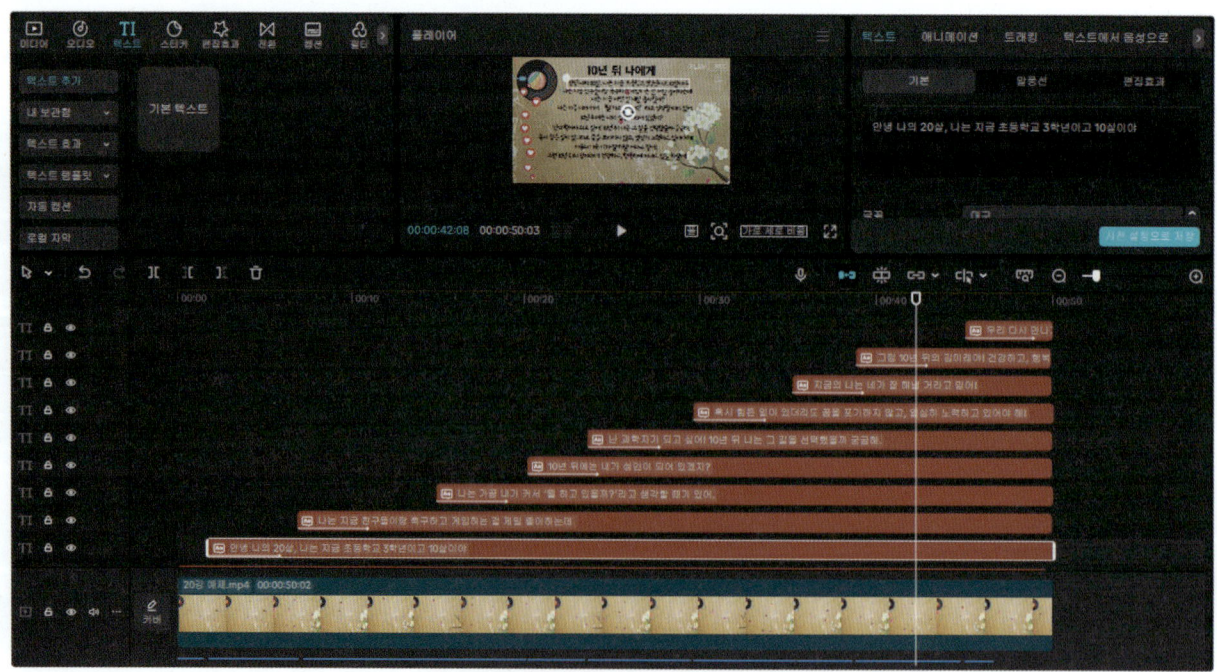

⑩ 타임라인을 시작 위치로 이동시키고 [오디오]-[음악]을 클릭하여 편지의 내용과 어울리는 배경음악을 추가한 후 불필요한 부분은 삭제합니다.

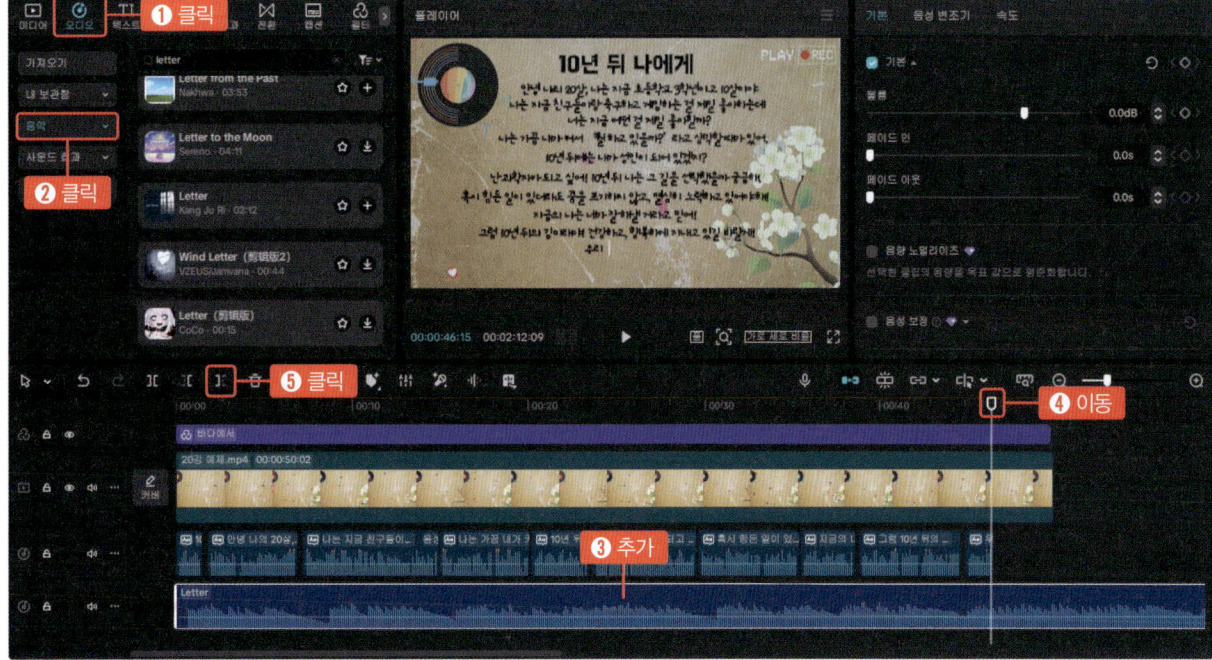

⑪ [세부 정보] 창에서 배경음악의 볼륨, 페이드 인, 페이드 아웃 값을 자유롭게 조절한 후 [내보내기]를 클릭하여 영상을 저장합니다.

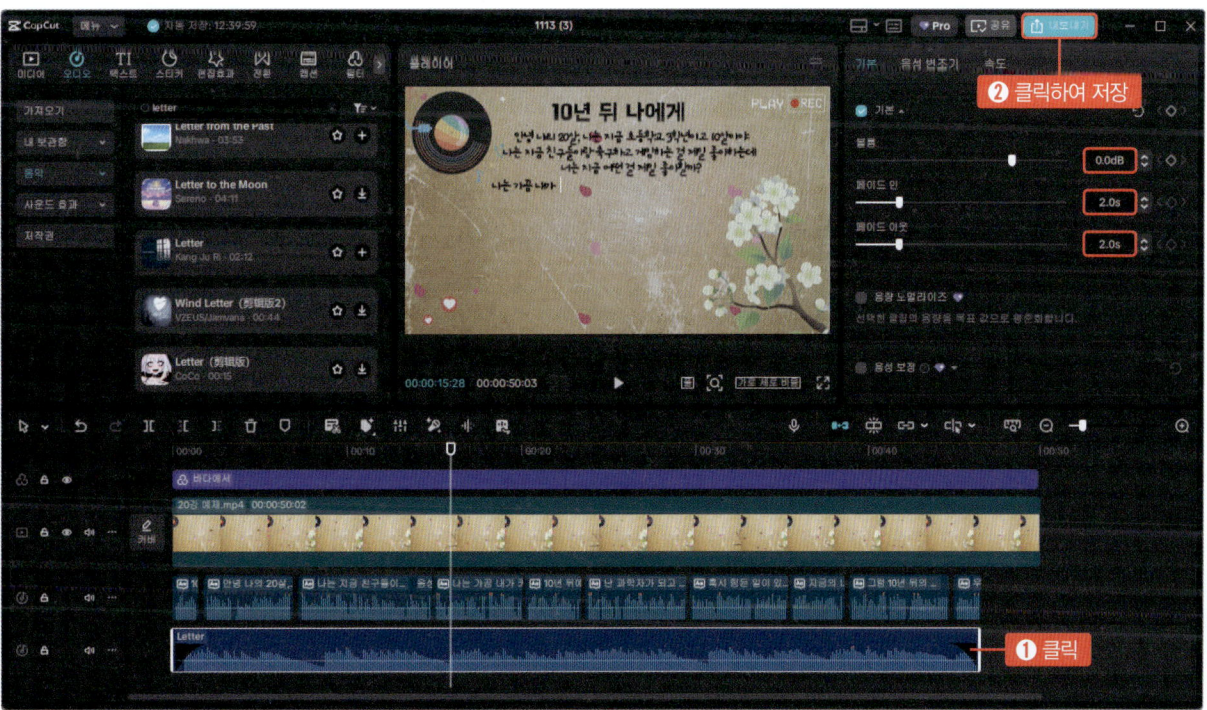

Chapter 20. 10년 뒤 나에게 쓰는 편지

CHAPTER 20 재미 팡팡! 레벨 UP

▶ 예제 파일 : 20강 레벨업 예제.mp4   ▶ 완성 파일 : 20강 레벨업 완성.mp4

1 사랑하는 친구 또는 가족에게 전하고 싶은 말을 정리하여 편지를 작성해 봅니다.

2 캔바에서 편지지 배경을 디자인하고 캡컷에서 편지 영상을 완성해 봅니다.

> 엄마, 아빠 안녕하세요.
> 항상 저를 위해 맛있는 밥도 해주시고, 학교도 데려다주시고,
> 놀아주시고, 사랑해주셔서 정말 감사해요.
> 가끔은 제가 말 안 듣고 짜증 낼 때도 있는데,
> 그래도 항상 웃으면서 이해해주셔서 고마워요.
> 엄마, 아빠 덕분에 저는 매일 행복해요.
> 학교에서 힘들거나 속상한 일이 있어도
> 집에 오면 엄마 아빠가 있어서 마음이 따뜻해져요.
> 앞으로는 더 착하게 굴고, 공부도 열심히 할게요.
> 엄마 아빠가 자랑스러워하는 아들이 되고 싶어요.
> 사랑해요, 엄마 아빠!
> 항상 건강하고 행복하게 오래오래 같이 살아요

CHAPTER 21 편의점 꿀조합 메뉴 랭킹

▶ 예제 파일 : [21강 예제파일] 폴더   ▶ 완성 파일 : 21강 완성.mp4

오늘의 학습목표

- 캔바에 데이터를 입력하여 차트를 만들 수 있습니다.
- 캔바를 이용하여 랭킹별로 메뉴를 소개하는 장면을 만들 수 있습니다.
- 캡컷을 이용하여 편의점 꿀조합 메뉴 랭킹 영상을 완성할 수 있습니다.

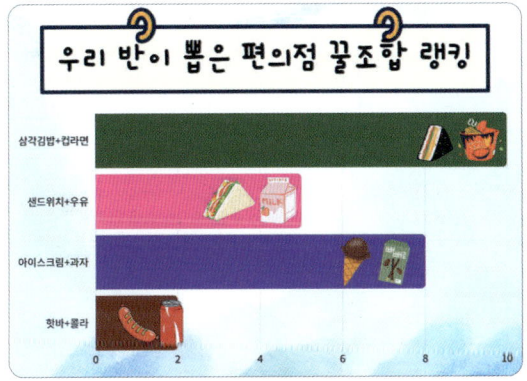

핵심 POINT

▶ 차트 : 입력한 데이터를 도식화하여 차트로 표현할 수 있습니다.
▶ 애니메이션 : 개체에 다양한 애니메이션 효과를 적용할 수 있습니다.
▶ 편집 효과 : 영상에 다양한 편집 효과를 적용하여 분위기를 연출할 수 있습니다.

Chapter 21. 편의점 꿀조합 메뉴 랭킹 **181**

01 편의점 꿀조합 메뉴 조사하기

❶ 편의점에서 자주 먹는 꿀조합 메뉴 인기 투표를 해봅니다.

메뉴 조합	득표 수

[예시]

메뉴 조합	득표 수
삼각김밥+컵라면	10
샌드위치+우유	5
아이스크림+과자	8
핫바+콜라	2

02 편의점 꿀조합 메뉴 랭킹 장면 만들기

1. 크롬( ) 브라우저를 실행하고 캔바 사이트('https://www.canva.com')에 접속하여 로그인한 후 [더 보기]-[일반적인 레이아웃 및 크기]-[포스터(가로형)]를 클릭합니다.

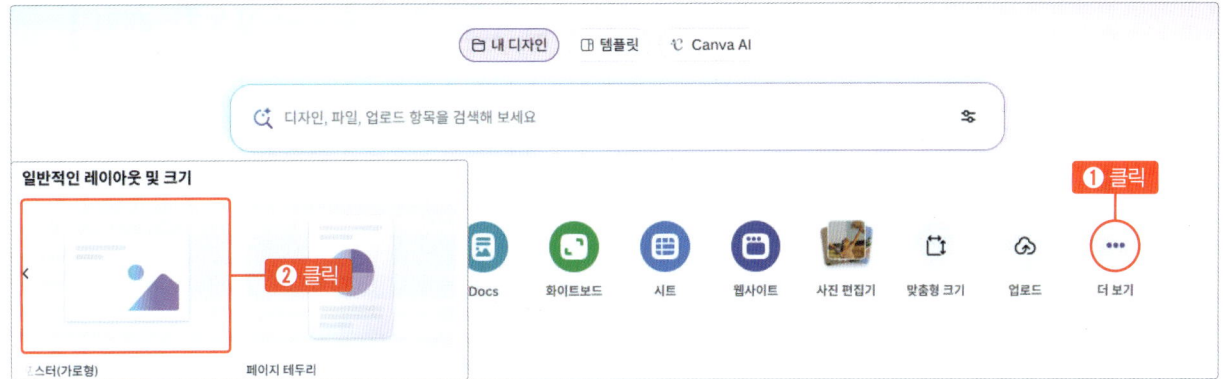

2. [요소] 탭-[차트]를 클릭하고 [막대 차트]-[가로 막대]를 클릭합니다.

3. 페이지에 차트가 추가되면 차트 옵션 창에서 앞서 조사한 메뉴별 랭킹 데이터를 입력합니다.

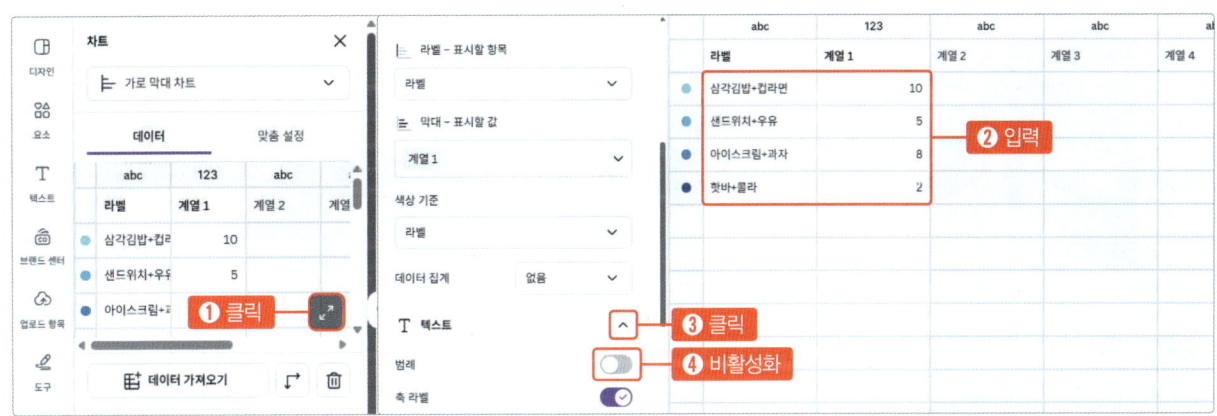

Chapter 21. 편의점 꿀조합 메뉴 랭킹 **183**

④ 차트의 크기와 위치를 조절하고 텍스트 상자를 추가하여 제목('우리 반이 뽑은 편의점 꿀조합 랭킹')을 입력한 후 [요소] 탭에서 다양한 개체를 추가합니다.

⑤ 장면을 모두 꾸민 후 [페이지 추가(＋)]를 클릭합니다.

개체에 다양한 애니메이션 효과도 적용해 보세요.

⑥ ④~⑤와 같은 방법으로 각 장면을 자유롭게 꾸며 봅니다.

⑦ 장면이 모두 완성되면 파일 형식('MP4 동영상')을 지정하고 [페이지 선택]-[페이지를 별도의 파일로 다운로드]에 체크한 후 [다운로드]를 클릭하여 저장합니다.

03 편의점 꿀조합 메뉴 랭킹 영상 완성하기

① 캡컷(✂)을 실행하고 [프로젝트 만들기]를 클릭한 후 [미디어]-[가져오기]를 클릭하여 캔바에서 저장한 파일을 불러옵니다.

디자인 팁: 완성한 장면이 없다면 [21강 예제파일] 폴더에서 '장면1'~'장면5' 파일을 불러와요.

② '장면1'~'장면5' 파일을 순서대로 트랙에 추가하고 영상에서 불필요한 부분은 삭제합니다.

③ [텍스트]-[기본 텍스트]를 추가한 후 내용('친구들이 추천한 편의점 꿀조합 메뉴 랭킹! 지금 발표합니다.')을 입력하고 텍스트를 음성으로 변환합니다.

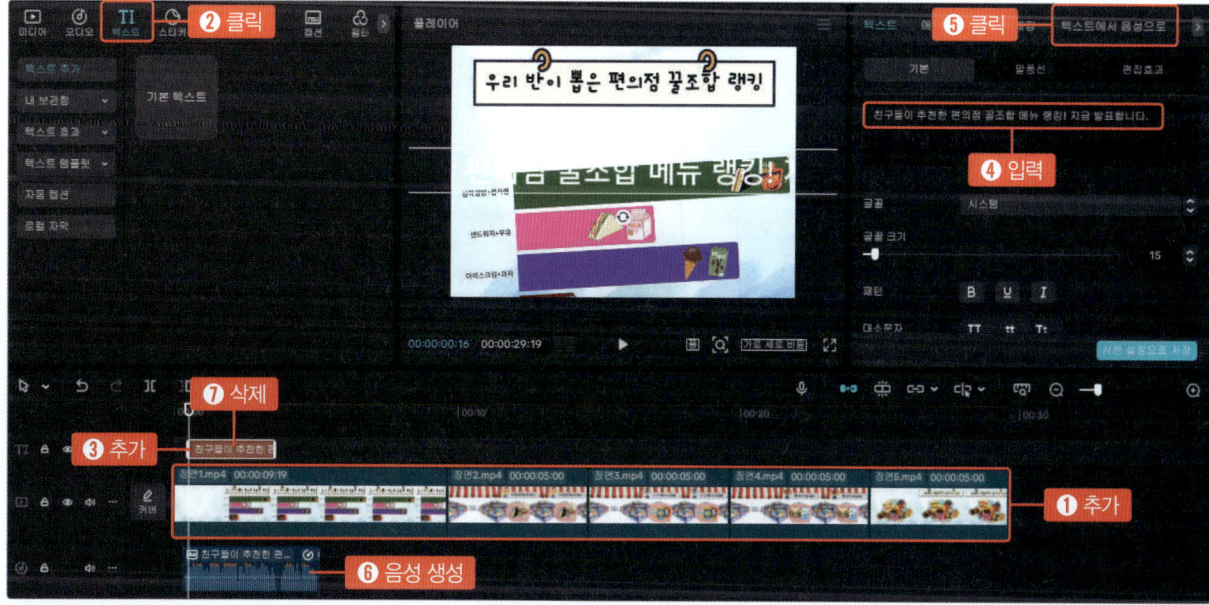

④ ❸과 같은 방법으로 각 장면에 필요한 내용을 추가하고 음성으로 변환합니다.

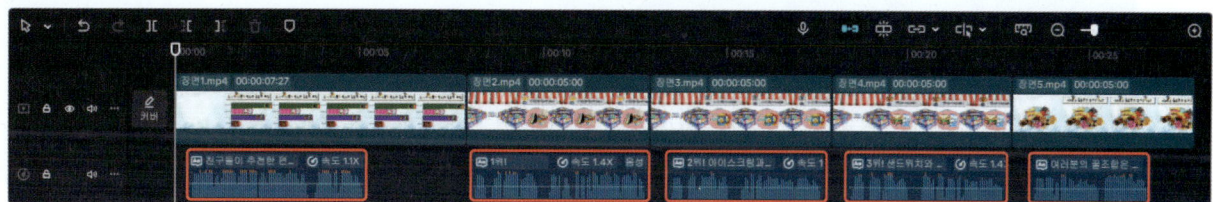

Chapter 21. 편의점 꿀조합 메뉴 랭킹　185

❺ 편집 효과를 추가할 위치로 타임라인을 이동시킨 후 [편집효과]-[장식]-[글리터 하강] 편집 효과를 추가하고 길이를 조절합니다.

❻ [오디오]-[사운드 효과]를 클릭하여 편집 효과와 어울리는 효과음을 같은 위치에 추가하고 길이를 조절합니다. 같은 방법으로 장면에 편집 효과와 효과음을 추가해 봅니다.

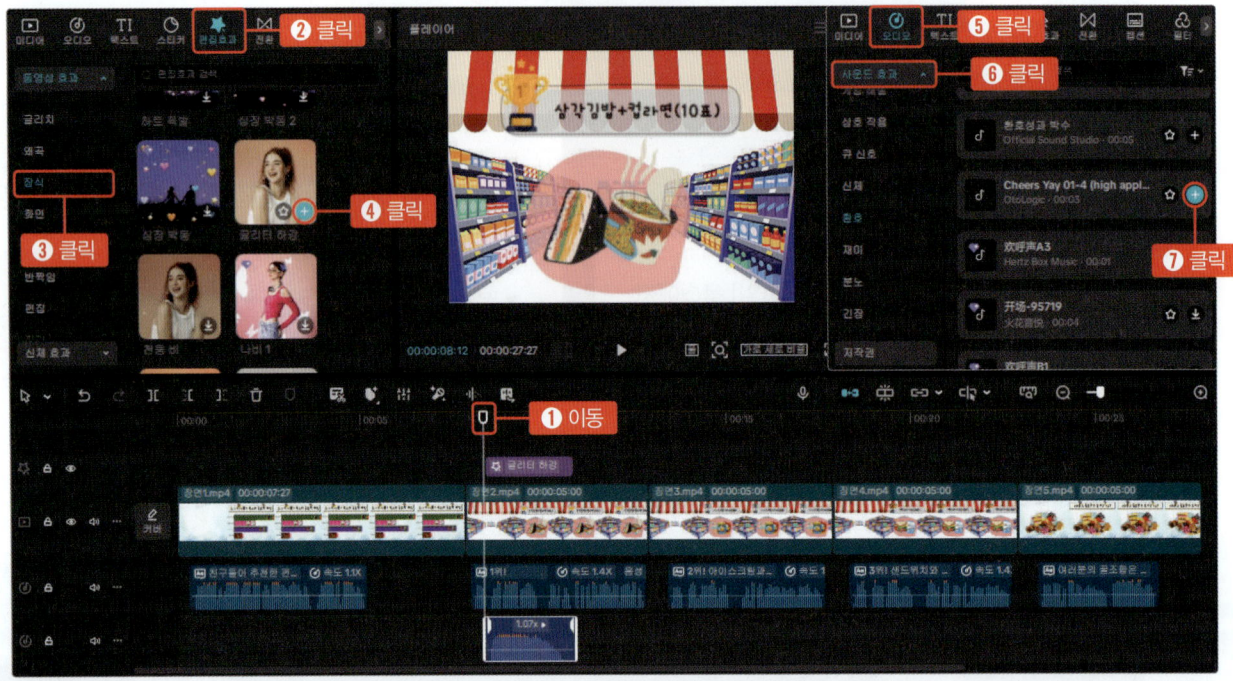

❼ [오디오]-[음악]을 클릭하여 영상에 어울리는 배경음악을 추가하고 불필요한 부분은 삭제한 후 [내보내기]를 클릭하여 영상을 저장합니다.

CHAPTER 21 재미 팡팡! 레벨 UP

▶ 예제 파일 : [21강 예제파일] 폴더　▶ 완성 파일 : 21강 레벨업 완성.mp4

1 좋아하는 강아지 종류 인기 투표를 해봅니다.

종류	득표 수

2 캔바에서 차트를 삽입하고 장면을 디자인한 후 캡컷에서 강아지 인기 랭킹 영상을 완성해 봅니다.

Chapter 21. 편의점 꿀조합 메뉴 랭킹

CHAPTER 22 굿즈 언박싱 영상 만들기

▶ 예제 파일 : [22강 예제파일] 폴더   ▶ 완성 파일 : 22강 완성.mp4

오늘의 학습목표

- 캔바에 영상을 업로드하여 꾸밀 수 있습니다.
- 캡컷에서 크로마키를 적용하여 영상의 배경을 변경할 수 있습니다.
- 캡컷을 이용하여 굿즈 언박싱 영상을 완성할 수 있습니다.

핵심 POINT

▶ 크로마키 : 이미지나 영상에서 특정 색상을 투명하게 처리할 수 있습니다.
▶ 애니메이션 : 장면이 시작되거나 끝날 때 다양한 애니메이션 효과를 적용할 수 있습니다.

01 굿즈 언박싱 영상 스토리 확인하기

❶ 준비된 굿즈 언박싱 영상의 스토리를 확인해 봅니다.

오늘은 어렵게 구한 해람굿즈 언박싱을 해볼 거예요.

과연 운동화가 나올까? 뭐야! 볼펜이잖아. 실망이야.

편집! 다시! 운동화가 나올 수 있을까요?

과연 운동화가 나올까? 우와 나왔어! 진짜 운동화다!

운동화를 들고! 여러분, 오늘 언박싱은 여기까지! 여러분도 해람굿즈 언박싱 해보세요. 안녕~

02 굿즈 언박싱 영상 꾸미기

1. 크롬( ) 브라우저를 실행하고 캔바 사이트('https://www.canva.com')에 접속하여 로그인한 후 [동영상]-[동영상(가로형)]을 클릭합니다.

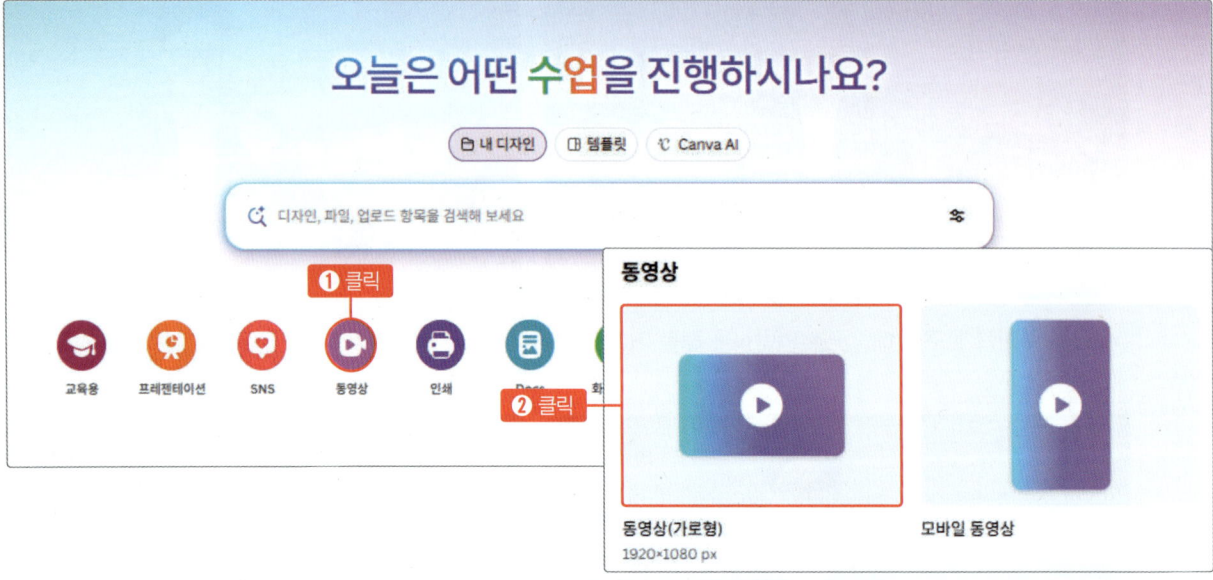

2. [업로드 항목] 탭-[파일 업로드]를 클릭하고 '장면1'~'장면5' 파일을 불러옵니다.

3. 영상이 업로드되면 '장면1' 파일을 클릭하여 페이지에 추가합니다.

④ [텍스트] 탭에서 텍스트 상자를 추가하고 "해람굿즈"를 입력한 후 텍스트 서식과 애니메이션 효과를 자유롭게 적용해 봅니다.

⑤ 타임라인에서 텍스트의 길이를 '장면1' 영상의 길이에 맞게 조절합니다.

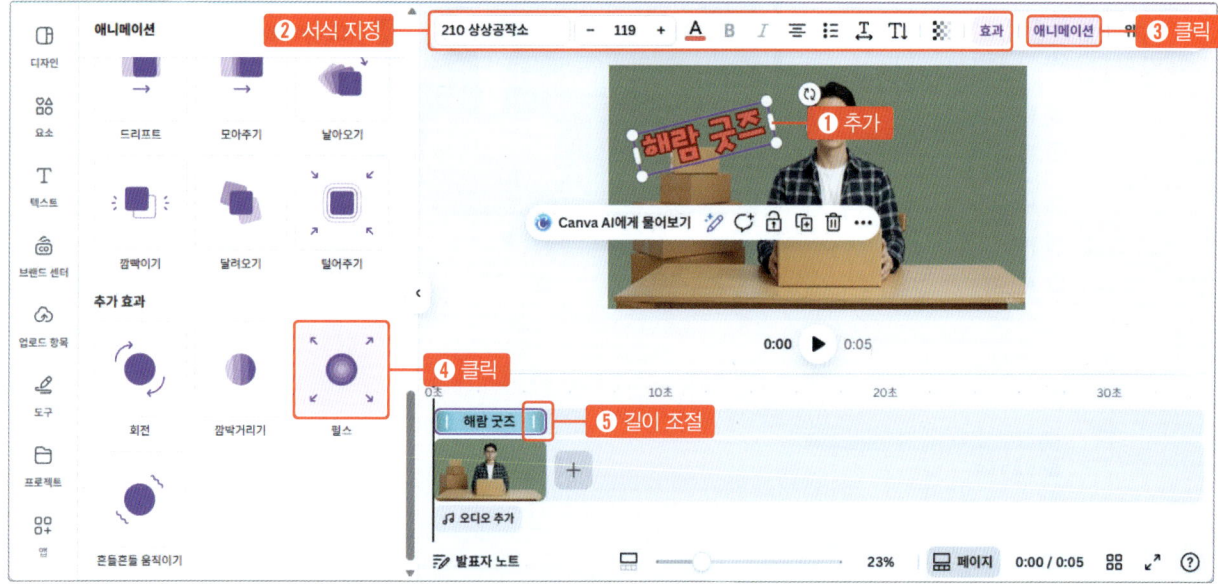

⑥ ④~⑤와 같은 방법으로 텍스트, 스티커, 그래픽 개체를 이용하여 영상을 꾸미고 개체의 길이를 '장면1' 영상의 길이에 맞게 조절합니다.

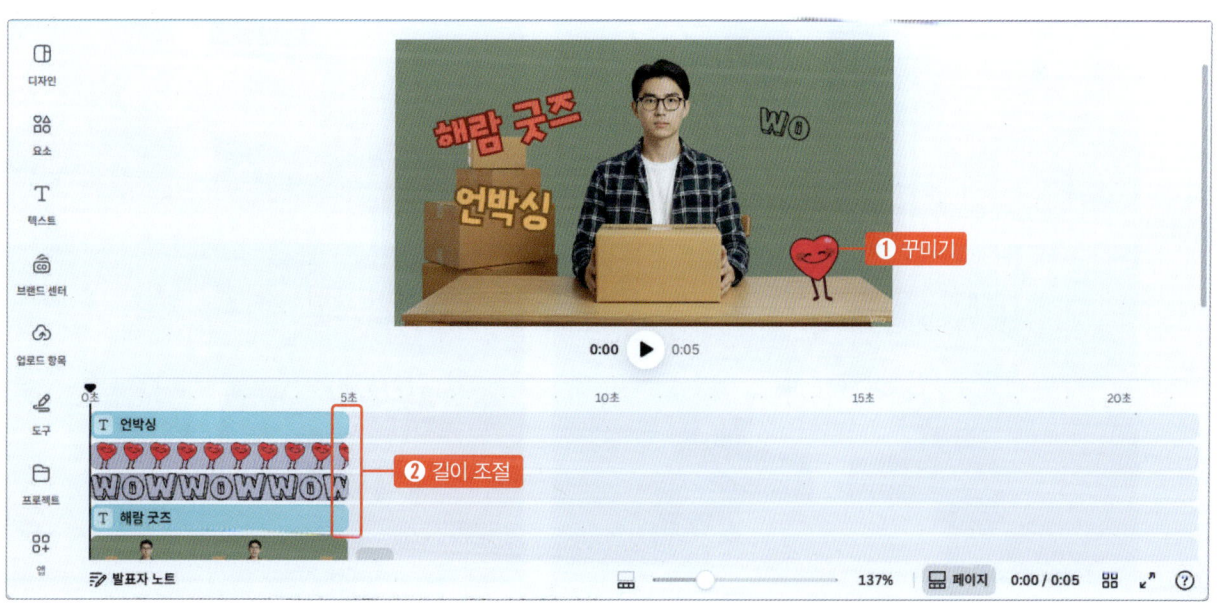

Chapter 22. 굿즈 언박싱 영상 만들기 **191**

❼ '장면1' 영상이 완성되면 [파일]-[다운로드]를 클릭하고 파일 형식('MP4 동영상')을 지정한 후 [다운로드]를 클릭하여 저장합니다.

❽ 같은 방법으로 '장면2'~'장면5' 영상을 자유롭게 꾸미고 다운로드합니다.

03 굿즈 언박싱 영상 완성하기

① 캡컷(✂)을 실행하고 [프로젝트 만들기]를 클릭한 후 [미디어]-[가져오기]를 클릭하여 캔바에서 저장한 파일과 '배경.jpg' 파일을 불러옵니다.

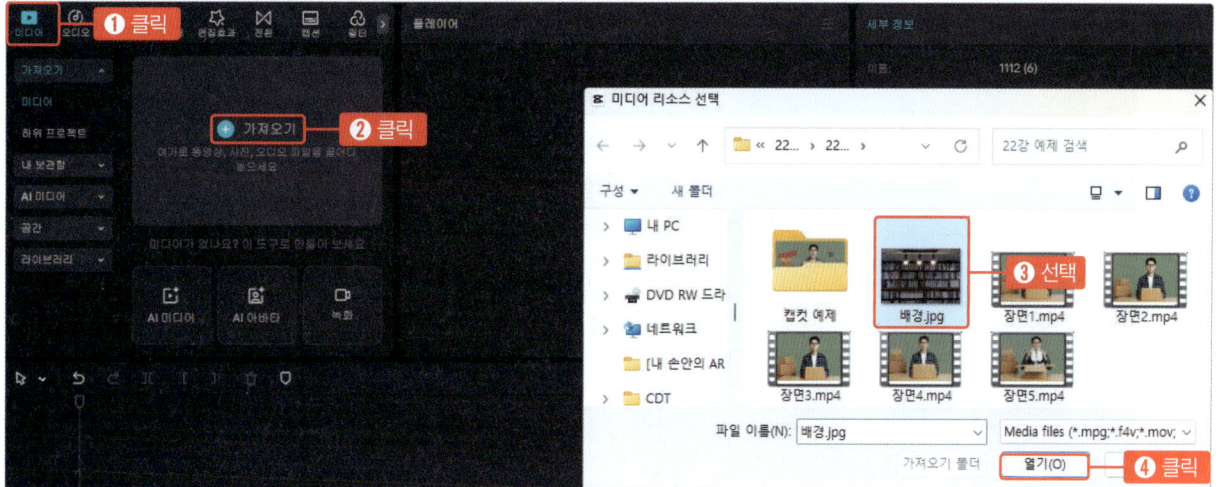

완성한 장면이 없다면 [22강 예제파일]-[캡컷 예제] 폴더에서 '장면1'~'장면5' 파일을 불러와요.

② '장면1'~'장면5' 파일을 순서대로 트랙에 추가하고 영상에서 불필요한 부분은 삭제합니다.

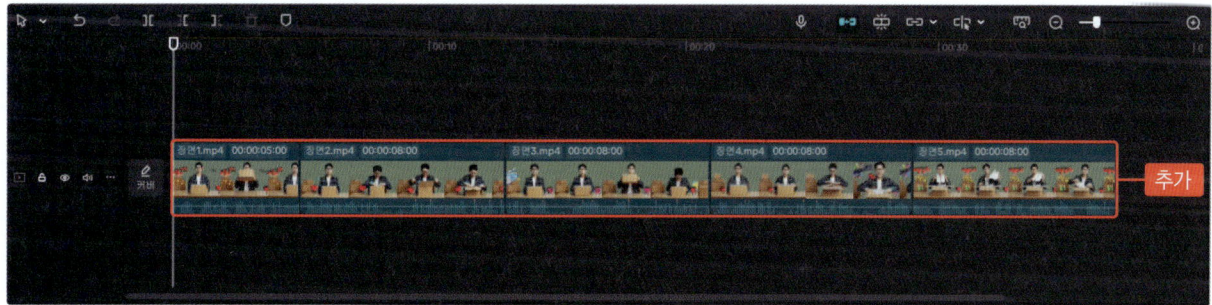

③ [라이브러리]에서 '배경.jpg' 파일을 드래그하여 트랙에 추가합니다.

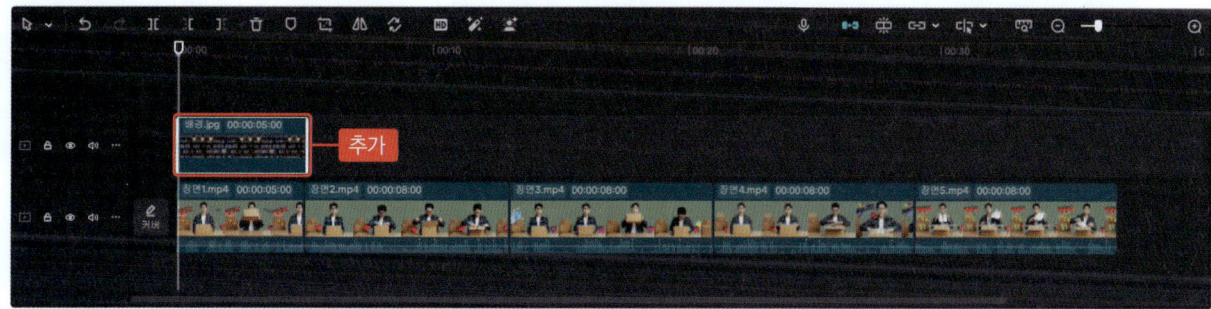

❹ 트랙에서 '배경'을 선택하고 [플레이어] 화면에서 크기를 조절한 후 영상의 길이에 맞게 길이를 조절합니다.

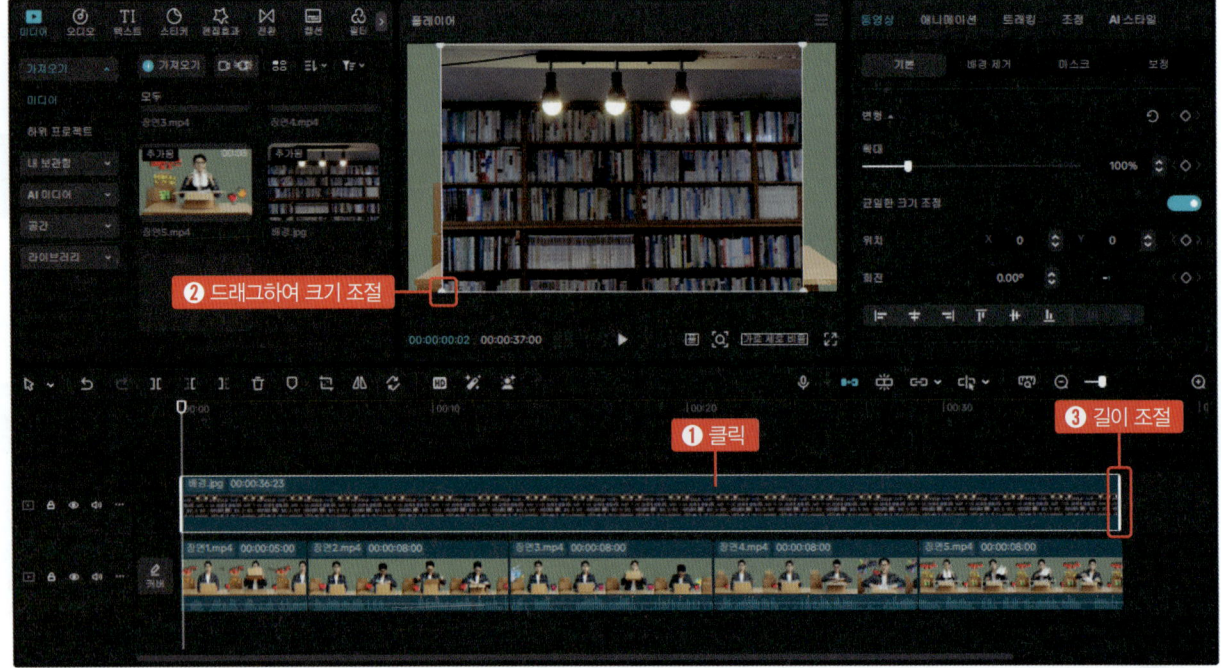

❺ 타임라인에서 '장면1'~'장면5' 영상을 '배경' 트랙 위쪽으로 이동시킵니다.

> **디자인 팁**
> Ctrl 키를 누른 상태로 '장면1'~'장면5'를 각각 선택한 후 트랙 위치를 이동시켜 보세요.

❻ 트랙에서 '장면1'을 선택하고 타임라인을 '장면1' 중간 위치로 이동시킨 후 [세부 정보] 창에서 [동영상]-[배경 제거]-[크로마키]에 체크합니다.

❼ [플레이어] 화면에서 '장면1' 영상의 배경을 클릭하여 크로마키를 적용합니다.

❽ ❻~❼과 같은 방법으로 '장면2'~'장면5'에도 크로마키를 적용하여 배경을 투명하게 처리합니다.

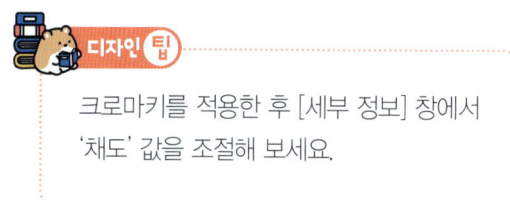

디자인 팁

크로마키를 적용한 후 [세부 정보] 창에서 '채도' 값을 조절해 보세요.

❾ 트랙에서 '장면1'~'장면5'를 각각 선택한 후 [세부 정보] 창에서 [애니메이션]-[인]을 클릭하여 원하는 애니메이션 효과를 추가합니다.

❿ [오디오]-[사운드 효과]를 클릭하고 장면에 필요한 효과음을 추가한 후 [내보내기]를 클릭하여 영상을 저장합니다.

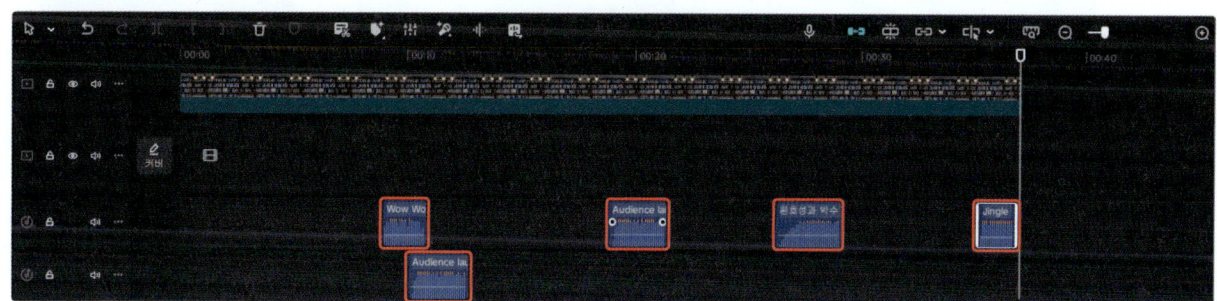

Chapter 22. 굿즈 언박싱 영상 만들기

CHAPTER 22 재미 팡팡! 레벨 UP

▶ 예제 파일 : [22강 예제파일] 폴더   ▶ 완성 파일 : 22강 레벨업 완성.mp4

1 캔바에서 여행 홍보 장면을 꾸며 봅니다.

! 캔바에서 '장면1', '장면2' 영상을 업로드하여 작업해요.

2 캔바에서 완성한 장면을 캡컷으로 불러와 여행 홍보 영상을 완성해 봅니다.

! '여행 배경1', '여행 배경2' 이미지를 불러온 후 '장면1', '장면2' 영상에 크로마키를 적용하여 배경을 투명하게 처리해 보세요.

CHAPTER 23 웹툰으로 애니메이션 만들기

▶ 예제 파일 : [23강 예제파일] 폴더   ▶ 완성 파일 : 23강 완성.mp4

오늘의 학습목표

- 캡처 도구로 좋아하는 웹툰을 캡처할 수 있습니다.
- Magic Grab을 이용하여 이미지에서 말풍선을 추출할 수 있습니다.
- 타임라인에서 추출된 말풍선의 위치와 길이를 조절할 수 있습니다.
- 캡컷을 이용하여 웹툰 애니메이션 영상을 완성할 수 있습니다.

 핵심 POINT

▶ Magic Grab : 이미지에서 선택한 영역을 추출하여 별도의 개체로 만들 수 있습니다.
▶ 타임라인 : 이미지와 영상 등이 나타나고 유지되는 시간을 조절할 수 있습니다.

01 웹툰 이미지 캡처하기

❶ 크롬( ) 브라우저를 실행한 후 네이버 사이트('https://www.naver.com')에 접속하여 좋아하는 웹툰을 검색하고 웹툰을 확인합니다.

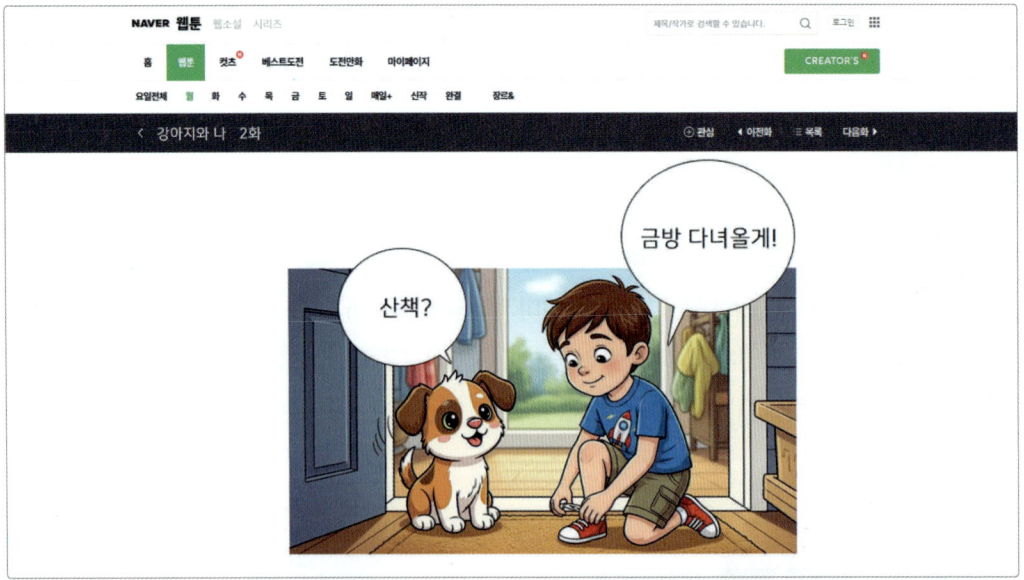

💡 교재의 웹툰은 실제 웹툰은 아니예요. 네이버에서 본인이 좋아하는 웹툰을 검색하여 확인해 보세요.

❷ 시작 표시줄 검색창에 '캡처 도구'를 검색하여 [캡처 도구( )]를 실행한 후 [새 캡처]를 클릭하여 웹툰 장면을 캡처하고 저장합니다.

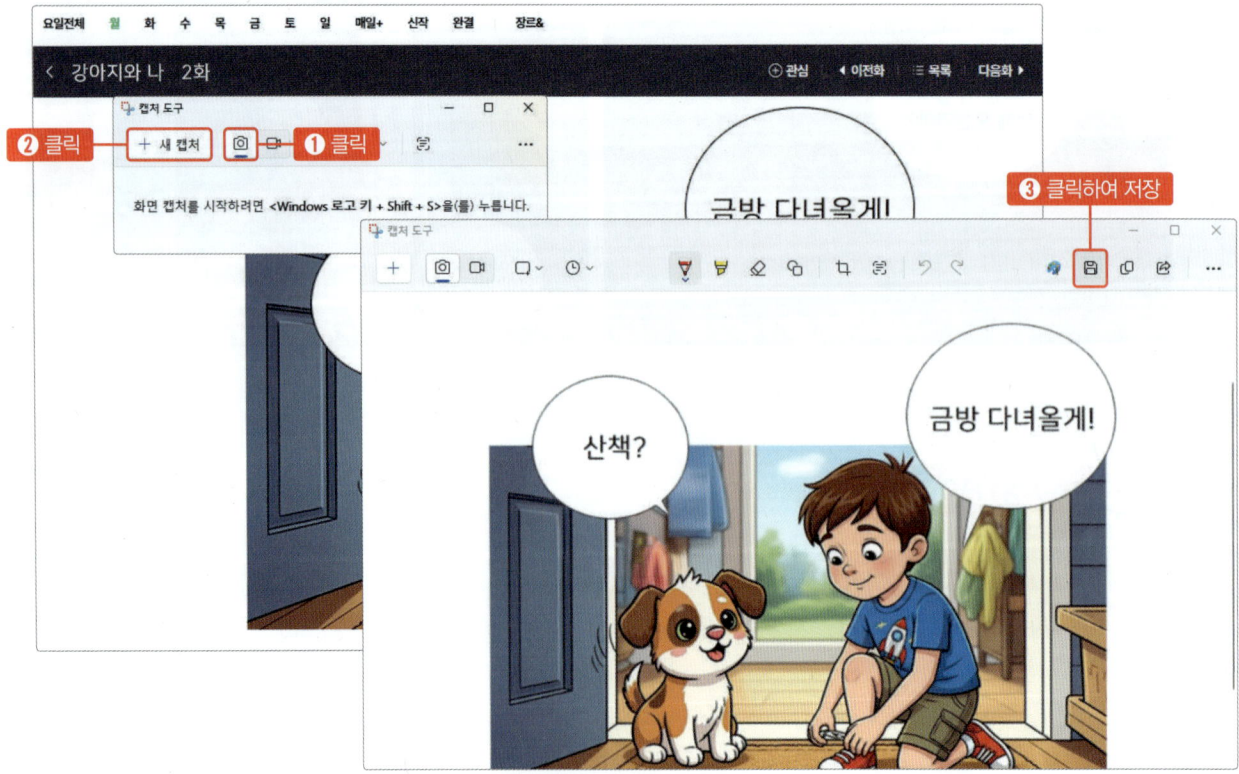

02 웹툰 애니메이션 장면 만들기

① 캔바 사이트('https://www.canva.com')에 접속하여 로그인한 후 [동영상]-[동영상(가로형)]을 클릭합니다.

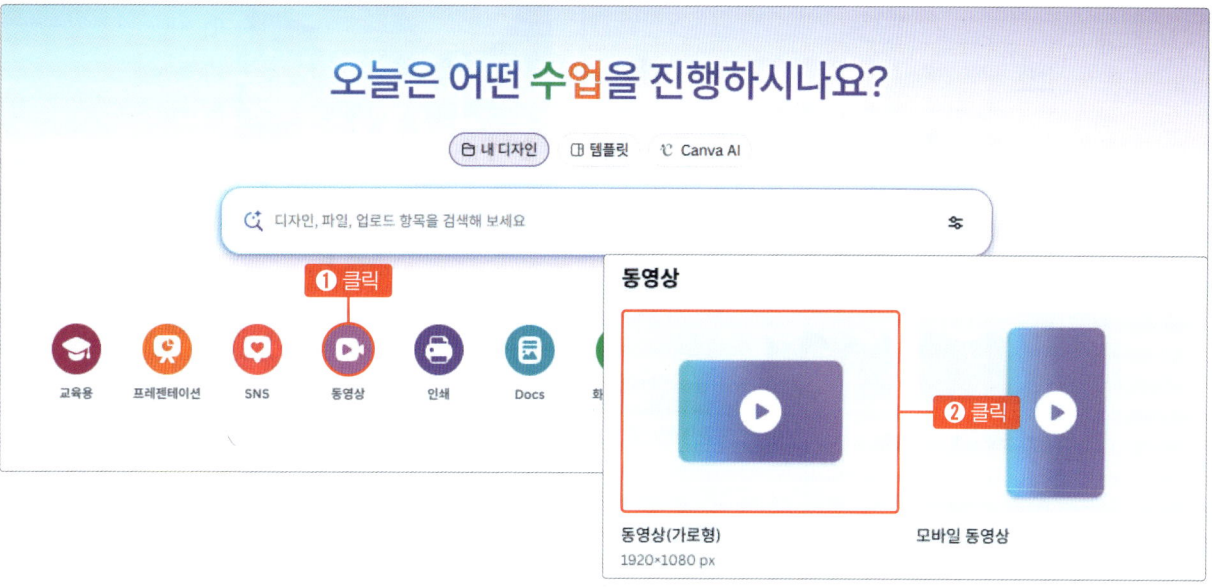

② [업로드 항목] 탭-[파일 업로드]를 클릭하고 '장면1'~'장면5' 파일을 불러옵니다.

③ 이미지가 업로드되면 '장면1' 파일을 클릭하여 페이지에 추가합니다.

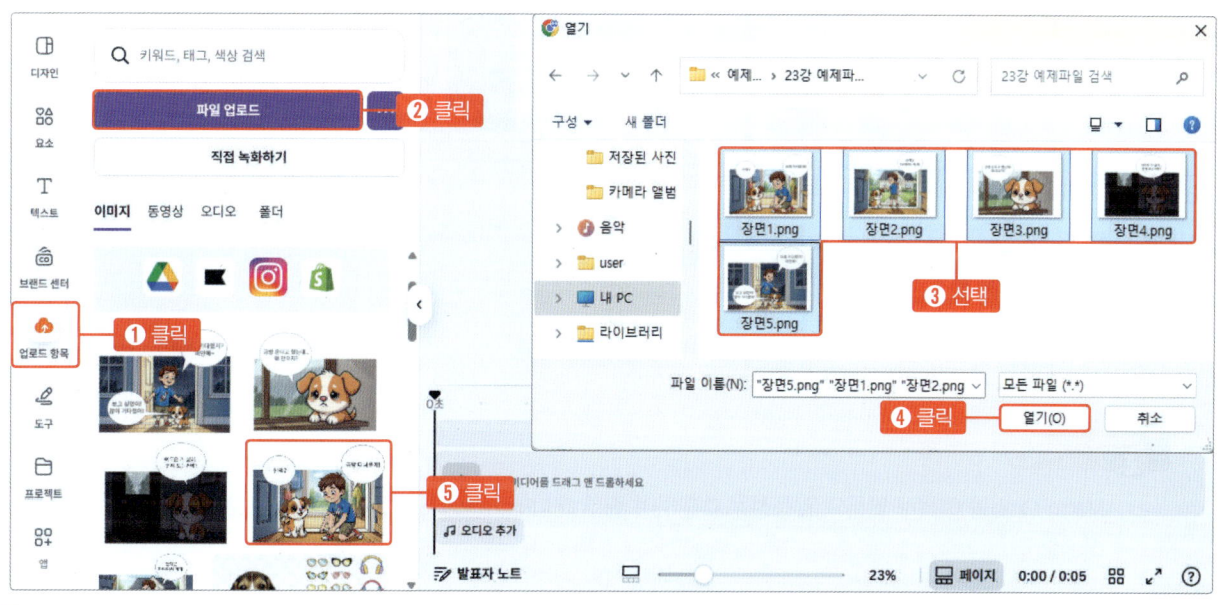

> **디자인 팁**
> 캡처한 웹툰 장면이 없다면 [23강 예제파일] 폴더에서 '장면1'~'장면5' 파일을 불러와요.

Chapter 23. 웹툰으로 애니메이션 만들기 **199**

4 페이지에 추가된 장면을 마우스 오른쪽 버튼으로 클릭하고 [배경에서 이미지를 분리합니다.]를 클릭합니다.

5 [편집 요소] 창에서 [편집]을 클릭하고 [Magic Studio]-[Magic Grab]을 클릭합니다.

> **디자인 팁**
>
> Magic Grab을 이용해 웹툰의 말풍선을 추출하여 웹툰 애니메이션에서 말풍선이 나타날 위치와 길이를 조절할 예정이에요.

❻ 말풍선을 클릭하여 영역이 선택되면 [추출하기]를 클릭합니다.

❼ ❺~❻과 같은 방법으로 나머지 말풍선도 추출합니다.

❽ 이미지에서 불필요한 부분을 잘라내고 페이지에 맞게 크기를 조절합니다.

❾ 말풍선의 크기와 위치를 조절한 후 첫 번째 말풍선을 선택하고 타임라인에서 시작 위치와 길이를 조절합니다.

대화의 흐름에 맞춰 말풍선이 나타날 위치와 길이를 조절해요.

❿ 타임라인에서 나머지 말풍선을 선택한 후 말풍선이 차례대로 나타나도록 시작 위치와 길이를 조절합니다.

⓫ 장면이 완성되면 [파일]-[다운로드]를 클릭하고 파일 형식('MP4 동영상')을 지정한 후 [다운로드]를 클릭하여 저장합니다.

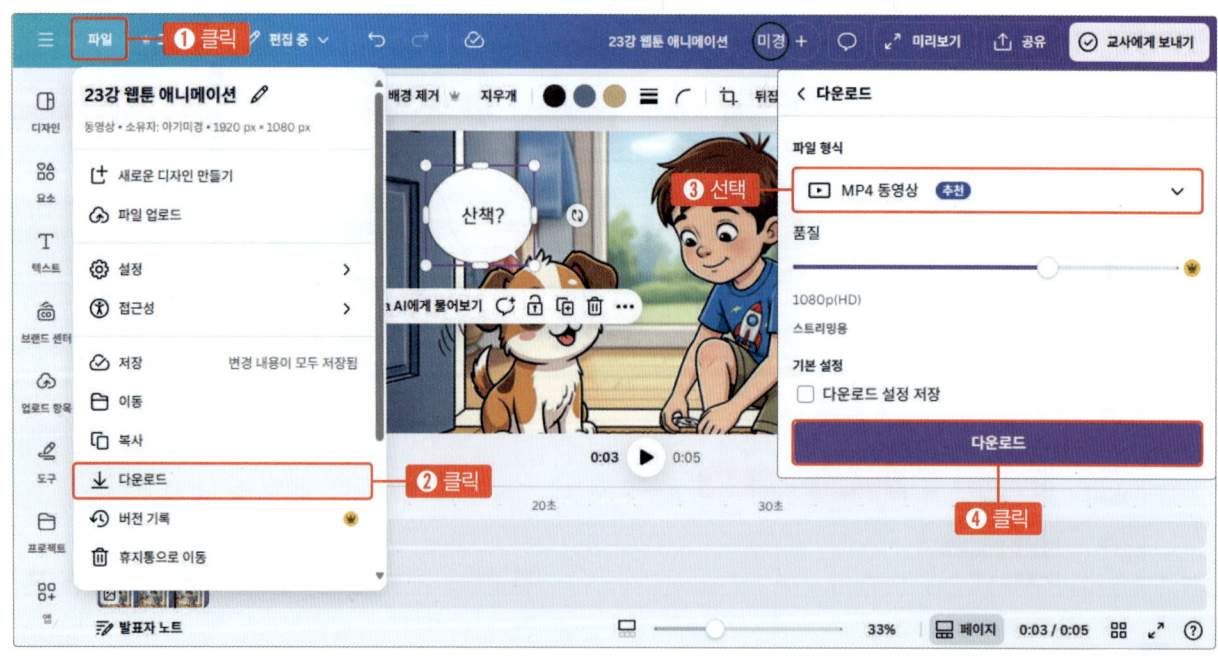

⓬ 앞서 배운 내용을 참고하여 '장면2'~'장면5' 이미지를 불러와 장면을 완성한 후 동영상 파일로 저장합니다.

03 웹툰 애니메이션 완성하기

❶ 캡컷()을 실행하고 [프로젝트 만들기]를 클릭한 후 [미디어]-[가져오기]를 클릭하여 캔바에서 저장한 파일을 불러옵니다.

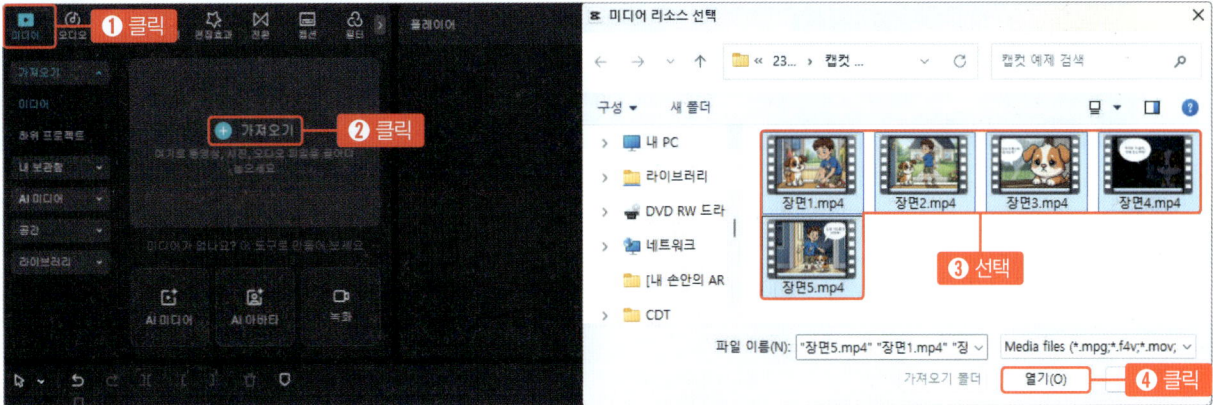

> **디자인 팁**
> 완성한 장면이 없다면 [23강 예제파일]-[캡컷 예제] 폴더에서 '장면1'~'장면5' 파일을 불러와요.

❷ '장면1'~'장면5' 파일을 순서대로 트랙에 추가한 후 말풍선이 나타나는 위치로 타임라인을 이동시킵니다.

❸ [텍스트]-[기본 텍스트]를 트랙에 추가하고 대사('금방 다녀올게!')를 입력한 후 [텍스트에서 음성으로]-[음성 생성]을 클릭합니다.

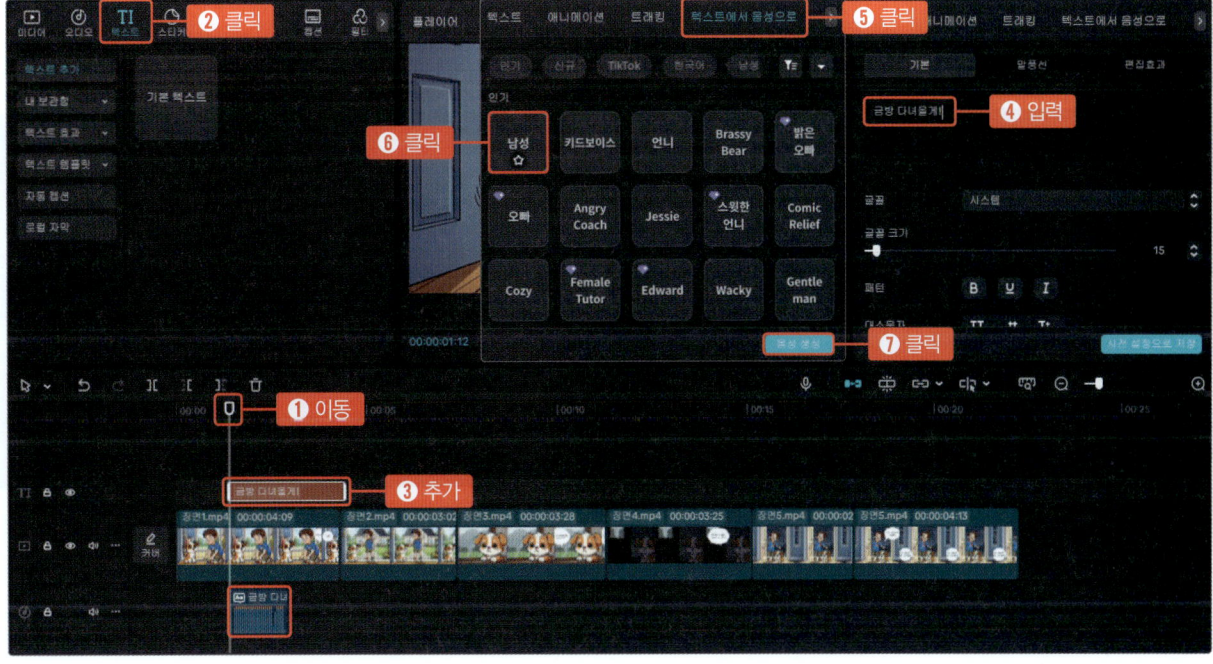

Chapter 23. 웹툰으로 애니메이션 만들기 **203**

④ 입력한 텍스트는 삭제하고 ❷~❸과 같은 방법으로 말풍선이 나타나는 위치에 음성을 추가한 후 [오디오]-[사운드 효과]를 클릭하여 장면에 어울리는 효과음을 추가합니다.

> 디자인 팁
> 효과음을 추가하고 [세부 정보] 창에서 볼륨, 페이드 인, 페이드 아웃 값을 자유롭게 조절해 보세요.

⑤ 같은 방법으로 '장면2'~'장면5'에서 말풍선이 나타나는 위치에 음성을 추가하고 장면과 어울리는 효과음을 추가해 봅니다.

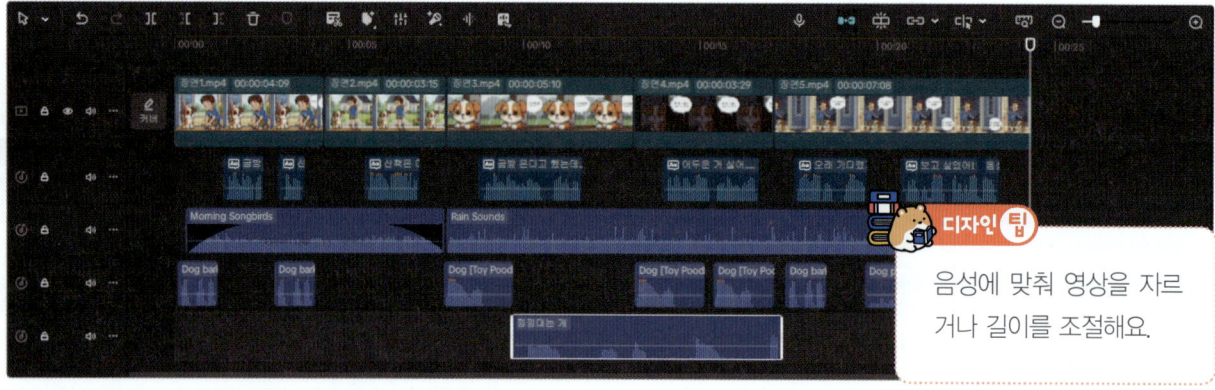

> 디자인 팁
> 음성에 맞춰 영상을 자르거나 길이를 조절해요.

⑥ [전환]을 클릭하고 원하는 전환 효과를 각 장면 사이에 추가합니다.

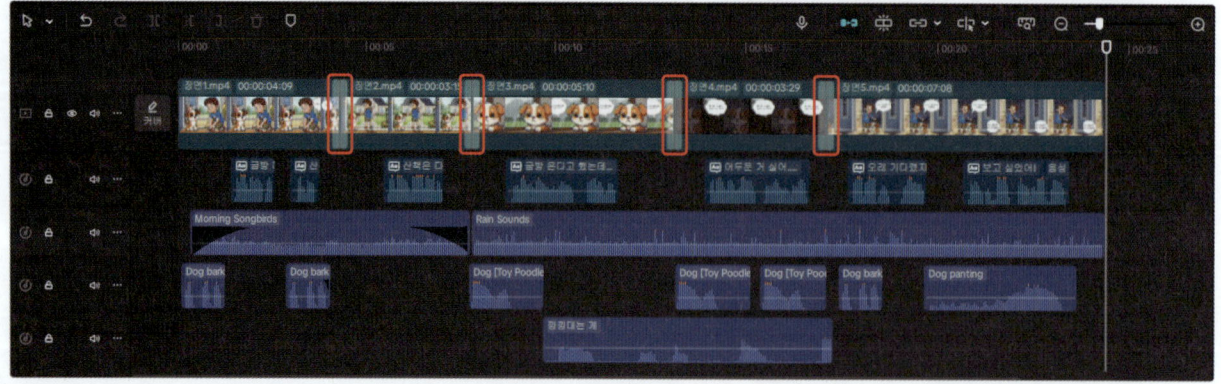

⑦ 웹툰 애니메이션이 완성되면 [내보내기]를 클릭하여 영상을 저장합니다.

CHAPTER 23 재미 팡팡! 레벨 UP

▶ 예제 파일 : [23강 예제파일] 폴더   ▶ 완성 파일 : 23강 레벨업 완성.mp4

1 예제 파일을 캔바로 불러와 말풍선을 삭제하고 새로운 내용의 웹툰 장면을 만들어 봅니다.

- Magic Grab을 이용하여 말풍선을 삭제하고, 말풍선과 텍스트 상자를 삽입해 보세요.
- 타임라인에서 말풍선의 시작 위치와 길이를 조절해 보세요.

2 캔바에서 완성한 장면을 캡컷으로 불러와 나만의 웹툰 애니메이션을 완성해 봅니다.

- 말풍선이 나타나는 위치에 음성을 추가하고 다양한 효과음과 전환 효과를 추가해 보세요.

CHAPTER 24 우리 학교를 소개합니다!

▶ 예제 파일 : [24강 예제파일] 폴더   ▶ 완성 파일 : 24강 완성.mp4

오늘의 학습목표

- 그룹별로 우리 학교의 정보를 조사하고 정리할 수 있습니다.
- 캔바를 이용하여 우리 학교 소개 장면을 만들 수 있습니다.
- 캡컷을 이용하여 우리 학교 소개 영상을 완성할 수 있습니다.

핵심 POINT

▶ 타임라인 : 영상의 순서를 시간에 따라 정리할 수 있습니다.
▶ AI 음성 : 입력한 텍스트를 음성으로 생성할 수 있습니다.

01 학교 소개 자료 정리하기

❶ 학교 소개 영상을 만들기 위해 그룹원별로 소개 장소와 역할을 나누어 봅니다.

이름	소개 장소	역할
㉔ 김해람	강당	영상 촬영

❷ 본인이 선택한 장소의 소개말을 작성해 봅니다.

장소	소개말

Chapter 24. 우리 학교를 소개합니다!

[예시]

안녕하세요, 여러분.
이곳은 꿈을 함께 이루는 해람초등학교입니다.
지금부터 우리 학교를 소개하겠습니다.

우리 학교의 인사말은 "감사합니다."입니다.
이 인사말은 교장 선생님께서
"항상 감사한 마음으로 하루를 시작하자"는 뜻으로 지어주셨습니다.

자, 이제 해람초등학교의 다양한 공간을 함께 둘러볼까요?

먼저, 방송실입니다.
학교 소식을 전하고 다양한 방송 활동이 이루어지는 곳이에요.

다음은 강당입니다.
체육 시간이나 공연, 행사 등 즐겁고 신나는 순간들이 펼쳐지는 공간입니다.

이곳은 수영장입니다.
학생들이 안전하게 수영을 배우며 건강을 키우는 곳이죠.

그리고 급식실입니다.
매일 맛있고 영양 가득한 식사가 준비되어 있어요.
친구들과 함께 즐겁게 식사하는 행복한 시간입니다.

마지막으로 무용실입니다.
아이들이 몸을 움직이며 예술적 감성을 키우는 공간이에요.
이곳에선 종종 KPOP 댄스를 배우곤 합니다.

지금까지 해람초등학교였습니다.
감사한 마음으로 배우고, 나누며, 함께 성장하는 학교!
우리 모두의 꿈이 자라는 곳, 해람초등학교입니다.

02 우리 학교 소개 장면 만들기

1. 크롬( ) 브라우저를 실행하고 캔바 사이트('https://www.canva.com')에 접속하여 로그인한 후 [동영상]-[동영상(가로형)]을 클릭합니다.

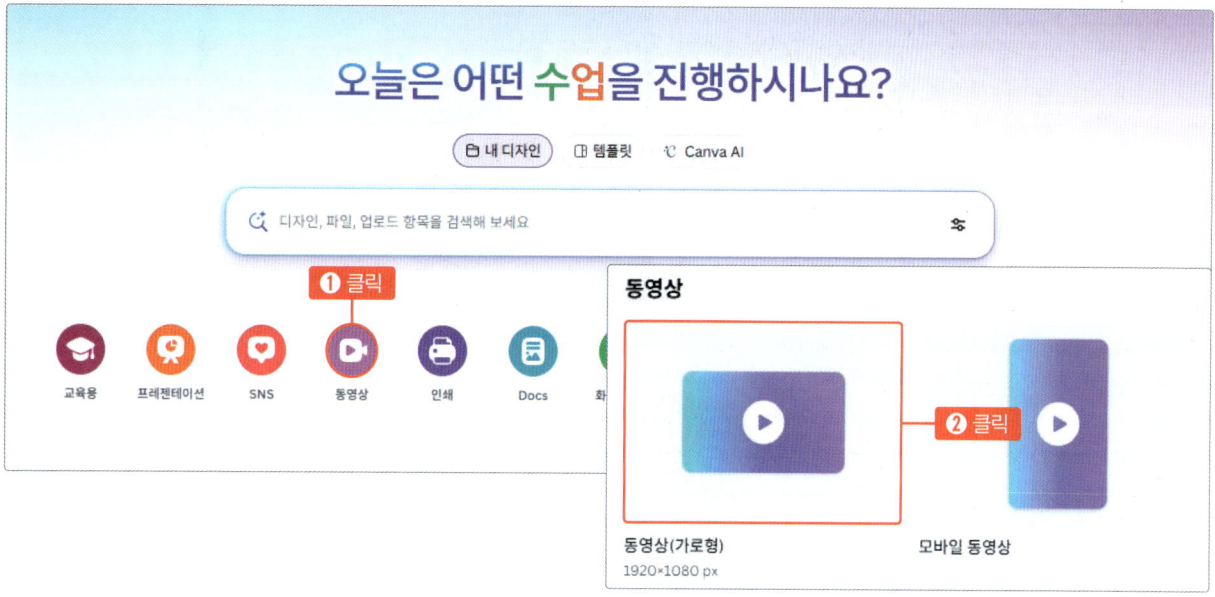

2. [업로드 항목] 탭-[파일 업로드]를 클릭하고 준비한 이미지 또는 영상을 불러옵니다.

디자인 팁

- 그룹원별로 본인이 담당하여 촬영한 우리 학교의 장소 이미지를 불러와요.
- 우리 학교 소개 자료를 준비하지 못했다면 [24강 예제파일] 폴더에서 파일을 불러와요.

❸ 업로드된 파일을 클릭하여 페이지에 추가한 후 [텍스트] 탭-[글꼴 조합]에서 학교 이름을 입력할 글꼴 조합을 선택하고 텍스트 상자가 추가되면 [그룹 해제]를 클릭합니다.

디자인 팁
텍스트 상자를 마우스 오른쪽 버튼으로 클릭하고 [그룹 해제]를 클릭해도 돼요.

❹ 텍스트 상자를 더블클릭하여 내용('서울해람초등학교를 소개합니다.')을 입력한 후 텍스트 서식을 자유롭게 지정합니다.

디자인 팁
그룹원들은 각자 본인이 담당한 우리 학교 장소 소개 장면을 꾸며 보세요.

❺ 텍스트 상자를 선택하고 [편집 요소] 창에서 [애니메이션]을 클릭하여 원하는 애니메이션 효과를 적용한 후 타임라인에서 텍스트가 나타나는 위치와 길이를 조절해 봅니다.

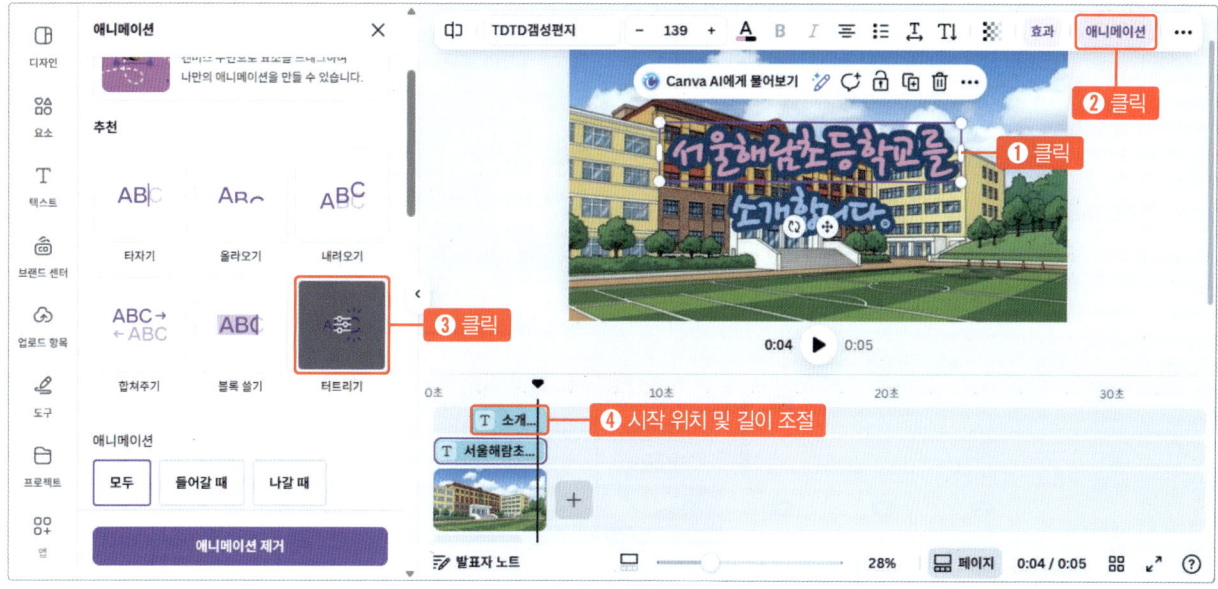

❻ '전경' 이미지의 길이를 조절한 후 텍스트 상자를 추가하여 소개말('안녕하세요, 여러분. 이곳은 꿈을 함께 이루는 해람초등학교입니다.')을 입력하고 텍스트 서식을 지정합니다.

그룹원별로 본인이 담당한 우리 학교 장소에 대한 소개말을 입력해 보세요.

❼ [요소] 탭-[그래픽]에서 '자막'을 검색하여 장면과 어울리는 개체를 추가한 후 크기와 위치를 조절하고 타임라인에서 시작 위치와 길이를 조절합니다.

디자인 팁: 소개말이 '자막' 개체에 가리지 않도록 타임라인에서 '자막' 개체의 위치를 소개말 아래쪽으로 위치시켜요.

❽ [요소] 탭-[그래픽]에서 본인과 닮은 캐릭터를 추가하여 자막을 꾸며 봅니다.

❾ 같은 방법으로 그래픽, 스티커 개체를 추가하고 시작 위치와 길이를 조절해 봅니다.

⑩ [AI 음성] 탭을 클릭하고 텍스트 입력 칸에 앞서 자막으로 입력한 소개말을 입력한 후 [AI 음성 생성]을 클릭합니다.

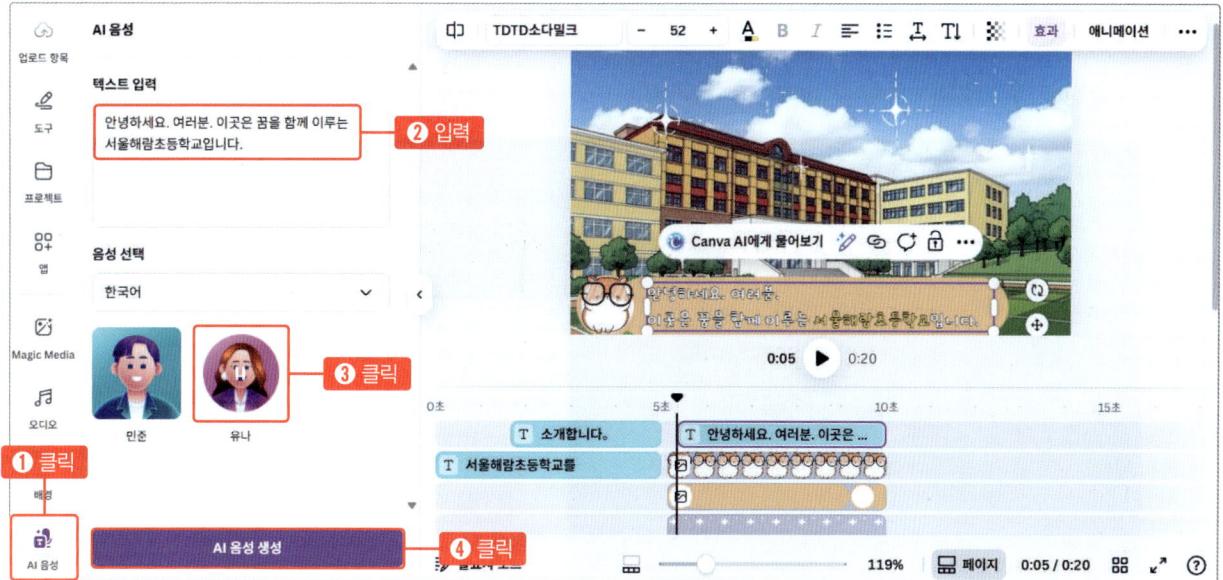

⑪ ❻~⑩과 같은 방법으로 나머지 인사말 자막을 추가하고 그래픽 개체와 AI 음성을 추가하여 '학교 전경' 장면을 완성해 봅니다.

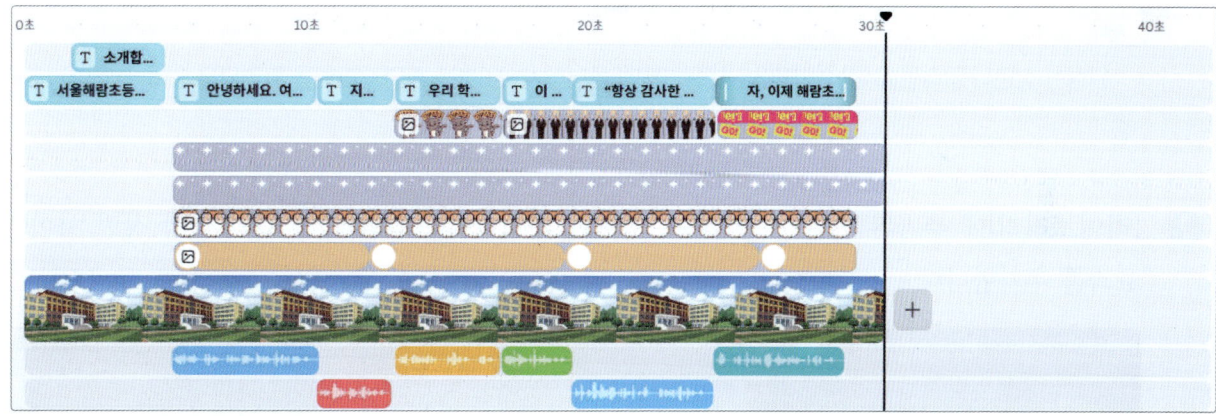

페이지 화면과 타임라인의 경계선을 드래그하면 타임라인의 높이를 조절할 수 있어요.

⑫ 소개 영상이 완성되면 [파일]-[다운로드]를 클릭하고 파일 형식('MP4 동영상')을 지정한 후 [다운로드]를 클릭하여 저장합니다.

그룹원별로 완성한 우리 학교 소개 영상을 그룹원들에게 공유하여 한 폴더에 모아 정리해요.

03 우리 학교 소개 영상 완성하기

① 캡컷(✂)을 실행하고 [프로젝트 만들기]를 클릭한 후 [미디어]-[가져오기]를 클릭하여 캔바에서 그룹원들이 완성한 영상을 모두 불러옵니다.

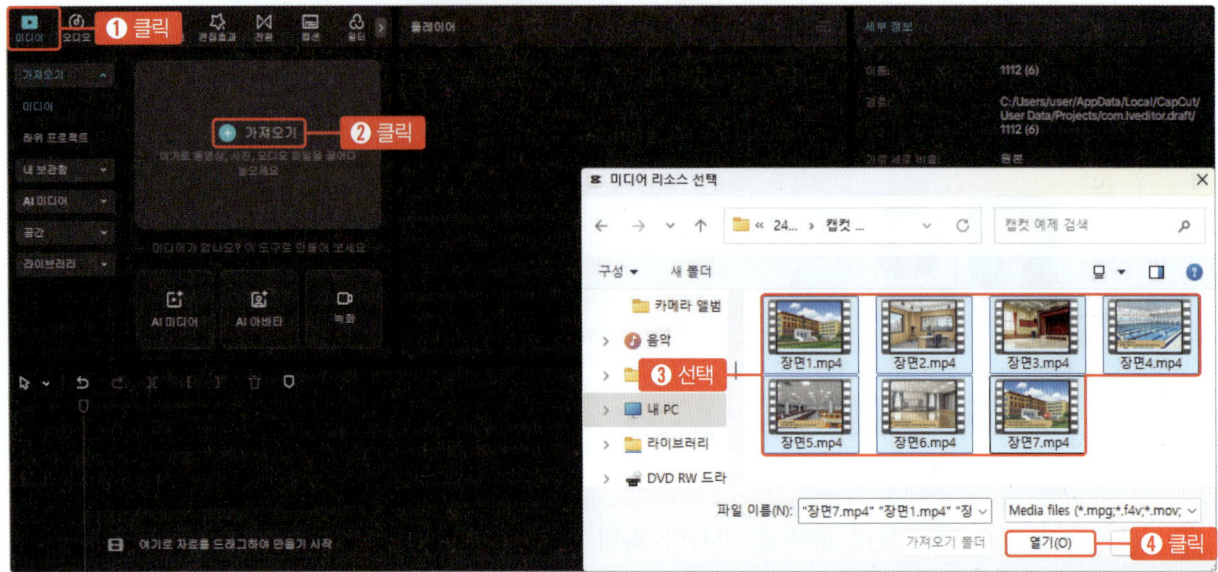

 디자인 팁

완성한 장면이 없다면 [24강 예제파일]-[캡컷 예제] 폴더에서 '장면1'~'장면7' 파일을 불러와요.

② [라이브러리]에 추가된 파일을 순서대로 트랙에 추가한 후 [전환]을 클릭하여 각 장면 사이에 전환 효과를 추가합니다.

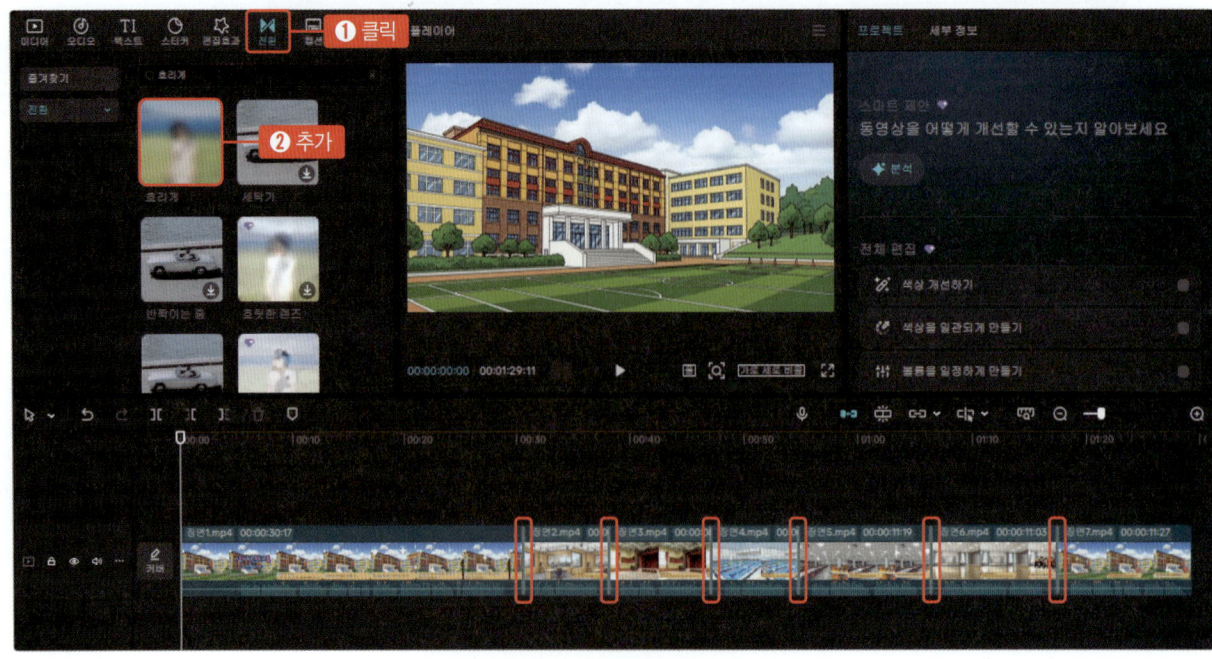

❸ [오디오]-[음악]에서 영상에 어울리는 배경음악을 트랙에 추가하고 불필요한 부분은 삭제한 후 볼륨, 페이드 인, 페이드 아웃 값을 조절합니다.

❹ [사운드 효과]를 클릭하고 장면에 어울리는 효과음을 추가한 후 [내보내기]를 클릭하여 영상을 저장합니다.

Chapter 24. 우리 학교를 소개합니다! **215**

CHAPTER 24 재미 팡팡! 레벨 UP

▶ 예제 파일 : [24강 예제파일] 폴더   ▶ 완성 파일 : 24강 레벨업 완성.mp4

1 '지구를 지키기 위해 우리가 할 수 있는 작은 실천'을 주제로 캠페인 영상을 만들기 위해 그룹원별로 필요한 자료와 소개말을 정리하고 캔바에서 각 장면에 어울리는 영상을 만들어 저장해 봅니다.

자료	소개말
예) 플라스틱이 넘쳐나는 바다의 모습	플라스틱은 아주 오래 지나도 없어지지 않아서 지구가 아파하고 있어요.

! 그룹원별로 완성한 장면을 공유하여 한 폴더에 저장해요.

2 캔바에서 완성한 장면을 캡컷으로 불러와 캠페인 영상을 완성해 봅니다.